JN303860

イノベーション要論

岸川善光 [編著]
Kishikawa Zenko

谷井 良
Tanii Ryo
　　　　　[著]
八杉 哲
Yasugi Satoshi

同文舘出版

◆ は じ め に ◆

　21世紀初頭の現在，企業を取巻く環境は，高度情報社会の進展，地球環境問題の深刻化，グローバル化の進展など，歴史上でも稀な激変期に遭遇している。このような状況において，企業の存続・発展のために，イノベーションが「時代の要請」として求められている。イノベーション・マネジメントの成否が，企業の存続・発展にダイレクトなインパクトを及ぼすといっても過言ではない。

　カルロス・ゴーン社長の指揮のもと，まさに乾坤一擲のイノベーション・プロジェクトの成功によって，鮮やかに甦った日産自動車のイノベーション・マネジメントの事例は，われわれに多くの感動を与えた。しかし，イノベーションがゴーン社長のような一部のカリスマ的経営者によってのみ実現可能であるのならば，イノベーション研究はあまり意味をなさない。現実に，ゴーン社長のイノベーション・マネジメントの軌跡を丁寧にたどると，極めて体系的かつ論理的にイノベーションに取り組んでいる。世間で喧伝されるゴーン社長のカリスマ性が，日産自動車におけるイノベーション・マネジメントの成功の秘訣ではないことが分かる。

　イノベーション研究の主たる目的は，多くの組織でイノベーションに関して適応可能な一筋の道を提示することである。本書では，イノベーションの本質を「知識創造による新価値の創出」と認識し，イノベーションを成功に導く道しるべを論理的・実証的に提示することを狙いとしている。イノベーションを「知識創造による新価値の創出」と認識することによって，万人に，あるいはあらゆる組織において体現可能な活動として昇華できるからである。

　本書は，イノベーションに関する研究・教育の発展に寄与すべく，大学の学部（経営学部・商学部・経済学部・工学部等），あるいは大学院・ビジネススクールにおいて，イノベーションに関連する科目のテキスト・参考書として活用されることを意図している。さらに，ビジネスマンが自らの実務経験を，イノベーションをベースとして，体系的に整理する際の自己啓発書と

して活用されることも十分に考慮されている。

　本書は，3つの特徴をもっている。特徴の第1は，イノベーションをプロセスとして捉えていることである。従来のイノベーションのテキストでは，技術革新，経営革新などイノベーションの対象領域によってバラバラに論じられることが多かった。その点を考慮し，本書ではイノベーションをプロセスとして捉えることにより，発生・調整・遂行・普及・進化のイノベーションの段階ごとにそのポイントを整理した。

　特徴の第2は，イノベーションの本質を「知識創造による新価値の創出」としたことに関連して，知識創造の「場」の問題に焦点をあてたことである。すなわち，イノベーション，知識創造，場のトライアングルの関係を重要視した。

　特徴の第3は，サービス産業のイノベーションの重要性を強調したことである。イノベーションは技術革新と翻訳されて以来，製造業を念頭においた議論が通例であったが，サービス業のGDP比率でも明らかなように，サービス業の社会的役割は急激に増大している。それに伴い，サービス業におけるイノベーションは社会的にも極めて重要な課題となりつつある。

　これらの3つの特徴は，実は編著者のキャリアに起因する。編著者はシンクタンクにおいて，長年経営コンサルタントとして数多くのイノベーション・プロジェクトの実践を支援してきた。その際，イノベーションにおけるプロセス，場，サービス業の重要性を痛感した経験を有している。

　最後に，本書の執筆・編集の過程で，姉妹書である『経営管理入門』『図説経営学演習』『ベンチャー・ビジネス要論』の刊行時と同様，同文舘出版の秋谷克美氏をはじめとする編集スタッフにはいろいろとお世話になった。最初の読者でもある編集スタッフのコメントは，今回も極めて有益であった。記して格段の謝意を表したい。

2004年6月

岸川善光

——◆ 目　次 ◆——

【第1章】イノベーションの意義　　　　　　　　1

1. イノベーションの定義 …………………………………… 2
① 環境変化と企業の使命　2
② イノベーションの定義に関する先史　3
③ イノベーションの本質　5

2. イノベーションの特性 …………………………………… 6
① イノベーションの本質的特性　6
② イノベーションの対象領域に関する特性　8
③ イノベーションの社会性に関する特性　9

3. イノベーションのタイプ ………………………………… 11
① イノベーションの誘因別タイプ　11
② イノベーションの対象領域別タイプ　13
③ 事業転換と新規創業　14

4. 産業構造の変革とイノベーション ……………………… 17
① 情報化の加速　17
② 業際化の促進　19
③ グローバル化の進展　20

5. イノベーションの進展度合 ……………………………… 21
① 企業規模別イノベーションの進展度　21
② 業種別イノベーションの進展度　24
③ イノベーション支援策の国際比較　24

【第2章】イノベーション論の生成と発展　　29

1. イノベーションの経済学的アプローチ …………… 30
　① イノベーション概念の経済学的前提　30
　② 生産要素の新結合　32
　③ イノベーションと経済進化　33

2. イノベーションの経営学的アプローチ …………… 34
　① イノベーション概念の経営学的前提　34
　② 企業者の機能　35
　③ イノベーションと起業家精神　37

3. イノベーションの社会学的アプローチ …………… 39
　① イノベーション概念の社会学的前提　39
　② 普及の要素　40
　③ 社会変動と文化変動　41

4. イノベーションの生物学的アプローチ …………… 44
　① 自己変革の手段　44
　② 企業の二重構造　45
　③ 生命論パラダイム　48

5. イノベーションの情報論的アプローチ …………… 50
　① 情報創造の概念　50
　② 自己組織化の概念　51
　③ 情報創造プロセスの構図　52

【第3章】イノベーションの体系　　　57

1. イノベーション・プロセスの構図 …………………… 58
　① イノベーション・プロセス・モデルの構築　58
　② イノベーションの企業内的過程　60
　③ イノベーションの企業外的過程　60

2. イノベーションの発生段階・調整段階・遂行段階 ……… 63
　① イノベーションの誘因　63
　② 組織文化の機能と逆機能　64
　③ イノベーションの遂行領域　66

3. イノベーションの普及段階 ……………………………… 66
　① イノベーションの普及プロセス　66
　② イノベーションにより創出された製品・サービスの特性　67
　③ 社会システムの特性　69

4. イノベーションの進化段階 ……………………………… 70
　① アバナシー＝アッターバックの進化モデル　70
　② 断続的イノベーションによる進化　74
　③ 連続的イノベーションによる進化　75

5. イノベーションの領域 …………………………………… 76
　① イノベーション・プロセスと研究対象　76
　② イノベーション研究におけるベンチャー・ビジネス　78
　③ サービス産業とイノベーション　79

【第4章】知識創造とイノベーターの役割　　81

1．企業経営における知識の役割 …………………………………… 82
　① 知識の概念　　82
　② 形式知と暗黙知　　83
　③ 企業経営における知識の位置づけ　　85

2．知識創造の概念 ………………………………………………… 86
　① 知識創造のプロセス　　86
　② 情報処理パラダイムと知識創造パラダイム　　88
　③ 知識創造とイノベーション　　89

3．知識創造とナレッジ・マネジメント …………………………… 91
　① 知識を活かす経営　　91
　② ナレッジ・マネジメント　　93
　③ ナレッジ・マネジメントの方法論　　95

4．イノベーションを実現させるイノベーターの役割 …………… 96
　① イノベーターの能力　　96
　② 知識創造のイネーブラー　　97
　③ 学習する組織の構築　　99

5．イノベーションと知的財産 ………………………………………101
　① 知的財産権　　101
　② 知的財産戦略大綱　　102
　③ 知的財産と経営者の役割　　104

【第5章】技術革新としてのイノベーション　107

1. 新製品開発 …………………………………………………… 108
① MOTの復活と製品開発過程における知の創造　108
② 製品開発における知識創造の効果　111
③ 製品開発プロセス　112

2. 技術政策 ……………………………………………………… 114
① 技術政策の必要性　114
② 技術政策の歴史　115
③ 製品イノベーションを支援する施策　116

3. プロセス・イノベーション ………………………………… 117
① プロセス・イノベーションの定義　117
② 日本的生産システムの限界とモジュール生産の台頭　119
③ ビジネスモデルの胎動　121

4. ビジネス・プロセス・リエンジニアリング …………… 122
① ビジネス・システムとビジネス・アーキテクチャ　122
② ビジネス・プロセス・リエンジニアリングの定義　124
③ ビジネス・プロセス・リエンジニアリングの対象領域　125

5. イノベーションのジレンマ ………………………………… 127
① 生産性のジレンマ　127
② 組織におけるジレンマ　128
③ 業界リーダーのジレンマ　129

【第6章】経営革新としてのイノベーション　　133

1．企業統治制度のイノベーション　　134
① コーポレート・ガバナンス　　134
② 取締役会・監査役会の革新　　135
③ 執行役員制度の導入　　137

2．組織イノベーション　　138
① 組織の定義　　138
② 組織パフォーマンスの向上　　139
③ 人的資源のイノベーション　　141

3．マーケティング・イノベーション　　142
① マーケティング・イノベーションの変遷　　142
② 新たなマーケティング・パラダイムの台頭　　144
③ プッシュ型マーケティング戦略とプル型マーケティング戦略　　146

4．戦略イノベーション　　148
① 経営戦略の本質　　148
② マーケティング・ミックスのイノベーション　　149
③ ドメインの再定義　　150

5．企業体質イノベーションと新規事業の創造　　152
① 事業イノベーション　　152
② イノベーション・ブロックと体質転換　　153
③ 新規事業の創出と環境創造　　154

【第7章】イノベーションと場の構築　　157

1．「場」の概念 …………………………………………… 158
① 「場」の定義　158
② 知識と場のダイナミクス　160
③ 場のマネジメント　162

2．場の視点 ……………………………………………… 163
① 場と自己組織化　163
② 場と関係性　165
③ 出会いの場　166

3．オープン型企業戦略 ………………………………… 168
① 企業戦略の定義　168
② クローズド型経営とオープン型経営　169
③ オープン・アーキテクチャ戦略　171

4．イノベーションを誘発する企業間関係 …………… 173
① ネットワーク組織　173
② コラボレーション　174
③ プラットフォーム・ビジネス　175

5．知識創造社会の構築とeビジネス ………………… 177
① 知識創造社会　177
② 商物分離のビジネスモデル　178
③ eビジネス　179

【第8章】イノベーションとベンチャー・ビジネス　183

1. ベンチャー・ビジネス …………………………………… 184
 ① ベンチャー・ビジネスの定義　184
 ② ベンチャー・ビジネスの成功と失敗　186
 ③ ベンチャー・ビジネスにおけるイノベーションの役割　187

2. ベンチャー・ビジネスの育成 …………………………… 189
 ① イノベーションとの関わり合い　189
 ② 起業家教育　190
 ③ 創業支援，インキュベータおよび産業集積　191

3. ベンチャーキャピタル …………………………………… 194
 ① ベンチャーキャピタルの生成と発展　194
 ② ベンチャーキャピタルの基盤　195
 ③ ベンチャーキャピタルの業界構造　196

4. イノベーション活動のマネジメント …………………… 198
 ① イノベーションの管理　198
 ② イノベーション成果の専有　200
 ③ 知的財産権　201

5. イノベーションによる新規事業創出に関する先行研究 …… 202
 ① 知識と創造　202
 ② 技術進化とベンチャー・ビジネス　203
 ③ イノベーション活動と企業内ベンチャー　204

【第9章】サービス産業とイノベーション　　207

1. サービス・イノベーション　　208
- ① サービス業の台頭　208
- ② サービス業の分類　210
- ③ サービスの特性　212

2. サービス業のイノベーション　　214
- ① サービス業の特性　214
- ② サービス業の経営特性　214
- ③ サービス業におけるイノベーション　216

3. サービス業におけるイノベーションの研究　　217
- ① サービス業とイノベーション研究　217
- ② 製造業とサービス業におけるイノベーションの異同点　218
- ③ イノベーションにおけるプロダクトとプロセスの相違点　219

4. 金融サービス業とイノベーション　　220
- ① 金融イノベーションを検討する意義　220
- ② 金融イノベーションの担い手と対象　221
- ③ 金融イノベーションの特徴　223

5. 金融イノベーションの発生と普及　　224
- ① 金融機能の発生要因　224
- ② 規制との関係　226
- ③ 普及に関する研究　228

【第10章】イノベーション論の今日的課題　　231

1．日本経済の復活と企業再生 …………………………………… 232
　① 現　状　232
　② 今後の展開　233

2．イノベーションによるブランドの構築 …………………… 234
　① 現　状　234
　② 今後の展開　235

3．イノベーションと産学連携 ………………………………… 237
　① 現　状　237
　② 今後の展開　238

4．イノベーションと地域クラスター ………………………… 239
　① 地域クラスターの概念　239
　② 今後の展開　243

5．イノベーションとNPO活動 ……………………………… 243
　① 現　状　243
　② 今後の展開　244

参考文献 ……………………………………………………………… 247
索　　引 ……………………………………………………………… 263

◆ 図表目次 ◆

図表1-1　インターネット出現による断続性の表面化　8
図表1-2　新規開業企業のイノベーション導入状況　15
図表1-3　産業経済学の主要領域概念図　18
図表1-4　高度情報化と経営管理に関連する現象　19
図表1-5　規模別業種転換割合　22
図表1-6　企業規模別事業転換理由　23

図表2-1　シュンペーター理論の構図　33
図表2-2　普及の諸要素　42
図表2-3　企業の二重構造　46
図表2-4　生物と企業の外部環境との関わり　47
図表2-5　情報創造プロセスのダイナミクス　53

図表3-1　イノベーションの連鎖モデル　59
図表3-2　イノベーションの企業内的プロセス　61
図表3-3　イノベーションの企業外的プロセス　62
図表3-4　アバナシー＝アッターバックの進化モデル　73
図表3-5　イノベーション・プロセスと研究の対象領域　77

図表4-1　ＳＥＣＩプロセス　87
図表4-2　情報消費型経営と知創経営　88
図表4-3　知識経営のフレームワーク　92
図表4-4　知的資産の分類　94
図表4-5　ナレッジ・マネジメント方法論　95
図表4-6　知的財産権の種類　102

図表5-1　知の創造過程の模式図　110

図表5-2　技術振興政策の変遷　116

図表5-3　日本における生産システムの問題点　119

図表5-4　BPRの対象領域　126

図表6-1　執行役員制度導入による変化　137

図表6-2　事業運営の基本構造　143

図表6-3　ワン・トゥ・ワン・マーケティングにおける転換点　145

図表6-4　マネジリアル・マーケティングと関係性マーケティング　146

図表6-5　プッシュ型マーケティング戦略とプル型マーケティング戦略　147

図表6-6　多様なイノベーション・ブロック　154

図表7-1　場の概念図　159

図表7-2　4タイプの場　162

図表7-3　出会いの場と消費の知の進化　167

図表7-4　オープン型経営　170

図表7-5　プラットフォーム・ビジネスの機能　176

図表7-6　商物分離のビジネスモデル　179

図表8-1　ベンチャー・ビジネスの認識　185

図表8-2　集積のメリット　193

図表8-3　米国のベンチャーキャピタルの類型　197

図表8-4　産学官連携の効果　199

図表8-5　日米の対外知的財産権収支の推移　201

図表9-1　業種別の開廃業率の推移　209

図表9-2　大分類　L－サービス業（中分類）　211

図表9-3　サービスの特性　213

図表9-4　サービス業の経営特性とイノベーション　215

図表9-5　製造業とサービス業におけるプロダクトとプロセスの差異　219

図表9-6　金融サービス業におけるイノベーションの意義　220

図表9-7　本源的証券と派生的商品の特徴比較　223

図表10-1　"Hold Your Head High Up"戦略　233

図表10-2　次世代ブランド戦略の基本体系　236

図表10-3　ＴＬＯの抱える問題　238

図表10-4　世界的に認知されたクラスター　240

図表10-5　欧米先進事例から抽出したクラスター成功促進要素　242

図表10-6　企業の社会性からみたＮＰＯとのパートナーシップ類型　245

第1章 イノベーションの意義

　環境が激変している現在，企業が環境に適応し，さらに環境を創造するためには，企業活動の革新，すなわちイノベーションが不可欠である。

　そこで，第1章では，イノベーションの意義について考察する。まず，最初にイノベーション論を本書で展開するにあたり，イノベーションの定義を明確にする。激しい環境変化の中で，企業の使命といえる存続を勝ち取るために，イノベーションが果たす役割について基本的な認識を深める。そして，イノベーションの本質が知識創造による新価値の創出にあることを理解する。

　次に，イノベーションの特性について概観する。イノベーションの特性を本質的特性，対象領域に関する特性，社会性に関する特性に分けて検討する。

　次いで，イノベーションのタイプについて学ぶ。イノベーションは，誘因，対象領域，事業構成によっていくつかのタイプに分類される。イノベーションのタイプによってその内容も大きく異なることを明確にする。

　さらに，産業組織の変革とイノベーションとの関連性について考察する。そのために，①情報化，②業際化，③グローバル化の3点を取り上げ，現在の各産業の動きを踏まえた上で，産業組織の変革に対し，イノベーションが果たしている役割について理解を深める。

　最後に，イノベーションの進展度合いについて検討する。企業規模別のイノベーション進展度，業種別の進展度について考察する。また米国を始めとして，諸外国におけるイノベーションの支援策を概観する。さらに，日本の現状と比較することによって，現在の日本企業におけるイノベーションの遂行実態を明らかにする。

1 イノベーションの定義

❶ 環境変化と企業の使命

　今日,企業を取り巻く環境は,経済環境,経営環境,社会環境,技術環境,政治環境,自然環境をはじめとして激変している。環境が変わることによって,それまでトップに君臨してきた先進企業が行き詰まり,倒産に追い込まれるケースも珍しいことではない。現在,苦境に陥る日本企業の多くがリストラという名の人員削減に活路を見出そうとしている。しかし,人員削減によって苦境を脱する企業は稀であり,むしろ悪循環に陥っている企業が多数存在する。日本LCR[2003]は,日本企業の現状に関し,自社のビジネスの仕組み自体にメスを入れずに,縮小均衡のために人件費削減だけを行った結果として,いつまでたっても均衡しない"縮小の連鎖"が止まらなくなり,人材,顧客,売上が次々と剥がれ落ちてしまっている[1]と述べた。

　そのような状況の中で,企業の存続・発展のためには,小手先の改善では対応できない。企業の内部・外部の環境に注目し,その環境に適応しなければならない。時には,自ら環境を創造することが必要になる。そのためには,企業の自己革新が必要であり,イノベーション (innovation) がその推進力 (driving force) となる。存続し続けること (ゴーイング・コンサーン:going concern) こそ企業の使命だとすれば,今日の企業においてイノベーションの果たす役割は極めて大きい。

　山下義通[1997]は,変化する環境のなかでイノベーションの重要性を指摘した。山下は,「過去の慣行や経験にこだわって,新機軸を打ち出せず,ただ世の中に流されているだけで,リストラかリエンジニアリングでやっと生き延びている会社」を日和見カンパニー(オポチュニティ・カンパニー)と呼び,批判する一方,「過去の経験を超えて,革新的な戦略,製品,技術,

業務プロセス，あるいは全く斬新な会社の形態等の新機軸を打ち出して，継続的に飛躍的な発展を遂げている会社」をイノベーション・カンパニー（新機軸カンパニー）と呼び[2]，その重要性を強調した。

しかし，現実の企業を見ると，イノベーションの成果を獲得している企業は数えるほどしか存在しない。その理由は，イノベーションを実施するためには，重大な困難が伴うからである。イノベーションは，成功した場合の効果は大きいが，失敗した場合の損失もまた大きく，ハイリスク・ハイリターンである。オーケイ（Oakey,R.P.）＝ロズウェル（Rothwell,R.）＝クーパー（Cooper,S.）［1988］は，すべてのイノベーションの機会が，他方で高いリスクを伴うため，イノベーションは両刃の剣である[3]と述べた。すなわち，イノベーションを行うには，高いリスクに立ち向かってでも現状を打破しようという強い信念が必要なのである。

❷ イノベーションの定義に関する先史

イノベーションの本質について，多分野にわたる数多くの研究者によって多面的な研究がなされてきた。ここでは，代表的な経済学者，経営学者，社会学者であるシュンペーター，ドラッカー，ロジャーズによるイノベーションの定義を概観することによって，イノベーションの概念を明確にしたい。

イノベーションを最初に理論化したのは，オーストリアの経済学者シュンペーター（Schmpeter,J.A.）であり，イノベーション理論を基にして近代経済学における景気循環を説明した。

シュンペーター［1926］は，「生産とは利用できる種々の物や力の結合（combination）を意味し，生産物や生産方法や生産手段などの生産諸要素が非連続的に新結合（new combination）することがイノベーションである。このイノベーションは内部から自発的に発生する経済の非連続的発展および創造的破壊（creative destruction）につながるものである」[4]と述べた。

シュンペーターの主張は，技術的な諸要素を新たに組み合わせることによって現状を破壊し，新たなものを生み出すことがイノベーションであり，イ

ノベーションは経済変動の原動力であるという点に，イノベーションの本質を求めている。

　経営学者のドラッカー（Drucker,P.F.）は，シュンペーターのイノベーション概念をもとに，企業活動にイノベーションの概念を取り込んだ。ドラッカー［1954］は，「事業の目的は事業の中ではなく社会の中にあり，最大利潤の追求に代わる顧客の創造こそ事業の目的になりうる。そして，顧客を創造するために行う企業者の機能がマーケティングとイノベーションである。すなわち，事業とはマーケティングとイノベーションを行うことによって顧客を創造する活動である」[5]と指摘した。

　ドラッカーの主張は，イノベーションを企業者の機能としている点が特徴的である。事業を発展させるには，顧客を創造することが必要であり，そのために企業者が行わなければならないのがイノベーションである。すなわち，イノベーションを企業成長の要因と位置づけている点に注目しなければならない。

　社会学者のロジャーズ（Rogers,E.M.）［1982］は，「イノベーションとは個人もしくは他の採用単位[6]によって新しいものと知覚されたアイデア，行動様式，物である」[7]と指摘した。

　ロジャーズの主張は，イノベーションを実践する立場からではなく，享受する立場からアプローチしている点に特徴がある。すなわち，イノベーションは，それを享受する側にとっても大きな影響力を有していると考えなければならない。

　このように，イノベーションは，ただ単に企業のなかの現象と捉えることはできない。新しい製品やサービスを生み出すことに主眼が置かれれば，企業はイノベーションの主体となる。しかし，イノベーションにより生み出された製品やサービスを受け入れることによる享受側の変化に主眼が置かれれば，イノベーションの主体は社会やその成員となる。イノベーション活動は，さまざまな分野においてその影響力を発揮することを認識しておく必要がある。

❸ イノベーションの本質

　シュンペーターやドラッカーのイノベーション研究は,"イノベーションとは何か"というイノベーションの本質的命題に依拠した研究である。シュンペーターやドラッカーが指摘したイノベーションの本質は,現在でも色褪せることはない。むしろ,シュンペーターが主張した創造的破壊などの諸概念は,現在の方がより重要性を増している。フォスター＝カプラン（Foster,R.N.＝Kaplan,S.）［2001］は,望むと望まざるとにかかわらず,継続性の時代は終わりを迎え,創造的破壊の競争に参加しない,もしくは参加できないような企業は,必ず淘汰される[8]と述べた。

　しかし,時代は変わり,イノベーションの方法論も変化を見せている。このような状況の中,近年,イノベーションの本質に言及するものとして,知識創造理論が展開されている。知識創造理論とは,野中郁次郎によって提唱された概念である。

　野中郁次郎＝竹内弘高［1996］によれば,知識には,「形式知」と「暗黙知」がある。「形式知」とは,形式的な言語で表される文章,マニュアルなどの知識を指す。「暗黙知」とは,無形の要素を含む信念,ものの見方,価値などの知識を指す[9]。

　「形式知」のような言語的要素は,学習を積み重ねることによって知識量が増大する。一方,「暗黙知」のような心理的要素は,経験を積み重ねることによって体得する。「形式知」から「暗黙知」へ,「暗黙知」から「形式知」へ相互に作用しあうことによって「形式知」は明確な概念として,新知識の創出につながり,「暗黙知」は知識を知恵として利用できる。このスパイラル現象によって,知識は創造されるのである。

　この知識創造こそ,近年,イノベーション概念の本質であるといわれる。シュンペーターが主張した創造的破壊,ドラッカーが主張した顧客の創造,いずれも新たな価値の創出を意味する。この新たな価値の創出を可能にするのが知識創造であるといえよう。野中郁次郎［2002］は,「すべての事象を

知識創造という観点から見直すことによって，イノベーションを，天賦の才能に恵まれた個人の再現不可能な行為，あるいは偶然の積み重ねによって出現した一種の奇跡と把握することから決別し，複雑な関係性の網の目の中で営まれる，人間の相互作用的行為のプロセスとして認識し直すことができるようになる」10) と述べている。

すなわち，イノベーションは知識創造によって創出されると認識することによって，万人に，あるいはあらゆる組織で体現可能な行為へ昇華できるのである。イノベーションが，一部のカリスマ的経営者によってのみ実現できるものであるのならば，イノベーション研究はあまり意味をなさない。多くの組織で適応可能な一筋の道，すなわちイノベーションを成功へ導く道しるべを提示することがイノベーション研究の主たる目的である。

本書では，"知識創造による新価値の創出"をイノベーションの本質であると認識する。その上で，イノベーションを「知識創造によって達成される技術革新や経営革新により新価値を創出する行為」と定義する。レオナルド (Leonard,D.)［1995］は，知識の泉とは，イノベーションを生み出す源泉である11) として，イノベーションにおける知識の重要性に言及した。このように現在では，イノベーションと知識は，相互不可の関係にあると考えなければならない。

2 イノベーションの特性

❶ イノベーションの本質的特性

イノベーションについて理解するには，イノベーションの特性を把握することが重要である。多くの研究者が，さまざまな角度からイノベーションを考察することによってイノベーションの特性を抽出している。

イノベーションの特性を考察する上で，多くの研究者が列挙する特性は，

第1章　イノベーションの意義

① イノベーションは,「創造的破壊」を起こすものでなければならない。
② イノベーションには,断続性（非連続性）がある。
という2点である。

まず,第1の特性である「創造的破壊」について考えてみよう。イノベーションとは現状を打破し,新たなものを構築する行為である。壊れたものを修繕していくのはイノベーションではない。また,わずかな隙間を探して,その場所に小さなものをつくることもイノベーションではない。既存のものを破壊し,その上に既存のものを凌駕する新たなものを構築してこそイノベーションなのである[12]。シュンペーター［1926］は,イノベーションが創造的破壊を起こすものであるとした。ドラッカー［1954］もまた「イノベーションを実行する起業家の責務は"創造的破壊"にある」[13]として,イノベーションにおける創造的破壊の必要性について言及している。

次いで,イノベーションは断続性（非連続性）があるという第2の特性について考えてみよう。これは,第1の特性であるイノベーションは創造的破壊を起こすものでなければならないということからも分かるとおり,イノベーションは過去との断絶そのものということである。過去を引きずり,わずかばかりの改善を試みることはイノベーションとは呼ばない。逆説的にいえば,イノベーションによって生み出されるものは,過去を断ち切れるほどインパクトのあるものでなければならないのである。

この断続性という特性は,イノベーションが影響を及ぼすさまざまな分野で表面化する。近年,この断続性という特性を持つものとして,インターネットがあげられる。インターネットは,過去に全く存在していなかった新技術であり,断続性という特性を有したイノベーションの体現物である。インターネットは,ビジネスのやり方,企業のあり方など企業構造を大きく変化させた。従来の企業には存在しない断続的な変化である。また,インターネットは,社会の成員にも影響を与えている。人々のライフスタイルは様変わりし,文化をも変えつつある。この変化もやはり断続性である。さらに,インターネットは経済構造をも変化させた。インターネットを駆使したビジネ

図表1-1　インターネット出現による断続性の表面化

技術革新	過去に存在しない技術の台頭による断続性
企業構造	ビジネスのやり方における断続性
社会構造	ライフスタイルの変化に関する断続性
経済構造	主要産業の変化などに関する断続性

スの台頭により，製造業に代わり，新たな形態のサービス業が躍進している。この点も従来からの連続的な変化ではなく，断続的変化である。

　知識創造による新価値の創出にイノベーションの本質があるとすれば，創造的破壊や断続性という特性は，イノベーションの有する特性としては当然のことである。新しい価値を創出することは，既存の概念からの脱皮といえよう。既存の概念を引きずったままでは新しい価値は受け入れられない。

❷ イノベーションの対象領域に関する特性

　イノベーション活動は，さまざまな対象領域で行われており，対象領域によってそれぞれ特性を有している。イノベーションにより生み出せるものこそ，イノベーションの特性として提示することができる。シュンペーターの研究をもとにして，イノベーションの対象領域に関する特性を考察すると，次のようにまとめることができる。

① 消費者が知識として持ち合わせていなかった新しい製品やサービスの開発という特性：今までにない製品やサービスを世に送り出すことがあげられる。消費者が見たこともない製品やサービスを開発し，消費者の利便性向上につながることは，イノベーションの重要な特性である。

② 製品開発および生産段階における新しい生産プロセスという特性：製品開発段階における生産方法を革新することがあげられる。同一製品でも新しい生産方法を用いることによって，製品に新たな機能や特性を加えたり，コストダウンを実現することができる。

③ 新しい流通チャネルの開拓および市場の創造という特性：新しい販売経

路を開拓し，市場の創造を実現することがあげられる。新しい販売経路，すなわち流通チャネルの獲得は新しい顧客の獲得を可能にする。同時に市場を創造することも新規顧客の獲得において有益である。
④ 製品の材料となる新しい資源あるいは生産要素の発見・開発という特性：新しい生産資源の獲得があげられる。新しい生産資源を獲得することによって新製品の開発が可能となり，既存製品の性能アップを行うことができる。また，新しい生産資源が生産方法を画期的に向上させることがある。
⑤ 新しいシステムの構築という特性：新しいシステムの構築があげられる。フォード・システムやトヨタ・かんばんシステムの開発がこれにあたる。
⑥ 戦略，組織，マーケティングなどの経営革新という特性：経営革新があげられる。新たな製品や生産プロセスを開発するためには企業の経営システムを革新する必要がある。

これらの特性は，知識創造と大きく関わっている。特性が生み出される過程は，変化する人々の価値観やニーズ，あるいはウォンツなどの暗黙知と，情報の組換えや新たな蓄積による形式知が相互に補完することによって，新たな価値を創出させる。すなわち，対象領域に関する特性においても，知識創造による新価値の創出というイノベーションの本質と関連している。

❸ イノベーションの社会性に関する特性

イノベーションの対象領域に関する特性は，新製品，新サービス，新事業の創出によって結実する。しかし，新製品，新サービス，新事業が開発されただけではイノベーションの効果はほとんどない。社会のなかに浸透してこそ，イノベーションの効果は高まる。そこで，イノベーションの社会性という特性が問題になる。この特性は，イノベーションを享受する側から見た特性である。

ロジャーズ［1982］は，イノベーションの特性として，以下の5点をあげ

た[14]）。
① 相対的有利性：従来のアイデアよりも，良いものであると知覚される度合。
② 両立性：潜在的採用者の価値，過去の経験，欲求と一致していると知覚される度合。
③ 複雑性：理解や使用が難しいと知覚される度合。
④ 試行可能性：小規模レベルで実験できる度合。
⑤ 観察可能性：成果が人々の目に見える度合。

そして，ロジャーズは相対的有利性，両立性，試行可能性，観察可能性が高く，複雑性が低いほどイノベーションの認知度が高まり，成功の可能性が上がると指摘している。

イノベーションの社会性に関する特性とは，イノベーションが社会にどれだけ浸透するか，普及するかに深く関わる特性であるといえる。

また，イノベーションの社会性に関わる特性を考える場合，イノベーションの社会的役割にも言及しなければならない。イノベーションは社会に普及すればするほど社会を変える原動力となる。ロジャーズ［1982］は，イノベーション普及の最終的な到達点は社会変動にあると考えた。また，社会変動にとどまらず，空間的制約を超えて文化を変える推進力にもなりうる。宇野善康［1990］は，イノベーション普及は文化変動にまで及ぶことを示した。

イノベーションが社会変動や文化変動を及ぼすものであるなら，それこそまさにイノベーションの社会的役割であるといえる。すなわち，イノベーションを享受する社会においても，知識創造によって新たな価値を創り出し，新価値に基づく新たな社会，文化を築くのである。すなわち，イノベーションは，社会変動や文化変動の要因となる特性を有しているといえる。

この社会変動や文化変動により，消費者から企業に対してイノベーションの要求が高まるケースもある。消費者と企業との間にネットワーク関係が生まれ，消費者が客体から主体へと変化し，製品やサービスに対し積極的に働きかける関係が築かれる。伊佐田文彦［2003b］は，イノベーションには，

第1章　イノベーションの意義

供給側の起こすイノベーションの他に，ユーザー側が起こすユーザー・イノベーションが存在する[15]と述べた。イノベーション普及による社会変動や文化変動は，ユーザー・イノベーションを引き起こす契機となる。

　また，イノベーションは，経済変動を起こすことから，イノベーションと需要は切り離せない関係にあるのは当然である。日本が高度成長期にあった時には，イノベーションと需要が好循環の関係にあった。しかし，バブル崩壊以降，イノベーションと需要のバランスが一部の企業を除き崩壊している。イノベーションを行っても需要が伸びず，需要が伸びないため経営が苦しくなり，新たなイノベーションの機会を失う。まさに悪循環に陥っている。経済産業省経済産業政策局［2002］も，イノベーションが需要を生み，需要がイノベーションを生む「イノベーションと需要の好循環メカニズム」を再構築することが必要である[16]と指摘している。現在の日本の経済状況を考慮すると，需要不足が大きな原因となっており，需要の回復という点でもイノベーションにかかる期待は大きい。

3　イノベーションのタイプ

❶ イノベーションの誘因別タイプ

　イノベーションは，その着眼点によりいくつかのタイプに分類することができる。まずは，イノベーションの誘因という観点からイノベーションのタイプについて考察する。

　誘因別に見た第1のイノベーションのタイプとして，環境適応タイプのイノベーションが考えられる。三菱総合研究所経営コンサルティング部［1991］によれば，日本企業の成長は，変化する環境に適合し，いかに適切に経営資源を配分するのかという命題を解く適合型マネジメントの成功によるものである[17]。

第2のイノベーションのタイプとしては，環境創造タイプのイノベーションがあげられる。変化する環境に適応することは，企業にとって不可欠である。しかし，環境への適応だけに終始していたのでは，常に後追いの経営を行うことになる。経済状況の変化に対応してイノベーションを考え，ライバル企業の動向を見て自社のイノベーションを考え，消費者の嗜好に合わせてイノベーションを変えなければならない。すなわち，環境適応のイノベーションには，自らが環境を創造するというコンセプトは存在しない。

　それを打破するためには，環境に合わせてイノベーションを行うのではなく，イノベーションによって自ら環境を創造しなければならない。イノベーションにより新たな環境を創造することができれば，企業は顧客との間でインタラクティブ（双方向性）な関係を構築することができる。

　竹内弘高他［1986］は，企業と環境のダイナミックな適合関係を生み出すには，環境の変化に対応して企業が変わるという受動的な適応と，企業の内部から生みだされた主体的・能動的な変化が環境を変えるという2種類の方法がある[18]と指摘した。

　同様に，小田康弘［2003］も，イノベーションのタイプを誘因別に，①環境の変化に対して自らを適応させる「変革強制」，②環境に働きかけて新しい市場を開発する「自発的変革」，③組織の成長段階に応じてマネジメントのスタイルを変えなければならない「変革誘発」，④経営理念や方針等によってイノベーションの方向性が制約される「規定」に分類した[19]。

　小田が指摘する「変革誘発」や「規定」というタイプのイノベーションは，誘因というよりは対象領域に関する分類と捉えられる。それを考慮すれば，誘引別にイノベーションを考えた場合，環境適応のイノベーションと環境創造のイノベーションに分類することができる。

　それでは，環境適応のイノベーションと環境創造のイノベーションでは，どちらがより効果的なのであろうか。一般的に，環境創造を実現するイノベーションの方が，企業にとっての効果は大きく，理想的なイノベーションのタイプであるといわれる。急成長を遂げている企業の事例を考察すると，環

境創造のイノベーションを実現した企業が進化を遂げている。横山禎徳＝安田隆二［1992］は，人間が適合すべき秩序と価値観が崩壊した時，適合するだけでは生き残れないため，新しい価値観と秩序を創造していかなければならないのと同様に，企業も環境適合型経営から自己創造型経営へのトータル・リ・デザインが必要であると主張した[20]。

確かに，環境創造のイノベーションが成功した場合，企業へのリターンは計り知れない。しかし，環境創造を行うには，莫大な資金を必要とするのも事実である。したがって，すべての企業が行えるわけではない。企業規模，資金力，人的能力など多くの企業が制約を受ける。すなわち，すべての企業が環境創造のイノベーションを目指すというよりも，状況に応じて環境適応のイノベーションと環境創造のイノベーションを臨機応変に実施することが，各企業にとって効果が高いといえる。

❷ イノベーションの対象領域別タイプ

イノベーションを対象領域という観点から考察すると，これも2つのタイプに分類することができる。

① 技術革新：技術力を活かして新製品，新サービス，新事業などの開発を行う。
② 経営革新：経営システムを革新することによって，新製品，新サービス，新事業などを生み出す体制を構築する。

イノベーションは，日本ではしばしば技術革新と訳される。イノベーションという用語が技術革新と翻訳されることによって誤解が生じた。日本では，「技術」という言葉の持つ意味合いから，技巧・技芸の革新のみがイノベーションであると捉えられた。

しかし，本来，イノベーションは技術革新に限定されるような狭義の概念ではない。技術に限らず，経営（制度）の革新をも含めた広義の概念でなければならない。技術革新と経営革新の双方を推し進めることによって，産業や経済の革新につながるのである。フォスター［1986］は，技術には限界が

あり，技術が限界に近づいた企業がなおも成長・発展を望むのであれば，技術以外の分野であるマーケティング，製造，仕入れなどの技量を当てにせざるをえない[21]と主張した。

イノベーションにおいて，技術的要因だけでなく経営的要因が重要であることを主張した研究は数多く存在する。例えば，バーンズ（Burns, T.）＝ストーカー（Stalker, G. M.）［1968］は，組織を官僚制に近い機械的（mechanistic）管理システムと官僚制の対極に位置する有機的管理（organic）システムに分類した。そして，前者は比較的安定した技術的・市場的条件のもとで操業している企業に適しており，後者は変化する諸条件に対してふさわしいと結論づけた上で，イノベーションに有効であるのは有機的管理システムとしての組織である[22]と指摘した。すなわち，バーンズ＝ストーカーは，イノベーションの成功には，技術的要素だけでなく，組織的要素も関係することを検証した。

イノベーションは技術的要素だけでなく，経営的要素も考慮しなければならず，技術革新と経営革新をイノベーションの両輪としなければならない。技術に関する知識創造も経営の情報，知識が加味されることによって，より革新性の高いものになる。

❸ 事業転換と新規創業

イノベーションを事業という視点で考察した場合，イノベーションによる事業転換とイノベーションによる新規創業の2つのタイプに分類することができる。イノベーションによる事業転換とは，知識創造により新事業を創出し，従来の事業からの転換を図るというものである。事業には，製品同様，ライフサイクルが存在する。それまで利益の中心であった本業は成熟化し，やがては衰退期を迎える。このような状況で手をこまねいていれば，事業と同時に企業も衰退する。状況を打破するためには，事業が成熟化を迎えるなかで，本業で体得した技術を自社のコア・コンピタンスとしながら，事業パラダイムを転換させ，事業構成戦略を再構築することによって新事業に進出

第1章 イノベーションの意義

し，成長を持続させなければならない。

イノベーションによる事業転換によって，衰退期を脱した企業の例として日立造船があげられる。日立造船は2002年10月，創業以来，本業としてきた造船事業を分離し，エコ・ビジネスを中心とする環境事業に向けて事業パラダイムの転換を行った。「造船を持たない造船企業」の誕生である。近年，韓国を始めとする諸外国の造船技術の向上により，人件費などで競争できない日本の造船事業は一気に斜陽化した。日立造船もその例にもれず，1990年代後半には好調であった造船事業が一転して赤字に陥ることとなった。

そのような状況の中で，日立造船はNKKとの事業統合を行い，造船事業部門を切り離し，ごみ焼却施設の施工，保守，運営するソリューション事業

図表1-2 新規開業企業のイノベーション導入状況
～イノベーションをもたらす牽引役となる新規参入者～

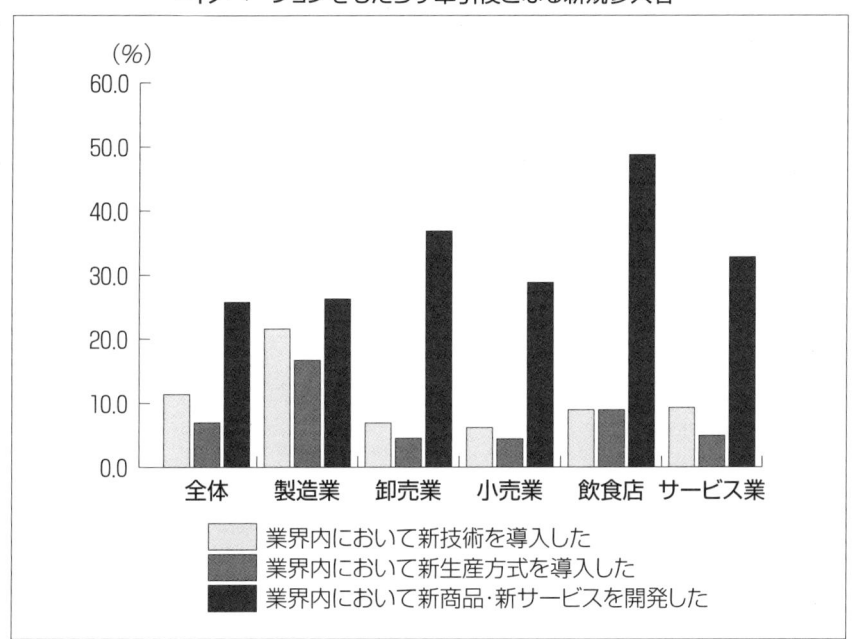

□ 業界内において新技術を導入した
■ 業界内において新生産方式を導入した
■ 業界内において新商品・新サービスを開発した

資料：中小企業庁「創業環境に関する実態調査」(2001年12月)
(注) 設問は複数回答形式である。
(出所) 中小企業庁編 [2002] 76頁。

の拡大，水・汚泥処理事業の強化をはかり，環境事業に向けて転換をはかっている。その転換のなかには当然，技術面でのイノベーションが存在している。また，技術面のイノベーションだけでなく，重厚長大産業神話との決別という意識改革や仕事の評価方法の革新など企業体質の改革，すなわち経営面でのイノベーションも行われている[23]。

また，事業転換ではなく，新規創業というイノベーションのタイプも存在する。近年では，ベンチャー・ビジネス，ベンチャー企業の台頭が見られ，このタイプのイノベーションも活発に行われている。

新規創業活動は，それ自体がイノベーションであるともいえ，創業とイノベーションは深い関わりがある。また，市場への新規参入によって，競争が激化し，既存企業にとってもイノベーションの契機となる。

中小企業庁による実態調査（図表1-2）を見ると，新商品・新サービスの開発や新技術の導入は主に新規参入者によって達成されていることが分かる。すなわち，新規参入業者が既存の市場のなかで優位性を見出そうと思えば，革新的な製品やサービス，技術が必要であり，大企業に比べてイノベーションの実施率は高いといえる。

新規参入業者が行うイノベーションによって，産業界や社会に与える影響としては次のことが考えられる。

① 市場の中に，新製品・新サービスが登場することによって消費者の消費意欲が喚起され，市場全体に活力が生まれる。
② 新技術が導入されることにより，市場が成長し，新たな展開を見せる。
③ 生産性の向上がはかられる。
④ 雇用機会が創出される。

このように新規参入業者が行うイノベーションは，社会に対する効果も高く，産業界全体にとっても非常に意義深いものとなっている。現在は，新規参入業者がイノベーションの牽引役になっているといっても過言ではない。

4 産業構造の変革とイノベーション

❶ 情報化の加速

　従来，産業経済学の分野において，①企業レベルの行動および構造，②産業レベルの行動および構造,③経済レベルの行動および構造に関する研究は，図表1－3に示されるように，それぞれ独立した研究領域とされてきた。イノベーション研究に関しても例外ではなく，今までは一般的に企業レベルの行動および構造を主たる研究領域としてきた。しかし，情報化の加速によって，企業レベル，産業レベル，経済レベルの垣根が次第に低くなりつつある。当然，企業レベルにおけるイノベーションを考察する場合でも，産業組織の変革についての考察が欠かせない。

　そこで，本節では産業組織の変革とイノベーションとの関連性について考察する。そのために，①情報化，②業際化，③グローバル化の3点を取り上げる。なぜならば，情報化，業際化，グローバル化の3点が，産業組織の変革の3大要因とされているからである。

　情報化，業際化，グローバル化の中でも，これらの相関関係を分析すると，情報化が業際化およびグローバル化の根源とされている。手始めとして，高度情報化と経営管理に関連する10のキーワードを提示する。

　図表1－4の10のキーワードを共通して用いることによって，3つの要因について考察する足掛かりとしたい。

　まずは，情報化について考察する。現在，情報通信技術および情報通信システムの進展に伴って，あらゆる産業において情報化が飛躍的に進展している。ここでいう情報化とは，情報の価値が他の資源の価値と比較してその比重が高まる現象のことである。

　従来，情報化と産業組織との関連性について考察する場合，①情報の産業

図表1-3　産業経済学の主要領域概念図

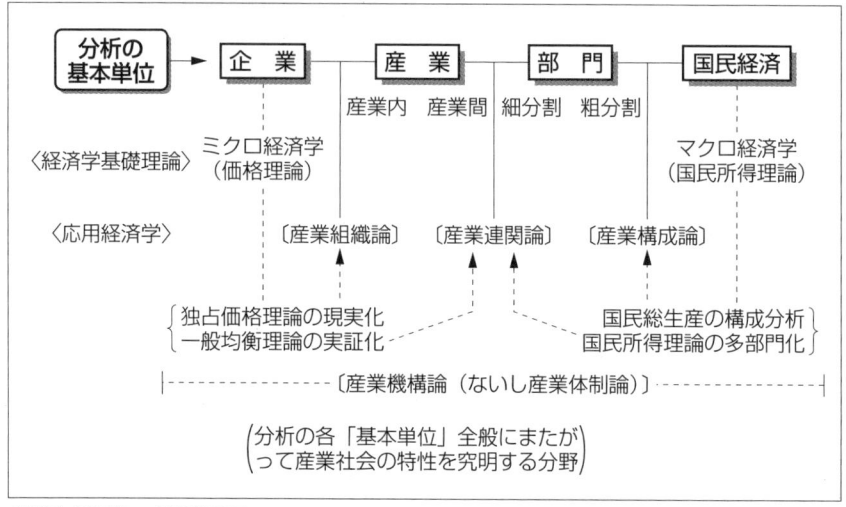

```
分析の
基本単位  →  企　業        産　業        部　門       国民経済
                        産業内 産業間  細分割 粗分割

〈経済学基礎理論〉  ミクロ経済学                      マクロ経済学
                  （価格理論）                      （国民所得理論）

〈応用経済学〉    〔産業組織論〕 〔産業連関論〕 〔産業構成論〕

            ┌独占価格理論の現実化┐         ┌国民総生産の構成分析┐
            └一般均衡理論の実証化┘         └国民所得理論の多部門化┘

      |------------〔産業機構論（ないし産業体制論）〕------------|

              ┌分析の各「基本単位」全般にまたが┐
              └って産業社会の特性を究明する分野┘
```

（出所）宮沢健一［1987］11頁。

化（情報を扱う産業分野の増大），②産業の情報化（情報に関連する事業分野の増大）の2つの側面があるとされてきた。

　郵政省（現郵政公社）の統計データや『情報白書』によれば，情報化のウェイトおよび伸び率のそれぞれにおいて，「産業の情報化」が「情報の産業化」を上回っており，現在の情報化の進展は，主として産業の情報化によってもたらされていることがわかる。「産業の情報化」が「情報の産業化」を上回っているということは，あらゆる産業のあらゆる企業において情報化が進展していることを意味している。

　なぜ情報化は産業組織の変革の要因として作用するのであろうか。先に列挙した高度情報社会の10のキーワードを用いて考察すると，迅速化，共有化，双方向化，多様化，自働化などが現実化するに伴って，例えば，製造業の流通業化，流通業のサービス業化，物流業の流通業化など，産業組織が文字どおり劇的なインパクトを受けている。

　情報化の進展が産業組織の変革の要因になっている現象は，あらゆる産業

図表1-4　高度情報化と経営管理に関連する現象

キーワード	顕在化する現象
広域化	「空間・距離の克服」に伴う活動の広域化
迅速化	情報通信技術の進展に伴う情報処理スピードの飛躍的な向上
共有化	情報の共有化に伴う意思決定，価値観，行動様式の共有
統合化	生産，マーケティング，物流など経営諸機能の再構築
同期化	情報共有に伴う意思決定，活動の同期化
双方向化	情報発信者と情報受信者との区別の曖昧さに伴う行動様式の変化
多様化	価値観，行動様式の個性化・多様化
組織化	新たな組織形態および新たな組織間関係の創出
ソフト化	財貨中心ではなく，サービスなどソフト中心へのシフト
自働化	機械的発想・行動ではなく，生態的発想・行動へのシフト

において観察されている。製造業の流通業化，流通業のサービス業化，物流業の流通業化などは，業際化の動きと連動しつつ，イノベーションの新たな形態，新たな進め方として現在最も注目されていることの1つである。

❷ 業際化の促進

業際化とは，情報化の進展に伴って産業，業種，業態などの垣根が低くなり，相互乗り入れによる新たな競合関係や協力関係が生じる現象のことである。先に列挙した高度情報社会の10のキーワードを用いて考察すると，業際化の進展は，統合化，同期化，組織化，ソフト化などによって促進される。

ここであげた統合化，同期化，組織化，ソフト化というキーワードは，情報ネットワーク化の原動力でもある。情報ネットワーク化の進展が業際化の最大の要因であることは間違いない事実である。

例えば製造業では，①受発注ネットワークの構築を契機とした流通業化，物流業化，②共同受注・共同生産に伴うマネジメント・センター化，③技術交流に伴う研究開発センター化など，製品製造だけの伝統的な製造業から脱

皮するために，情報ネットワークを活用した業際化が進展しつつある。

　流通業では，①決済業務の効率化を契機とした金融機能の取り込み，②フランチャイズ化，ボランタリー化，③共同配送・共同保管を契機とした物流商社化，④金融業，サービス業などとの業務提携による総合サービス化，⑤マルチメディアを活用した無店舗販売など，情報ネットワークを活用した業際化が進展しつつある。

　運輸・倉庫などの物流業では，①陸運・海運・空運など，すべてをカバーする総合物流業化，②流通機能を取り込んだ物流商社化など，情報ネットワーク化を活用した業際化が進展している。

　金融業では，①カードを情報媒体として，流通業，サービス業との提携による総合サービス化，②ファームバンキング，ホームバンキングを手段とした情報ネットワーク化による顧客の囲い込みなど，ここでも情報ネットワーク化による業際化が急激に進展している。

　サービス業では，①他業種との提携，②新たな業態の開発，③サービスの複合化など，情報ネットワークを活用した業際化が進展している。

　この業際化の進展が産業組織の変革の要因の1つとして作用していることはいうまでもない。業際化の進展に伴う産業組織の変革は，企業レベルのイノベーションの理論および実践の両面において，極めて大きなインパクトを与えるようになりつつあるので，今後さらに実証的な研究が望まれる。

❸ グローバル化の進展

　グローバル化とは，国境（ボーダー），境界（バウンダリー）を意識することなく，世界的な視野の下で企業活動を遂行することをいう。このグローバル化の進展の最大の要因は，情報化の進展に伴って，「時間の制約」の克服，「空間の制約」の克服，「組織の制約」の克服が可能になったことであるといわれている。

　先に列挙した高度情報社会のキーワードを用いて考察すると，グローバル化の進展は，広域化，統合化，同期化，組織化，多様化などによって促進さ

れる。

　グローバル化によって，各国間の国際分業関係が深まり，産業間での特化が進む「産業間国際分業」や，同一産業内での特化が進む「産業内国際分業」など，さまざまな国際分業関係のバリエーションが現実に生まれつつある。

　このような国際分業関係の変革は，わが国の産業組織に対して直接的なインパクトを及ぼす。日本においても，国際分業関係の変革によって，新たな産業分野や事業分野が創出された一方で，日本の伝統的な産業が滅亡するなど，国際分業関係の変革が産業組織に与えるインパクトは極めて大きなものがある。

　さらに，情報化，業際化，グローバル化の全体を貫く変化としてM＆A（Merger＆Acquisition）の存在をあげておきたい。M＆Aの特徴として，①自社にない経営資源の入手，②市場規模・市場占有率の拡大，③少ないリスクでの新規事業への参入や多角化の実現，④資金と時間の節約，などがあげられるが，近年これらの特徴を目当てにM＆Aを実行する企業が増えてきている。特に，その傾向が大企業に顕著にみられ，その領域は金融業界，自動車業界をはじめ，種々の業界に及んでいるため，日本全体で産業組織・構造における枠組みの変化が生じている。その現状を考えれば，情報化，業際化，グローバル化の結果として生じるM＆Aも産業組織変革の重大な要因と考える必要があろう。

5 イノベーションの進展度合

❶ 企業規模別イノベーションの進展度

　近年，イノベーションによって事業パラダイムの転換をはかり，業態を変化させるケースが目立っている。一般的に，イノベーションによる業態変化（業種転換）は，大企業によって行われるというイメージが存在する。しか

図表1-5　規模別業種転換割合

〜中小企業の方が高い業種転換割合〜

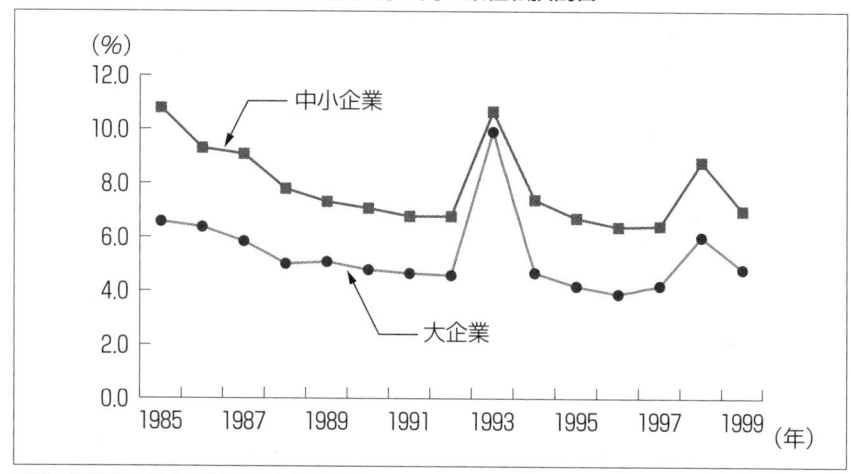

資料：経済産業省「工業統計表」再編加工
(注)　1．従業者数3人以下の企業は含まない
　　　2．中小企業とは従業者数300人以下の企業を指す。
　　　3．業種転換率＝各年度において業種転換を行った事業所数／年度初における事業所数
　　　4．業種転換は日本標準産業分類細分類ベースで見ている。
　　　5．1993年度に日本標準産業分類の改訂が行われているため，特異値となっている。
(出所)中小企業庁編[2002]117頁。

し，中小企業庁による『中小企業白書』などのデータを見ると，イノベーションは大企業よりも，むしろ中小企業において活発に行われていることが理解できる。

中小企業において，より活発に業態変化が行われているということは，それだけ大企業よりも中小企業のほうが環境変化や事業ライフサイクルの影響を受けやすいといえる。大企業に比べて，体力のない中小企業は負の影響による業績悪化は企業経営を直撃する。中小企業庁のデータで，中小企業が業態変化を図る理由を見ると，①既存事業への不安，②製品寿命の流れ，③既存事業の競争激化，④市場ニーズの多様化への対応，⑤ビジネスチャンスの察知によりほとんどの理由が占められている[24]。

図表1－6を見ると，規模の大きい企業ほど，市場ニーズの多様化への対

図表1-6 企業規模別事業転換理由
～小規模企業で高い既存事業への不安感～

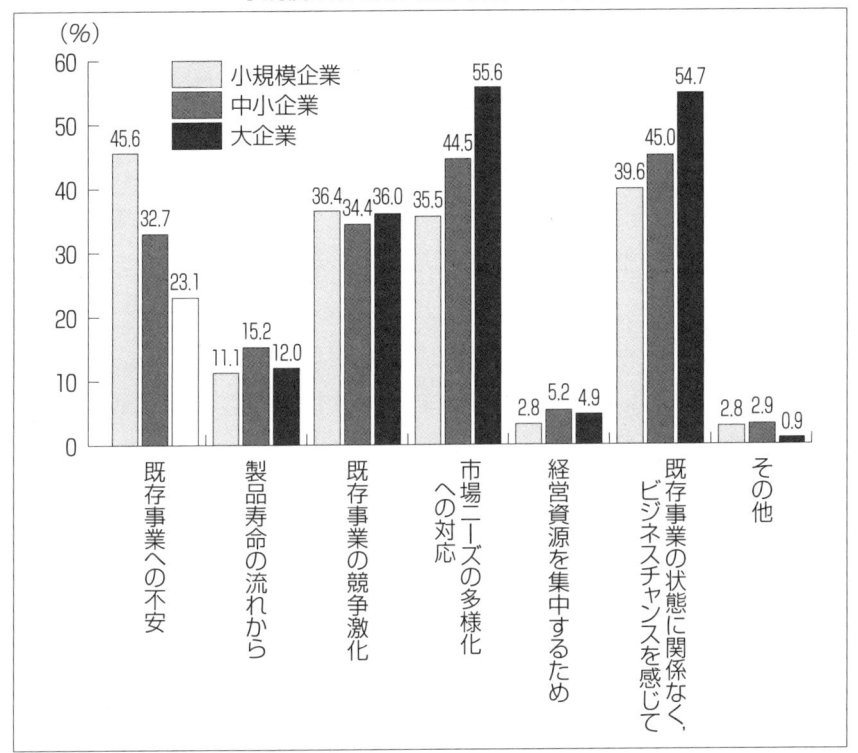

理由	小規模企業	中小企業	大企業
既存事業への不安	45.6	32.7	23.1
製品寿命の流れから	11.1	15.2	12.0
既存事業の競争激化	36.4	34.4	36.0
市場ニーズの多様化への対応	35.5	44.5	55.6
経営資源を集中するため	2.8	5.2	4.9
既存事業の状態に関係なく，ビジネスチャンスを感じて	39.6	45.0	54.7
その他	2.8	2.9	0.9

資料：中小企業庁「企業経営革新活動実態調査」(2001年12月)
（注）複数回答のため，合計は100を超える。
（出所）中小企業庁編 [2002] 118頁。

応，ビジネスチャンスの察知など積極的な理由によって業態変化がはかられている。一方，規模の小さい企業は，①既存事業への不安，②製品寿命の流れ，③既存事業の競争激化など消極的な理由による転換が目立つ。

すなわち，企業規模別にイノベーションによる業態変化の進展度を見ると大企業より中小企業の方が活発に行われているが，その理由は消極的な理由によるものが多い。

❷ 業種別イノベーションの進展度

　日本経済が下降線をたどるようになって久しい。『中小企業白書』などのデータを見ると，各業種（業界）によって，現在抱えている問題点に相違が見られる[25]。

　製造業では，①需要の停滞，②製品（加工）単価の低下・引上げ難，③製品ニーズの変化への対応，④大企業の進出による競争の激化，⑤生産設備の不足・老朽化などの問題を抱え，経済不況の影響がかなり大きいことが分かる。

　卸売業では，①需要の停滞，②販売単価の低下・引上げ難，③大企業の進出による競争の激化，④小売業の進出による競争の激化，⑤代金回収の悪化などの問題を抱え，卸売業でも製造業同様，経済不況の大きさを示している。

　小売業では，①大・中型店の進出による競争の激化，②需要の停滞，③購買力の他地域への流出，④消費者ニーズの変化への対応，⑤同業者の進出などの問題を抱えており，業界内での競争激化が大きな問題となっている。

　サービス業では，①需要の停滞，②利用者ニーズの変化への対応，③新規参入業者の増加，④利用料金の低下・引上げ難，⑤大企業の進出による競争の激化などの問題を抱え，経済不況による影響，業界特有の影響などさまざまな問題に直面している。

　建設業では，①官公需要の停滞，②請負単価の低下・引上げ難，③民間需要の停滞，④大企業の進出による競争の激化，⑤新規参入者の増加などの問題を抱えており，経済不況による建設業界特有の問題を多く秘めている。

　これらの産業の業況を見ると，製造業およびその関連業種である卸売業で改善の兆しが伺えるが，その他の業種では，依然として横ばい，もしくは下落傾向が続いている。

❸ イノベーション支援策の国際比較

　本項では，イノベーションの遂行に関し，諸外国との比較を試みる。その

ために，米国のイノベーション支援策を中心として諸外国の支援策を見てみよう。

　米国のイノベーション施策を概観すると，第1に国家と企業との密接な連携が特徴的である。米国において，ナショナル・システムとしてのイノベーションの国家的役割は，軍事力の開発競争がその根底に存在し，民間企業ではなく国家主導のイノベーション・システムが必要であった。したがって，国家目標と多額の研究費に支えられていたともいえる。その国家主導のイノベーション施策に民間企業が積極的に参加し，多くの成果をあげている。

　『平成14年版・科学技術白書』によれば，米国のイノベーション・システムには次のような特徴がある[26]。
① 研究開発に投入する資源が他国に比べ圧倒的に大きい。
② 研究費全体における，政府負担率が大きい。
③ 知的財産重視の政策（プロパテント政策）。
④ ベンチャー企業の比重が大きい。
⑤ 産業界と大学の強い連携。

　米国のイノベーション施策の第2の特徴としては，中小企業および中小企業が行うイノベーションを積極的に支援していることがあげられる[27]。

　米国連邦政府は物品とサービスの調達に年間約2,000億ドルを費やしている。そのうち，中小企業は約35％を受注しており，中小企業にとって大きな資金源となっている。

　また，製品やサービスの受注だけではなく，中小企業のイノベーションに対しても積極的に支援している。1983年度から開始されたSBIR（Small Business Innovation Research）プログラムによって，イノベーションの実現可能性を調査し，能力のある中小企業には発注を通じて資金を提供している。

　米国においては，このように中小企業のイノベーション遂行に対し，積極的に支援を行っている。それによって，資金力のある大企業だけではなく，中小企業からもイノベーションによる製品やサービスの開発が活発に起きている。

欧州諸国のイノベーション施策は，米国と同様，国家と企業との密接な連携が特徴的である。欧州諸国においては，イノベーションの促進施策として，特に地域クラスターの整備が活発化している。『ヨーロッパ中小企業白書2002』によれば，地域クラスターとは，「一定の地理的領域における相互に依存した企業の集中」[28]である。欧州諸国は，ＥＵの枠組みの中で国家の枠組みを超えて協力体制を築いている。企業経営においても同様であり，企業間のネットワークを強め，研究開発における相互協力を始めている。その方策が地域クラスターにおける研究開発ネットワークであり，国境・国籍を超えた企業の共進化が進められている。

　近年，成長著しい中国においては，米国や欧州諸国と異なり，依然として，国家が指導してイノベーション活動が行われている。中国の場合，民間企業の研究開発能力を引上げるために，国家が産学連携を強化し，また多国籍企業の研究所を誘致するなどの施策を積極的に展開している。しかし，これも『平成14年版・科学技術白書』によれば，多くの問題点を抱えているのが現状であり，研究開発体制の再構築，研究者・技術者へのインセンティブの付与など新しい政策を打ち出している[29]。

　一方，日本においては，長らく規制によって企業保護の政策を行ってきた。護送船団方式と呼ばれるように，ある意味で米国や欧州諸国よりも国家と企業の結びつきは強い。米国がイノベーションを積極的に推進し，力のある中小企業を伸ばす政策を採用したのに対し，日本はすべての企業を保護する政策をとった。すなわち，米国と日本では，イノベーションに対し，かなりの内外格差が生じており，単純にイノベーションの頻度だけではなく，タイプの相違などにも表れている。日本は企業保護政策の結果，イノベーションの国家的支援は諸外国に比べて遅れていたといえる。したがって，日本におけるイノベーションは，大企業および一部の優秀な中小企業が中心となって行われた。永田晃也＝野中郁次郎［1995］は，日本においてイノベーションの創出に最大の寄与を果たしてきた部門は，民間企業であり，企業の革新行動と取引慣行や雇用慣行などの産業組織内のサブ・システムである制度要因が

強く影響している[30]と指摘した。

　日本も近年，規制を緩和し，イノベーションの支援を積極的に行おうという動きが顕在化している。現在，新規創業や企業の経営革新の促進に対し，次のような支援策が講じられている[31]。

① 創業・経営革新に対する法的支援（中小企業創業活動促進法，経営革新支援法，新事業創出促進法，産業活力再生特別措置法，組合を活用した創業促進）
② 資金供給の円滑化
③ 人材の充実（マッチング）・育成支援
④ 新市場創出・販路開拓支援（新市場創出支援事業，ビジネスフェア，ベンチャープラザ・ベンチャーフェア事業）

　しかし，これらの支援策の効果はまだ十分に表れているとはいえず，今後さらなる支援策が期待される。

1）日本LCR［2003］78頁。
2）野中郁次郎＝山下義通＝小久保厚郎＝佐久間陽一郎［1997］まえがき i 。
3）Oarkey, R.P.＝Rothwell, R.＝Cooper, S.［1988］p.175.
4）Schmpeter,J.A.［1926］訳書182-183頁。
5）Drucker,P.F.［1954］訳書48-55頁。
6）他の採用単位とは，個人以外にイノベーションを享受する存在であり，組織や企業などがこれにあたる。
7）Rogers,E.M.［1982］訳書18頁。
8）Foster,R.N.＝Kaplan,S.［2001］訳書411頁。
9）野中郁次郎＝竹内弘高［1996］序文 iii 。
10）野中郁次郎編［2002］278頁。
11）Leonard,D.［1995］訳書まえがき。
12）フォスター＝カプラン［2001］によれば，「破壊」は，ユダヤ教やキリスト教の伝統的な概念である「死」ではなく，ヒンズー教に伝わる「輪廻転生」を意味する。そう考えると，「破壊する」とは抹消することではなく，「交換する」にきわめて近い言葉になると述べる。すなわち，創造的破壊は交換という意味合いが強いという考えも存在する。（Foster,R.＝Kaplan,S.［2001］訳書189頁。）

13) Drucker,P.F.［1954］訳書48頁。
14) Rogers,E.M.［1982］訳書18頁-25頁。
15) 日本総合研究所＝伊佐田文彦編著［2003b］24頁。
16) 経済産業省経済産業政策局編［2002］序3-5頁。
17) 三菱総合研究所経営コンサルティング部［1991］45頁。
18) 竹内弘高＝榊原清則＝加護野忠男＝奥村昭博＝野中郁次郎［1986］329頁。
19) 小田康弘［2003］210頁。(日本総合研究所＝伊佐田文彦編著［2003a］，所収)
20) 横山禎徳＝安田隆二［1992］はじめに。
21) Foster,R.N.［1986］訳書61-62頁。
22) Burns＝Storker［1968］, *The Management of Innovation*, 2nd ed. Tavistock.
23) 日立造船の事例は，日経ビジネス2003年9月8日号28-29頁を参照している。
24) 中小企業庁編［2002］118頁。
25) 中小企業庁編［2001］49頁。
26) 文部科学省編［2002］13-15頁。
27) 米国におけるイノベーション支援策に関しては，『アメリカ中小企業白書(1999－2000)』の135-140頁を参照している。
28) 財団法人中小企業総合研究機構訳編［2002］107頁。
29) 文部科学省編［2002］17頁。
30) 永田晃也＝野中郁次郎編［1995］450頁。
31) 中小企業診断協会編［2003］51頁。

第2章 イノベーション論の生成と発展

　本章では，イノベーション概念がどのように生まれ，その考え方が時代の流れとともにどのように変化してきたかについて考察する。現在，イノベーションに関する概念がどのように考えられているかを理解する上で，生成と発展過程について考察することは欠かせない。

　イノベーション論の創始者は，シュンペーター（Schmpeter,J.A.）である。シュンペーターは，イノベーション概念を生み出し，景気循環による経済変動の説明を試みた。これは，経済学的側面からのアプローチである。

　シュンペーターのイノベーション理論を応用し，ドラッカーは企業成長の説明を試みた。イノベーションは，企業目的の達成，企業の成長に対してどのような貢献を果たすのか検討する。

　次に，社会の中で，イノベーションはどのように浸透するのかを研究するイノベーションの普及論について考察する。普及をイノベーションの一部と捉え，社会変動・文化変動につながる過程を研究した社会学的な研究について理解を深める。

　さらに，生物学的側面からの研究について検討する。企業と生物との相似性に着目し，生命を持つシステムとしての企業が安定性を構築しながら，いかにしてイノベーションを実現していくのか考察する。

　近年では，情報を鍵概念とし，イノベーションを研究する流れも生まれた。野中郁次郎の所論をもとに，「情報創造」と「自己組織化」を鍵概念とした情報創造プロセスによる企業の自己革新（イノベーション）について学ぶ。そして，その情報創造の概念が知識創造の概念に進展し，現在，イノベーションの本質として認識されていることを理解する。

1 イノベーションの経済学的アプローチ

❶ イノベーション概念の経済学的前提

　イノベーション（innovation）を最初に理論化したのは，オーストリアの経済学者シュンペーターである。シュンペーターは，イノベーションの祖と呼ばれている。

　シュンペーターは，経済学的な観点からイノベーションに関する概念の重要性を論じた。ここでは，まずシュンペーターが提唱したイノベーション概念が伝統的経済学とどのように違うのかについて考察する。

　現在，多様な分野で用いられるイノベーションの必要性を最初に提唱したシュンペーターの意図はどこにあったのであろうか。シュンペーターが目指していたのは，イノベーション概念を利用した近代経済学における景気循環の説明にあった。

　アダム・スミス（Smith,A.）に始まり，マーシャル（Marshall,A.）に至るまで，従来の経済学者は，生産性の向上による経済成長よりも，資本と労働の投入による経済成長を重視していた。

　シュンペーター自身も，資本と労働の投入による経済成長という従来の考え方には一定の評価を与えている。しかし，経済成長は，資本と労働の投入以外にも可能であると考え，イノベーションの遂行が経済成長に寄与すると提唱した[1]。すなわち，イノベーションは，経済の体系の均衡点を動かす要素であり，資本と労働の投入による経済成長のほかに，イノベーションの遂行も経済の発展を実現すると位置づけ，イノベーションの遂行による経済成長という現象を解明した。シュンペーターは，資本主義経済の静態的側面と動態的側面を考察した上で，動態的側面の原動力をイノベーションに求めたのである。

従来の経済学者による資本や労働の投入による経済成長という考え方は，資本，労働など有限資源に依存したものである。一方，イノベーションによる経済成長というシュンペーターの考え方は，人間による無限のイノベーションの遂行に依拠した経済成長であり，持続的な価値増大が期待できるところに従来の理論との大きな相違点がある。

シュンペーターの考えは，経済不況においても従来の考え方と大きく異なる。ケインズが提唱した近代経済学では，経済不況は有効需要の不足ゆえに生じると考えられていた。すなわち，需要と供給のバランスが崩れ，需要過少，供給過多になり，経済不況に陥るのである。

一方，シュンペーターの経済不況に対する考え方は，イノベーションにより創造された新事態に対する経済体系の正常な適応過程というものである[2]。すなわち，シュンペーターの考えでは，経済不況とは，イノベーションのような既成概念を破壊する行為に適応するために，当然経なければいけないプロセスなのである。さらに，イノベーションによってもたらされる「動的不均衡」の存在こそが経済本来の健全な姿であり，経済理論と経済活動の中心に位置づけるべき現実であるとした。

このようにシュンペーターは，新たな概念であるイノベーションを用いることによって近代経済学が論じる景気循環の説明に一石を投じようとしたのである。周知のごとく，景気循環理論に関しては，シュンペーターよりケインズに軍配が上がった。しかし，それでもシュンペーターのイノベーション概念は色褪せることはない。

シュンペーター理論は，その後，企業者史（entrepreneurial history）研究へと継承・発展した。企業者史研究とは，瀬岡誠［1999］によれば，コール（Cole,A.H.）らが中心となって研究された分野で，創造的で革新的な「企業者」をダイナミックな経済発展の原動力と位置づけるという特徴を持っている[3]。

このようにシュンペーターが表したイノベーション理論は伝統的経済学に挑戦を挑むものであり，企業者史という新たな研究分野を生み出す契機とも

なったのである。

❷ 生産要素の新結合

　ここまでシュンペーターのイノベーション概念を理解するための経済学的前提を考察してきた。ここでシュンペーターのイノベーション概念の定義について考察する。

　シュンペーター［1926］は，生産とは利用できる種々の物や力の結合（combination）を意味し，生産物や生産方法や生産手段などの生産諸要素が非連続的に新結合（new combination）することがイノベーションである[4]と定義した。

　シュンペーターによれば，このイノベーションは内部から自発的に発生する経済の非連続的発展および創造的破壊（creative destruction）につながるものであり，以下の5つの概念により構成されるとしており，この新結合の遂行こそがイノベーションであると指摘している[5]。

① 新しい財貨：消費者の間でまだ知られていない財貨，あるいは新しい品質の財貨の生産。
② 新しい生産方法：当該産業部門において実際上未知な生産方法の導入。これは決して科学的に新しい発見に基づく必要はなく，また商品の商業的取り扱いに関する新しい方法をも含んでいる。
③ 新しい販路の開拓：当該国の当該産業部門が従来参加していなかった市場の開拓。ただし，この市場が既存のものであるかどうかは問わない。
④ 原料あるいは半製品の新しい供給源の獲得：この場合においても，この供給源が既存のものであるか，単に見逃されていたのか，その獲得が不可能とみなされていたのかを問わず，あるいは始めてつくり出されねばならないかは問わない。
⑤ 新しい組織の実現：独占的地位（例えばトラスト化による）の形成あるいは独占の打破。

　生産諸要素の新結合が遂行され，新しい価値が生み出されると古い価値は

第2章　イノベーション論の生成と発展

図表2-1　シュンペーター理論の構図

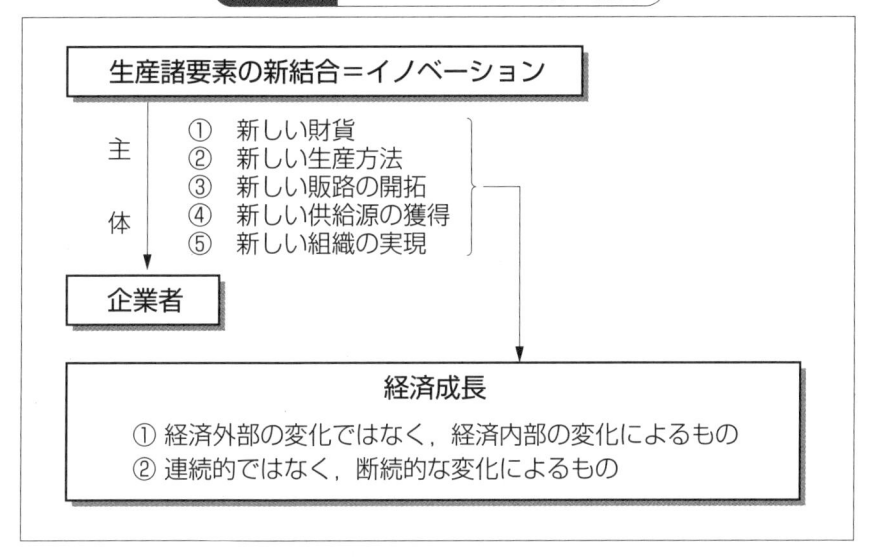

```
生産諸要素の新結合＝イノベーション
       ① 新しい財貨
  主   ② 新しい生産方法
       ③ 新しい販路の開拓
  体   ④ 新しい供給源の獲得
       ⑤ 新しい組織の実現
       ↓
     企業者

              経済成長
  ① 経済外部の変化ではなく，経済内部の変化によるもの
  ② 連続的ではなく，断続的な変化によるもの
```

威力を失う。生産諸要素の新結合によってイノベーションが行われると，当初は古い価値と新しい価値が並存して表れるが，徐々に新しい価値に取って代わられる。

逆説的に考えれば，古い価値の支持が続き，新しい価値は普及しないのであれば，イノベーションは失敗である。その意味で，本書で設定したイノベーションの本質が，知識創造による新価値の創出にあるということは妥当性があるものといえる。

❸ イノベーションと経済進化

シュンペーターがイノベーションの定義を試みた理由は，西欧諸国の産業国家による経済の発展が，人口増加や資本の供給増加による内的な要因よりも，技術変化に由来することを明確にすることであった。現在，イノベーションは企業の競争力の重要なファクターとして認識されている。また国家的規模の競争優位の源泉としても認知されている。さらに世界経済の長期的成長の要因としても機能しているとの認識が広まっている。

しかし，シュンペーターがイノベーションの概念を提唱してから，およそ30年間はイノベーション論の進展はなかった。第二次世界大戦などの不慮の出来事も重なり，経済学では依然として均衡理論が大勢を占めていた。

1960年代に入ると，その流れは一変する。イノベーションに関する研究が多方面で行われるようになり，イノベーションの重要性が認識されるに至った。

特に，1970年代に入ると，シュンペーターが提唱したイノベーションによる経済変動を継承した研究が続々と生まれた。ネルソン（Nelson,R.R.）＝ウインター（Winter,S.G.）[1974]は，『経済変動の進化理論』の中で経済がイノベーションにより進化する事象を分析することによって経済変動の進化の解明を試み，シュンペーター理論の発展をはかった。さらにその研究をエリオットが引き継いだ。エリオット（Elliott,J.E.）[1980]は，シュンペーターがイノベーションの本質として提示した創造的破壊という現象を通じて，資本主義が進化する経済システムである[6]ことを検証した。

こうした進化理論は，経済学における歴史的な考察の重要性を示唆するものとなっている。また，企業の意思決定においては，習慣的に使用されているものが進化して，支配的になるという経路依存性[7]の重要性を認識させるものでもある。

このようにイノベーションの経済学的なアプローチは，シュンペーターが提唱したイノベーションによる経済変動の研究から，経済変動の進化の研究に向けて発展した。これらの研究は，いわばイノベーションを経済現象というマクロ的な視点から考察したものである。

2 イノベーションの経営学的アプローチ

❶ イノベーション概念の経営学的前提

1960年代に入り，シュンペーターの提唱したイノベーション理論は，経済

学の分野で新たに経済進化という研究へ発展した。同じく経営学の分野でもイノベーション概念について積極的に研究され始めた。世界的な戦争が終結し，企業の主役が国営企業から民間企業に交代すると，イノベーションを「経済成長」の推進力という側面から研究するのではなく，「企業成長」の源泉と捉えようとしたのである。イノベーションによる経済変動を究明する経済学的アプローチがマクロ的視点からのイノベーション解明の研究だとすれば，イノベーションを企業成長の源泉とする経営学的アプローチは，ミクロ的視点からのイノベーション研究である。

企業の中で，イノベーションを企業成長の重要な源泉と認識すると，イノベーションのプロセスをいかに管理するかが大きな課題となる。イノベーションを計画的に管理することが出来なければ，企業成長を計画的に推進することが出来ないからである。ドラッカー［1974］は，イノベーションを企業において管理することの重要性を次のように指摘した。「イノベーションを現存の企業の中に組み込み，企業は革新を目指して自らを組織化し，イノベーションの計画と実行，評価に取り組む必要がある」[8]。

さらに，企業にとってイノベーションを一過性のものとせず，持続的な成長を維持することが重要である。成功している企業であっても，一瞬のうちに失敗し，転落する。

このように，シュンペーターが提唱したイノベーションの概念を企業の中に取り込み，企業成長の重要な源泉として認識する研究が行われるようになった。この考え方は，現在，経営学の中では大勢を占めており，研究の進展とともにその重要性は増加している。

❷ 企業者の機能

イノベーションを実施する際，重要な役目を果たすのが企業者[9]である。シュンペーター理論が，企業者史研究に継承・発展していったのも，それだけイノベーションにおける企業者の役割が大きいからである。

この企業者の活動は，経済体系の状況に応じて大きく異なってくる。経済

体系の考え方において，主に2つの考え方がある。金指基 [1996] によれば，①経済体系が，あたかも植物の成長にも似て，ゆっくりとしかし着実に変化発展する，②生物的類推を拒否するように，ダイナミックな発展が波状をもって，次々に出現する[10]という2つの考え方が存在する。

第1の考え方は，マーシャルに代表される伝統的経済学の考え方である。伝統的経済学において，企業者とは，営利目的のために自ら事業活動を行う資本家という意味であった。

第2の考え方は，シュンペーターが提唱したものである。イノベーションによるダイナミックな経済発展が起きる経済状況下での企業者の活動は，伝統的経済学における企業者の活動とは当然異なる。シュンペーターはまず，企業者の機能について言及した。シュンペーターによれば，リーダーは他人に影響を与えるか否か，他人を支配するか否かが問題であり，企業者の機能はこのリーダーの機能に他ならない[11]。

また，シュンペーターは企業者の活動についても言及した。若林政史 [1999] によれば，シュンペーターは，企業の活動を「適応活動（改良，改善，模倣などによって事業活動を行う）」と「創造活動（新しい事柄を新しいやり方でやる）」[12]とに区別した。このうちシュンペーターが注目したのはまぎれもなく創造活動である。創造活動こそイノベーションであると考えた。

現在は，適応活動が「連続的イノベーション」，創造活動が「断続的（不連続的）イノベーション」といわれており，両者とも重要なイノベーションであると認識されている。

シュンペーターが主張している企業者の機能は，あくまで経済変動につながることが前提であった。それに対して，企業成長の礎として，企業者の機能を論じたのはドラッカーである。

ドラッカーは，事業の目的は企業の中にではなく，社会の中（企業の外）にあると指摘した。その意味で当時主流を成していた最大利潤の追求という企業目的に代わって，事業の目的となるのは顧客の創造である[13]と主張した。顧客が製品・サービスに代金を支払わなければ，製品・サービスは存在

しないからである。

そして，顧客を創造するために実施する基本的活動，すなわち企業者の機能は次の2つであるとしている[14]。

① イノベーション：イノベーションとは，生産物（製品）・サービスの革新,製品の販売・サービスの提供に必要な技能や活動の熟練・革新であり，これもあらゆる活動に関わりを持つ。

② マーケティング：マーケティングとは，企業に独特な機能であり，販売活動に限定されることなく，市場の求める製品・サービスを作るという事業全体に及ぶ重要な活動である。

ドラッカーの論点の中核は，企業者の機能であるイノベーションとマーケティングを行うことにより「顧客の創造」という企業活動本来の目的を達成できることにある。すなわち，イノベーションの遂行によって企業経営の第一義である存続を確保することが可能になるのであり，企業成長の源泉にもなるのである。

❸ イノベーションと起業家精神

起業家精神は，イノベーションと深い関わりを持つといわれる。新たな事業を起こすことは，イノベーションである。新規事業は新しい価値を生み出し，新産業を興す。そのキーワードになるのが，起業家精神である。

ドラッカー［1974］は，起業家精神について次のように述べた。「すでに行っていることをより上手に行うことよりも，まったく新しいことに価値，特に経済的な価値を見出すことである。すなわち，起業家とは，秩序を破壊し解体する者であり，シュンペーターが明らかにしたように，起業家の責務は"創造的破壊"である」[15]。

ドラッカーが指摘したように，起業家の重要な責務は創造的破壊にある。破壊と創造，これは相反するものであり，本来であれば矛盾する概念である。しかし，創造的破壊に関する概念において，破壊と創造は別次元で認識されているので，両者が共存しても矛盾することはない。塩野谷祐一［1998］は，

市場をパレート均衡の成立の場と見るのではなく，古く非効率的なものの破壊と抹殺の場と見ることも，創造的破壊の考え方の系であり，2つの異なった次元を視野に入れることによって理解可能となる[16]と指摘した。

また，起業家は，古いものを破壊するということではなく，何も無い状態から新たなものを創造し，構築することが必要である。すなわち，起業家精神とは，何も無い状態から，チャレンジ精神を発揮し，新たな価値を生み出していくことが重要な要素である。すなわち，起業家精神とは，創造的破壊および無から有を生み出すことであるといえる。

この起業家精神を有する起業家にはどのような特性があるのであろうか。起業家は以下の特性を持ち合わせていると考えられる。

① リスクを認識しても，そこを回避するのではなく，あえて果敢に挑戦する意欲を有する。
② 事業機会を見極め，事業機会に対する適切なリスクと効果を正確に分析できる能力を有する。
③ ヒト，モノ，カネ，情報などの経営資源を効果的に蓄積し，配分することによって新規事業が機能するように運営する能力を有する。

イノベーションにおける起業家精神の重要性を主張したドラッカー［1974］は，起業家の特性として次のように指摘した[17]。

① 起業家として成功する者は，その目的が金であれ，力であれ，あるいは好奇心であれ，名声であれ，価値を創造し，社会に貢献する。
② その目指すものは大きく，すでに存在するものの修正や改善では満足しない。彼らは，新しい価値や満足を創造し，単なる素材を資源に変える，あるいは新しいビジョンのもとに既存の資源を組み合わせる。
③ イノベーションは起業家に特有の道具であり，富を創造する能力を資源に与え，それどころか資源を創造するといってよい。

新しい事業を起こし，成功すれば，それがやがて新たな産業の創出を生み出す。すなわち起業家精神は，産業構造の革新をも引き起こすものであり，企業という側面だけではなく，経済にも大きな影響を与えるのである。

第2章 イノベーション論の生成と発展

3 イノベーションの社会学的アプローチ

❶ イノベーション概念の社会学的前提

　イノベーションの研究が活発化した1960年代，イノベーション研究はいくつかの方向に分岐した。第1に，シュンペーターの研究を踏襲し，イノベーションと経済変動の関係を研究するものがあげられる。その研究は，イノベーションによる経済進化という研究で結実した。第2に，ドラッカーに代表されるように，イノベーションの概念を企業の中に取り入れ，企業成長との関係を研究するものがあげられる。この研究は現在のイノベーション研究の主流になっている。そして第3に，イノベーションの普及を焦点とした研究があげられる。イノベーションがどのように社会を変え，経済を変えるのか，その過程を明らかにしようとするものである。換言すれば，企業という観点からイノベーションにアプローチしたドラッカー理論と経済変動という観点からイノベーション概念を創出したシュンペーター理論の両者を結びつける研究ともいえる。すなわち，経済現象というマクロ現象と企業活動というミクロ現象のかけはしとなる"場"の研究が社会学的アプローチによるイノベーション研究である。

　このような研究の対象は，イノベーションを享受する消費者や社会に主体が置かれているので，社会学的な観点からの研究といえる。

　イノベーションを社会学的観点から考察すると，イノベーションの普及の問題が焦点となる。企業外におけるイノベーションの機能といってもよい。社会学者のロジャーズ（Rogers,E.M.）は，イノベーションの普及問題に取り組み，イノベーションの普及メカニズムの解明を試みた。

　ロジャーズが本格的に普及の問題に取り組むまでは，普及はイノベーションとは別次元の要素としてとらえられていた。シュンペーター理論の系譜を

受け継ぐシュンペーター学派は，イノベーションのプロセスをインベンション⇒イノベーション⇒普及と認知した。すなわち，シュンペーター学派は，アイデアを生み出すインベンションのプロセス (invention process)，アイデアを商業化まで発展させるイノベーションのプロセス (innovation process)，新しい商品や新しい製造の方法が市場に浸透する普及のプロセス (diffusion process) の3つの局面に分類した[18]。

シュンペーター学派が提示したように，当時の普及に対する考え方はイノベーションの要素とは異なるものと捉えられており，普及に関する研究もそれ自身をひとつの行為として研究がなされていたといえる。

❷ 普及の要素

ロジャーズによってイノベーションの普及メカニズムが提唱される以前にも，普及に関する研究は行われていた。それらの研究が，ロジャーズの普及論にも大きな影響を与えているので，ここでロジャーズ以前の普及に関する先行研究を概観する。

普及論の先駆的研究は，タルド (Tarde,G.) の研究である。イノベーションは，普及する際に時間的経過のなかで，採用率が大きく異なる。イノベーションにとっては大きな課題である。タルドは，この時間的経過における採用率の変化を指摘した。

タルド [1903] は，いくつかのさまざまな内容を持つイノベーションが同時に考案されても，その何割かが伝播されるに過ぎず，しかも狭い範囲に限定されて伝播される[19]とした。タルドは，さらに普及の段階的特性についても「イノベーションの普及の初期の段階では，イノベーションの発生場所に近い小数の人が新しいアイデアを採用するに過ぎない。その後，次第にアイデアを採用する人が増加し，ある段階で一挙に採用率が急上昇し，最終局面では採用率は低下する」[20]と指摘した。

タルドは，このような一連の過程をSカーブと表現した。これは，現在では製品のライフサイクルとして一般に知られているものである。

タルドは，そのSカーブのなかで，新しいアイデアの採用は，基本的に上層社会にある人から下層社会にある人に向けて広がることを観察した。さらに，新しいアイデアの採用が飛躍的に増加する時期は，社会のオピニオン・リーダー（社会に対して影響力の強い人）がそれを採用したときである[21]と指摘した。

　タルドが提唱したSカーブの源泉はどこにあるのであろうか。時間的経過のなかで，普及率が高まっていくことを考えれば，それは社会の中でのコミュニケーションの過程と認識することができる。

　タルドの研究を継承したライアン（Ryan,B.）＝グロス（Gross,N.）［1943］は，アイオワ州の農民が，新種のとうもろこしを採用し，それが普及していく過程の研究を行い，普及過程は，「コミュニケーションのプロセスである」との観察結果を得た[22]。この研究で得られた観察結果がロジャーズの普及論に引き継がれ，その後の普及論の礎を形成する。

❸ 社会変動と文化変動

　従来の普及論の研究の流れを大きく変えたのがロジャーズである。ロジャーズ［1982］は，普及に関する過去の研究は「あるイノベーションの最初の採用者の段階から始められていた」が，イノベーションの発生およびその源が普及過程に強い影響を及ぼすので，イノベーションの開発過程の研究にその重要性を移す必要性を指摘した[23]。すなわち，ロジャーズは，従来の普及論とは異なり，普及をイノベーションの一部と捉えたのである。

　ロジャーズは，イノベーション普及の到達点として社会変動に着目した。ロジャーズ［1982］によれば，普及とは，イノベーションが，コミュニケーション・チャネルを通して，社会システムの成員間において，時間的経過の中でコミュニケートされる過程である[24]。

　コミュニケーションは社会変動にとって不可欠なものであり，社会変動は社会システムの構造と機能において，代替が生じる過程である。社会変動の過程には次の3つの連続的段階がある[25]。

図表2-2 普及の諸要素

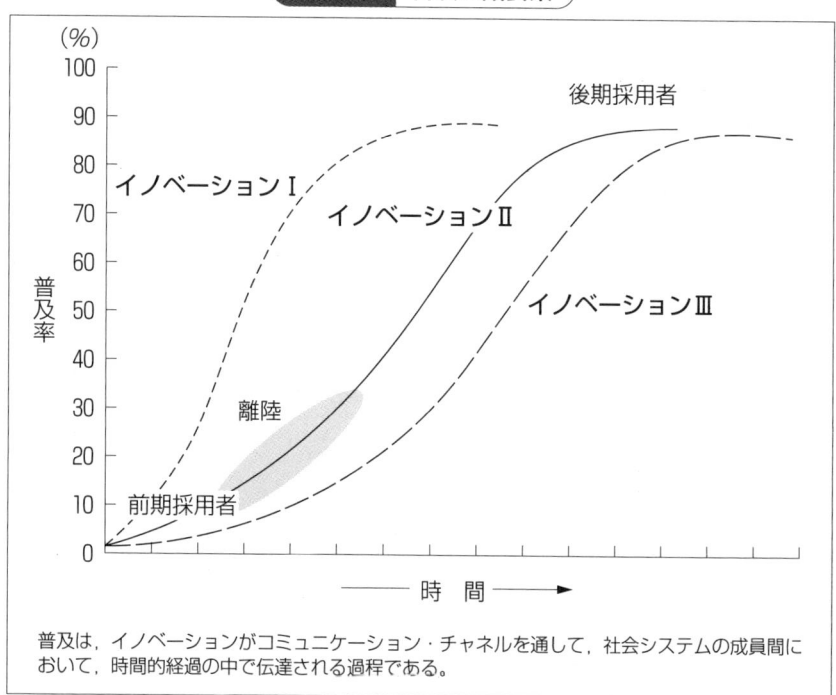

(%)
100
90　　　　　　　　　　後期採用者
80　　イノベーションⅠ
70
60　　　　　　イノベーションⅡ
普　50
及　40　　　　　　　　　　　　イノベーションⅢ
率　30　　　離陸
20
10　前期採用者
0
　　　　　　　時　間　→

普及は，イノベーションがコミュニケーション・チャネルを通して，社会システムの成員間において，時間的経過の中で伝達される過程である。

(出所) Rogers,E.M.[1982] 訳書17頁。

① 「発明」：新しいアイデアが創造され，開発される過程。
② 「普及」：新しいアイデアが社会システムの成員に伝達される過程。
③ 「結果」：イノベーションの採用または拒否の結果として社会システム内で生じた変動。

　ロジャーズは，イノベーションの普及には，社会成員間のコミュニケーションが重要な要素となっており，コミュニケーション過程を通じて，社会変動を引き起こすパワーを持っていることを論点としている。社会成員間のコミュニケーションの過程がイノベーション普及の"場"なのである。
　イノベーションの普及は，社会を変えるというよりも文化を変えるという考え方も存在する。イノベーションの普及は文化横断的な性格を兼ね備えて

おり，1つの社会内でとどまるものではない。宇野善康［1990］は，イノベーションという行為を，「発明や発見が普及できる状態に加工されて普及過程上にある時，それをイノベーションという」26) と定義した。新しい商品の普及は，消費者の考え方や生活の仕方を変えていく力があることから，新製品の普及・定着を文化変動進行の過程として注目したのが宇野の着眼点である。

宇野善康は，普及現象は地理的空間のなかにおいて，歴史的時間の経過を伴って生起するものであり，普及過程の地理的・空間的側面においては，次の2種類の条件下における普及が重視されなければならないとした27)。

① 同一文化内普及：同一文化内普及は，同じ文化圏域内においてイノベーションがどのように普及するかを研究する分野である。
② 異文化間普及：異文化間普及は，ある文化圏域から他の異文化圏域に向けてイノベーションが普及するときに，同一文化圏域内の普及とはどのように異なるかを考察する研究分野である。

宇野は，このようにイノベーションの普及を同一文化内の普及と異文化間の普及に区分して考えた。特に，異文化間の普及に注目を寄せている。その理由は，ある文化圏域内で生み出されたイノベーションが，同一圏域内に普及する場合に比べて，異文化圏域に普及する場合には，導入されるイノベーションとの異文化性の落差のみでなく，「未知なるもの」に対する不安要因も加わり，そのうえ文化内容の構造の異質性も加わって，落差のインパクトは大きいことが多いからである。

このように，異文化間普及はイノベーションの普及阻害の要因ともなりえる。宇野はイノベーションが1つの文化圏域から他の異文化圏域に横断して普及する場合を文化横断的普及と呼び28)，その実証研究を行った結果，イノベーションが異文化圏域に導入されるときは，その異文化圏域に適応するように変化しなくては，普及は促進されないということを導き出している。

このようにイノベーションの社会学的アプローチは，経済現象と企業活動をつなぐ"場"の研究であるといえる。すなわち，企業がイノベーションを

行うことによって生み出した製品・サービスが，社会の成員の中でどのように普及し，社会を変え，文化を変えていくのかについての研究であり，その変化が経済変動につながるのである。また，経済現象と企業活動のかけはしとなる場を解明することによって，経済が企業（経営）に影響を与え，企業が経済に影響を与えるスパイラル現象も解明することができる。

4 イノベーションの生物学的アプローチ

❶ 自己変革の手段

　イノベーション研究が進展する中，現実にはイノベーションに失敗する企業が多数存在しているという事実に直面した。盛んに行われていたイノベーション研究と現実とのギャップが顕在化したのである。そのような状況を配慮し，イノベーションを阻害している原因の研究が行われるようになった。その研究は，企業と生物との相似性に着目して，イノベーションに対して生物学的な側面からのアプローチを行うものである。

　従来，イノベーション研究において生物学的なアプローチは，ほとんど行われていなかった。それは，イノベーション概念の創始者であるシュンペーターが生物学的なアプローチを拒絶していたからである。ホジソン(Hodgson,G.M.)［1993］によれば，シュンペーターは，社会進化を生物進化のイデオロギーで論じることに反対するだけでなく，社会科学にとっての生物学理論の価値を軽んじるところまで行ってしまった[29]と述べた。

　しかし，現実社会におけるイノベーションの失敗は後を立たず，経営学の世界では，企業という存在を生物に例える動きがでてきたのである。それだけ企業には生物との共通項が多いということである。なかでも企業に生命があるというのは生物との最大の共通点である。どんなに頑丈で健康な生物にも寿命があるように，企業にも寿命が存在する。

企業は常に新しい生命に向けて生まれ変わる必要がある。生物が進化を繰り返し種の保存をはかったように，企業も進化し，新たな生命体に姿を変えていかなければならない。そして，その進化の源泉がイノベーションにあることは疑いようがない。

吉村孝司［1995］は，企業の変革および創造の論理といった基本原理は，多くの場合，他の基礎学問から派生していることが多く，そのなかでも生物学，物理学に依拠するところが大きい[30]と主張した。

企業が存続・発展するのは，変化し続ける周囲の環境に対し，常に適応し，自らを環境適応組織体として変化させているからである。このような特性は，プリゴジン（Prigogine, I.）［1998］によれば，周囲の環境との交換を続けることによって，エネルギーや物質の流れを自ら維持し，長期にわたってグローバルな安定構造を自分で組織化する「散逸構造（dissipative structures）」[31]としての特性である[32]。

このように，生体としての企業は，絶対的安定状態には決して到達することのない性質も有している。すなわち，生命体である企業には，絶対的な安定状態は存在しないのである。したがって，企業は構造自体が不安定であり，新たな構造へ移り変わることを志向するのである。

❷ 企業の二重構造

企業と生物の相似性から共通項を見出し，生物学的なアプローチで企業を論じる場合，企業の二重構造が注目される。なぜなら，イノベーションの促進要因と阻害要因は，企業の二重構造の問題と深い関わりがあると考えられるからである。図表2−3は，藤芳明人［2001］が，企業の二重構造を図式化したものである。

藤芳が表した図表で注目すべきは，企業は安定と変革の2つの側面を持っていることである。一方では安定することを求め，もう一方では変革することを望む。企業は2つの相反する機能を包含しているのである。

塩谷未知［1997］も同様の見解を示している。塩谷は，藤芳よりもさらに

生物学的な見解から企業の二重構造を論じている。塩谷は，生き物と企業の共通性に関心を寄せた上で，安定性とイノベーションの「せめぎあい」に注目した。

塩谷は，「いくつかの節目ごとのイノベーションが生き物の勝ち残り，進化を促してきた。同様に，企業にも進化に対する絶えまないイノベーションは必要であるが，生き物の持つ安定性（恒常性＝ホメオスタシス），すなわち企業組織での安定性（因習性）の取扱いには注意が必要である。恒常性を破壊しなければ，企業革新は容易には進まないのであるが，あまり急激にやりすぎると企業組織自体が崩壊し，大混乱が起きる。したがって，やるからには揺るがない基本哲学・理念を持ち，多少の犠牲もいとわずやり抜く姿勢が重要で，大局観のない中途半端な革新は組織そのものの存続にさえ影響を与えかねない」33)と警鐘を鳴らした。

藤芳明人や塩谷未知の二重構造論を概観すると，企業には安定性と変革性

図表2-3　企業の二重構造

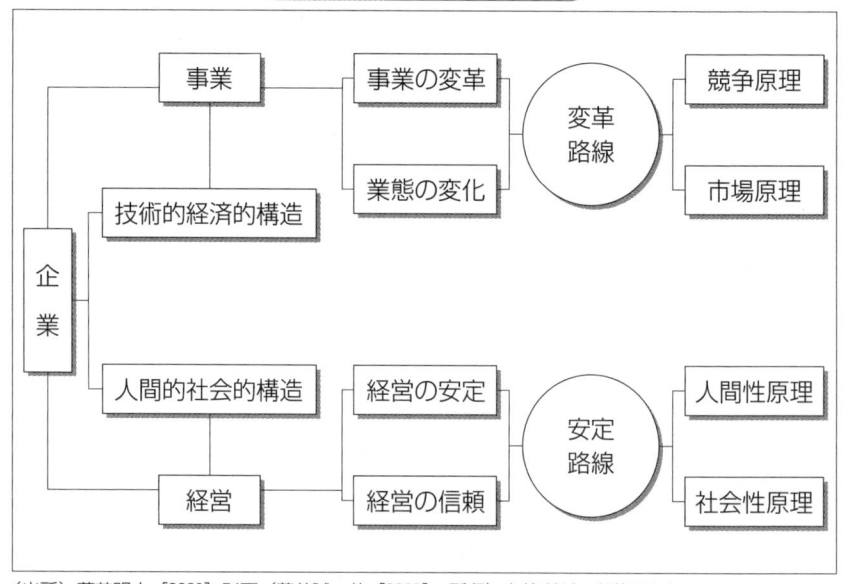

（出所）藤芳明人［2001］54頁（藤芳誠一他［2001］，所収）を筆者が一部修正した。

第2章 イノベーション論の生成と発展

図表2-4 生物と企業の外部環境との関わり

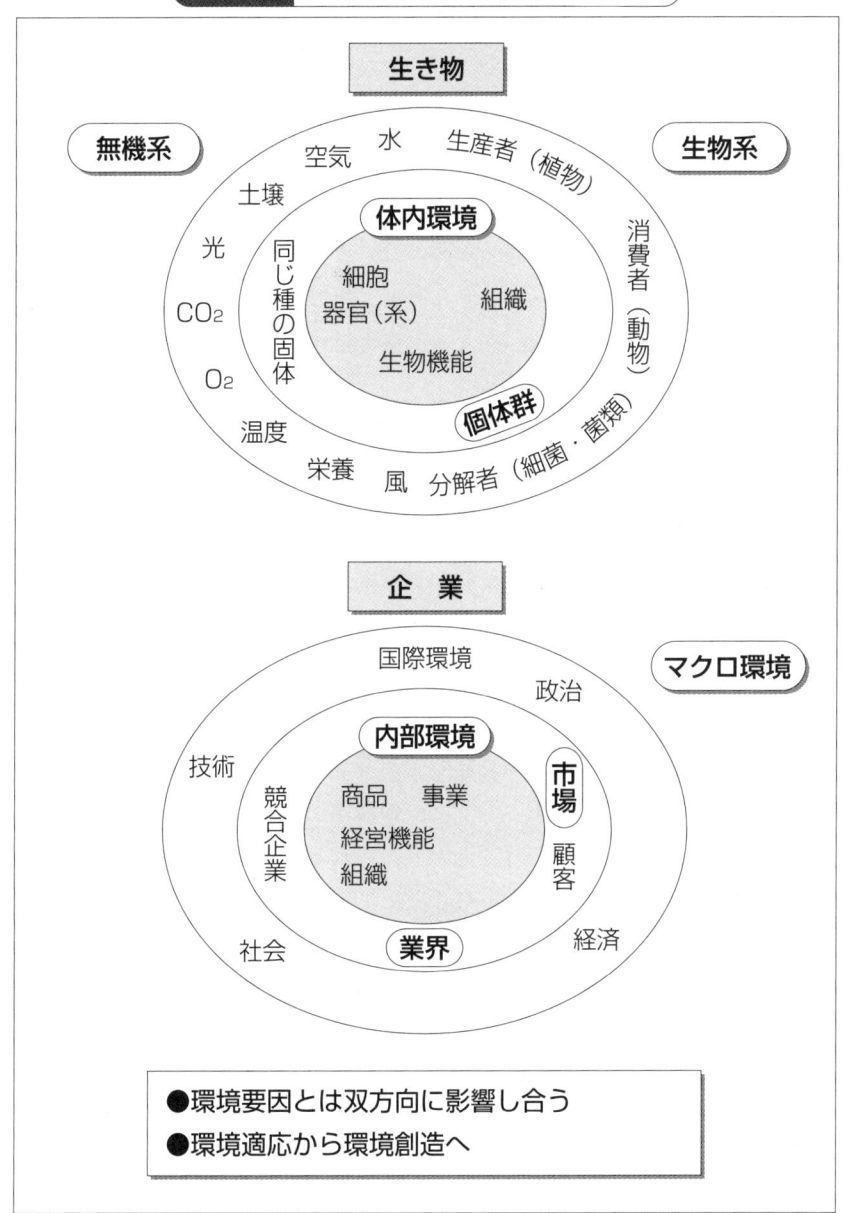

生き物

無機系／生物系

- 空気　水　生産者（植物）
- 土壌
- 光
- CO_2
- O_2
- 温度　栄養　風　分解者（細菌・菌類）
- 同じ種の固体
- 消費者（動物）

体内環境
- 細胞
- 器官（系）
- 組織
- 生物機能

個体群

企　業

マクロ環境

- 国際環境　政治
- 技術
- 競合企業
- 社会　経済

内部環境
- 商品　事業
- 経営機能
- 組織

市場
顧客

業界

● 環境要因とは双方向に影響し合う
● 環境適応から環境創造へ

（出所）塩谷未知［1997］54頁。

の両者を志向する性質があると捉えられる。これは，企業自身が自己防衛（self-defense）をする機能と自己再生（self-rebirth）をする機能を同時にあわせ持っていると考えることができる。すなわち，異質物の侵入による危害を防ぎ守る機能と自身を生き返らせ，新生させる機能が共に備わっているのである。そして，企業において自己防衛機能を体現しているのがパラダイムや組織文化であり，自己再生機能を体現しているのがイノベーションである。

　企業が健全な経営を行っていくためには，この自己防衛機能と自己再生機能のバランスを保つ必要がある。すなわち，組織文化の確立によって自己防衛を機能させながら，イノベーションの機会には積極的に自己再生を機能させることが必要である。

❸ 生命論パラダイム

　近年，盛んに論じられるようになったものに生命論パラダイムがある。企業が生命体に学ぶことにより，生命の本質を見出し，いかにして企業の存続に結び付けていくかという考え方である。田坂広志［1998］は，経営学の領域において，企業の進化，ホロン型経営，インキュベーション（孵化）など，企業を「生き物」と見なすことにより，「生命体」に学ぶ洞察的な議論が展開され，新しい経営理論が創造されつつある[34]と主張した。

　生命論パラダイムには，主として2つの命題が存在する。第1の命題として，生命の本質とは何かということが考えられる。生命には相反する2つの性向が存在する。プリゴジン（Prigogine, I.）によれば，恒常性維持と安定性維持の両立，すなわち前項で考察した二重構造こそ生命の本質である[35]。プリゴジンの主張を支持し，逆説的に考えるならば，二重構造を持ち合わせている企業という存在は生命体であるということが検証される。必然的に生命論から企業を洞察する生命論パラダイムの妥当性も推し量ることができる。

　第2の命題として，進化とは何かということが考えられる。生命の本質が恒常性と安定性の二重構造にあるとするならば，恒常性と安定性のバランス

に反する「進化」がなぜ生じるのかということである。これはイノベーションがなぜ発生するのかという問題にも置き換えられる。ホール（Hall,B.K.）［1998］は，「進化的変化をもたらすにあたって，進化に対して発生がどのように影響するのか，そしていかに発生過程が変化したか」を知ることが必要である[36]と指摘している。

プリゴジン［1998］は，この命題に対し，「進化とは，既存システムにおけるゆらぎが，ある限界以上に増大し，既存システムの恒常性と安定性が維持できなくなった時，新たなる構造と秩序に移行するプロセスであり，それは，より高次のレベルでの恒常性と安定性への移行にほかならない」[37]と述べた。

プリゴジンが指摘する進化の概念は，生物にのみ当てはまるものではない。当然，企業にも応用可能な概念であり，既存の企業システムや企業環境におけるゆらぎが増大し，恒常性（変革性）と安定性のバランスが崩れ，恒常性が安定性を上回った時，イノベーションの機会が創出し，新たなステージに向けて進化を遂げると考えられる。

このように生命論パラダイムは，生命の本質や進化にその焦点が置かれている。しかし，生命論で重要なのは，生命の本質ではなく，生命現象であるという指摘もある。織畑基一［1993］は，「生命とは何か」の解答がなくても，生命現象，あるいは生命あるものの特徴の追究は鋭くなされ，それによって生命力を維持する条件というものは，かなり浮かび上がってくると述べた。その上で，①生命体の遺伝子（遺伝子とは企業体でいえば社員個人に相当する），②企業体が生命力を維持するには，企業に常に秩序が自己形成される必要があるということ，③企業体の生命力を維持しているのは情報であること，の3点を注意点としてあげている[38]。

このように生物学的な側面からイノベーションに対しアプローチを行った研究は，企業の二重構造，生命論パラダイムなどイノベーションの促進要因と阻害要因に注目した研究である。これは，経済学的アプローチ，経営学的アプローチ，社会学的アプローチなどでイノベーション研究は発展したが，

現実にはイノベーションに失敗する企業が多発したことに起因している。すなわち，生物学的な側面からのイノベーション研究はより現実に即した研究であるといえ，企業経営者にとっても大きな意味をもつものであり，今後の更なる研究が期待される。

5 イノベーションの情報論的アプローチ

❶ 情報創造の概念

　近年，盛んに論じられるようになったイノベーションのアプローチとして情報論的アプローチがある。多くの点で，生物学的なアプローチと整合性のあるアプローチ法である。生物学的なアプローチでは，企業と生物との相似性に着目し，生命を中心に企業成長，企業進化を研究するものである。その研究から1980年代後半になり，企業の生命を左右する情報という概念に注目することによって，企業の自己革新について研究する動きが出てきた。

　情報を鍵概念とし，イノベーション研究に挑んだのは野中郁次郎である。企業にとって情報は欠かせない経営資源である。どれだけ多くの情報量があるか，どれだけ有益な情報を持っているかで企業の命運は大きく左右される。しかし，どんなに重要な情報もそれを処理するだけでは効力は軽減する。価値ある情報を自ら創造することが重要である。野中郁次郎［1987］によれば，「企業の自己革新（進化）とは意味ある新しい情報を獲得し，創造し，その結果次元の異なる思考や行動様式を形成することである。そして，創造型経営の本質は，"情報の処理"のみならず"情報の創造"にあり，"情報を創る"ということは，組織のあらゆるレベルで発想転換や視点転換を起こすような意味のある情報（概念や価値）を創ることである」[39]。

　情報創造は，1つの新しい概念や価値を生み出すということだけを意味しているのではない。新しい情報が他の情報とリンクすることによって，さら

に新たな概念や価値を見出す場合も存在する。

　企業は，この情報創造によって，自らを革新することができる。情報の獲得，情報の相互作用などによって新たな情報を創造し，企業内の組織に新たな情報が共有されて企業のイノベーションが生起する。野中は，企業がイノベーションによって自ら革新するということは，環境の変化を主体的に受けとめて新しい情報が創られ，それが組織に共有され，組織全体の意識や行動がいっせいに変わることであり，それに関連して組織構造や管理システムも変わるというプロセスすべてを意味する[40]とし，情報創造という情報論的な立場から企業のイノベーションにアプローチしている。

❷ 自己組織化の概念

　情報創造による創造的な組織のあり方を理論化しようとすると，そのベースにある概念は自己組織化である。自己組織化は生命論パラダイムでも鍵概念となっているものである。

　今田高俊［1999］によれば，「自己組織化とは，システムが環境との相互作用を営みつつ，自らのメカニズムに依拠して自己の構造をつくり変え，新たな秩序を形成する性質を総称する概念である」[41]。

　この自己組織化という概念を用いて企業の進化を考察すれば，企業は変化する周囲の環境に対し，時には環境に適応し，時には自ら環境を創造しながら，自らの企業の構造，体質をつくり変え，新たな情報（価値，概念）を作り出し，進化をとげているといえる。すなわち，情報創造は企業の進化にとって欠かすことのできない重要な要素である。

　野中郁次郎［1987］は，混沌から自律的に秩序（情報）を創る組織のなかに，創造的な組織あるいは自己革新的な組織の本質が見えると指摘した。進化の本質は，"情報を創る" ことにあり，それを促進する条件の1つとして "ゆらぎ" の役割が強調される[42]と論じた。

　ゆらぎとは既存の枠組みには収まりきらない，あるいは既存の発想では処

理できないときに起こるものである。一般にゆらぎは，不安定な状態を引き起こすものであるとされている。しかし，不安定な状態を起こすことが企業の危機につながるわけではない。不安定な状態では，必ず安定した状態に戻ろうとする力が働く。それが自己組織化であり，生命の本質である。

　今田高俊［2000］によれば，自己組織化では，ゆらぎはシステムの存在や構造を脅かす要因ではなく，別様の存在や構造に向けてシステムを駆り立てる要因である[43]。すなわち，ゆらぎの存在が自己組織化に導くのであり，新たな情報が創造され，企業の自己革新，すなわちイノベーションの発生につながるのである。

❸ 情報創造プロセスの構図

　情報創造が企業の自己革新，イノベーションの源泉であるのなら，情報創造がどのように行われるのか，すなわち情報創造のプロセス解明が重要な命題となる。野中郁次郎［1987］は，「イノベーションとは，情報の創造と実現のプロセスでもある」[44]と定義した。野中は，情報創造プロセスでは，「カオス」と「協力現象」という2つの概念が重要な役割を果たしていると述べ，その上で情報創造プロセスを図表2-5のように5つのステージに分類した。

① 　ゆらぎの創発：ゆらぎの組織的創発とは，組織内に創造的なカオスが湧き出す状態を主体的につくりかつ持続させていることである[45]。
② 　矛盾の焦点化：情報の創造という視点転換をつくる世界は，大きな矛盾を解消する場に置かれたときに最も生起する可能性が高い[46]。
③ 　矛盾解消への協力現象：企業全体の視点転換を起こすには，職域や部門を越えた「超職域」の協力現象がいっせいに起こらなければならない[47]。
④ 　組織的慣性：情報創造のエネルギーが，組織内にどれほど大きなインパクトを与えるかは，このような動きを抑制あるいは前進させる組織の慣性に規定される[48]。
⑤ 　成果の不可逆性：絶えず進化する組織は，情報を知識に組織化，つまり

図表2-5　情報創造プロセスのダイナミクス

組織のゆらぎ
・組織のミッション
・情報創発資源の蓄積
・多角化戦略
・組織的ゆらぎ
　構造（分権, マトリックス, 連結ピン）：システム（リクルート, ローテーション, 業績評価）：リーダーシップ（変化志向／行動志向／原点志向）：対抗文化

環境のゆらぎ
・市場競争度
・市場規模
・技術シナジー
・製品ライフサイクル

↓

矛盾の焦点化
・挑戦的課題設定
　（誘発的ないし創発的）　　（ミクロ）

↓

矛盾解消への協力現象
・思考／行動の共有
　（タスクフォース, 合宿, 超職域行動）
・インターフェース・マネジメント
　（防波堤のリーダー, 多能工）
・シンボリック人事移動
　（キーマン, キーポジション間）　　（セミマクロ）

↓

組織的慣性
・組織内政治過程
・企業文化　　（マクロ）

↓

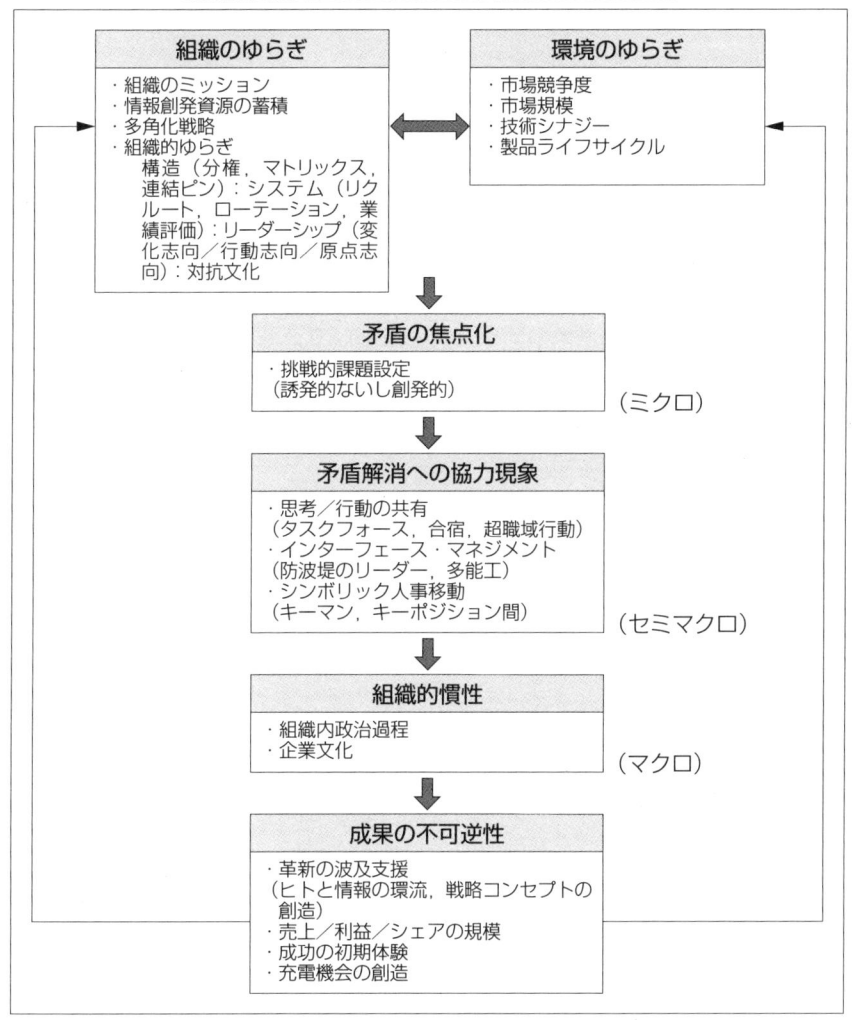

成果の不可逆性
・革新の波及支援
　（ヒトと情報の環流, 戦略コンセプトの創造）
・売上／利益／シェアの規模
・成功の初期体験
・充電機会の創造

（出所）野中郁次郎 [1986] 171頁。（今井賢一 [1986], 所収）

ストックしなければならない。フローの情報をストックの知識に変換するとともに，他の部門へ波及させ組織的な自己組織化を刺激するのである[49]。

　野中郁次郎の提唱した組織的な情報創造プロセスは，「情報創造」と

「自己組織化」が鍵概念となっている。情報創造プロセスの第1～第4ステージは「情報創造」が，第5ステージは「自己組織化（self-organization）」が中心的課題である。

　企業内外の環境変化により従来の企業システムにカオスが生まれ，そのカオスの焦点を絞り，カオス解消へ企業全体が協力し，企業への大きなインパクトとなり，新たな企業に向けて自己組織化する。このように「情報創造」と「自己組織化」をキー概念とし，情報創造プロセスを経ることによって，企業は自己革新（イノベーション）されていくと考えることができる。

　企業の自己革新，イノベーションの源泉として認識される情報創造の概念は，現在は知識創造の概念にシフトしている。情報と知識の相違について，野中郁次郎［2002］は，「情報は，その状況によってコンテキストを与えられ，個人のコミットメントや信念，行動と結びついてはじめて生きた『知識』になる」[50]と述べた。すなわち，情報に個人の価値観に根づいた主観的な側面が結びついた知識を創造することによって，イノベーションが生起するのである。

　本書でも，第1章においてイノベーションの本質を知識創造による新価値の創出に設定した。そのように設定すれば，イノベーションの経済学的アプローチ（知識創造によって生み出された新たな価値の体現物によって経済が変動，あるいは進化する過程を究明する），経営学的アプローチ（知識創造によって生み出された新たな価値の体現物の成果によって企業が成長する事象を究明する），社会学的アプローチ（知識創造によって生み出された新たな価値が普及するなかで社会変動，文化変動を起こす過程を究明する），生物学的アプローチ（知識創造による新価値創出の過程で起こる促進要因と阻害要因を究明する）のすべてにおいてイノベーションの本質は知識創造による新価値の創出にあることを説明することができる。

　1）Schmpeter,J.A.［1926］訳書182-183頁。
　2）前掲書　訳書114頁。

3） 瀬岡誠［1999］153頁。（神戸大学大学院経営学研究室編［1999］，所収）
4） Schmpeter,J.A.［1926］訳書182頁。
5） 前掲書　訳書182-183頁。
6） Elliott,J.E.［1980］, pp.45-67。
7） 経路依存性とは，同じ事象の集合であっても初期条件や出てくる順序が違うと，その先の発展の様子も変わってくることを指す。（「複雑系の事典」編集委員会編［2001］155頁）
8） Drucker,P.F.［1974］訳書264-272頁。
9） 企業者は，企業家とも表現される。本書では，企業者で統一する。
10） 金指基［1996］142頁。
11） Schmpeter,J.A.［1928］訳書26-29頁。
12） 若林政史［1999］152頁。（神戸大学大学院経営学研究室編［1999］，所収）
13） Drucker,P.F.［1954］訳書48-49頁。
14） 前掲書　訳書49-55頁。
15） Drucker,P.F.［1985］訳書38頁。
16） 塩野谷祐一［1998］219頁。
17） Drucker,P.F.［1974］訳書264-272頁。
18） Stoneman,P.［1992］, p.145。
19） Tarde,G.［1903］（Rogers,E.M.［1982］訳書64頁より引用している。）
20） 前掲書　訳書65頁。
21） 前掲書　訳書65頁。
22） Ryan,B.＝Gross,N.［1943］（Rogers,E.M.［1982］50-53頁より引用している。）
23） Rogers,E.M.［1982］訳書198頁。
24） 前掲書　訳書8頁。
25） 前掲書　訳書10頁。
26） 宇野善康［1990］32頁。
27） 前掲書　訳書94-95頁。
28） 前掲書　訳書95-96頁。
29） Hodgson,G.M.［1993］222頁。（西部忠監訳，森岡真史他訳［2003］，所収）
30） 吉村孝司［1995］77頁。
31） 散逸構造とは，外部にエネルギーを「散逸」させることを通じて秩序と構造を維持することを指す。（田坂広志［1998］49頁。日本総合研究所編［1998］，所収）
32） Prigogine,I.［1998］83-135頁。（日本総合研究所編［1998］，所収）

33) 塩谷未知［1997］26-27頁。
34) 田坂広志［1998］72頁。(日本総合研究所編［1998］，所収)
35) Prigogine, I.［1998］133-134頁。(日本総合研究所編［1998］，所収)
36) Hall,B.K.［1998］訳書36-60頁。
37) Prigogine, I.［1998］134頁。(日本総合研究所編［1998］，所収)
38) 織畑基一［1993］84-85頁。
39) 野中郁次郎＝寺本義也編著［1987］13頁。
40) 前掲書　16頁。
41) 今田高俊［1999］396頁。(神戸大学大学院経営学研究室編［1999］，所収)
42) 野中郁次郎＝寺本義也編著［1987］14頁。
43) 今田高俊［1999］396-397頁。(神戸大学大学院経営学研究室編［1999］，所収)
44) 野中郁次郎＝寺本義也編著［1987］16頁。
45) 野中郁次郎［1986］162頁。(今井覧一編著［1986］，所収)
46) 野中郁次郎＝寺本義也編著［1987］19頁。
47) 野中郁次郎［1986］167-168頁。(今井覧一編著［1986］，所収)
48) 前掲書　169頁。
49) 野中郁次郎＝寺本義也編著［1987］21頁。
50) 野中郁次郎編［2002］281頁。

第3章 イノベーションの体系

本章では，イノベーションを時系列的に捉え，イノベーションのプロセスについて各段階ごとに考察する。イノベーションという行為が，実際には長い時間的プロセスの中でさまざまな活動を行っていることを考えれば，時系列的に捉えたプロセス・モデルを考察することは不可欠であり，それが，イノベーションの全体像を解明することにもなる。

そこで，まずイノベーション・プロセスのモデル構築を試みる。その前提として，イノベーション・プロセスを企業内的プロセスと企業外的プロセスに分ける。その上で，企業内的プロセスを発生段階，調整段階，遂行段階に，企業外的プロセスを普及段階，進化段階に分類する。

次いで，企業内的プロセスの諸段階について検討を行う。発生段階では，イノベーションの誘因としてのパラダイムの存在について考察する。調整段階では，イノベーションの成否を規定するといわれる組織文化の順機能と逆機能について考察する。遂行段階では，イノベーションが単なる技術革新ではなく，技術革新を可能にするための経営革新という意味合いも含まれることについて理解する。

次いで，普及段階では，イノベーションの普及が，①イノベーションにより創出された製品・サービスの特性，②普及する社会システムの特性に左右されることについて認識を深める。

さらに，進化段階では，断続的イノベーションによる進化と連続的イノベーションによる進化の相違について検討する。

最後に，イノベーション・プロセスと対象領域をマトリックスで考察し，プロセスの諸段階において鍵になる概念を導き出す。

1 イノベーション・プロセスの構図

❶ イノベーション・プロセス・モデルの構築

　イノベーションとは，そもそも静態的な存在ではなく，動態的な存在である。瞬間瞬間でイノベーションの成功が決まるのではなく，長い時系列プロセスの中でさまざまな活動が行われ，結果としてイノベーションが達成される。このようなイノベーションの全体像を解明しようと思えば，イノベーションをプロセスで捉えることが重要である。

　イノベーション・プロセスのモデルとしては，リニアモデル（linear model）[1]が一般的である。リニアとは，時系列の中で順次生起するという意味である。クライン（Kline,S.J.）[1990]によれば，イノベーションのリニアモデルとは，研究→開発→生産→マーケティングと流れる一連のプロセスのことである[2]。従来から考えられてきたイノベーション・プロセスの典型的モデルといえる。

　しかし，実際にはイノベーション・プロセスの一連の活動は，リニアモデルのように個別に行われているわけではない。それぞれの活動が密接に関連し合い，1つの革新活動が次の革新活動を生起させる。1つの革新によって学習を行い，その学習が新たな革新を生み出す正の連鎖（フィードバック連鎖も含む）を起こす。

　このように企業経営の中に革新を起こすことによって，企業がその革新の過程からさまざまな学習を行い，しだいにイノベーションを実施できる企業となっていく過程を奥村昭博[1986]は「企業イノベーション」と呼び，「革新が革新を呼ぶ」現象と指摘した[3]。

　前述したクラインも従来のリニアモデルを否定し，図表3－1のような連鎖モデル（chain-linked model）を提唱した。クラインによれば，連鎖モ

第3章 イノベーションの体系

デルにおいて，Fとfは情報の流れのフィードバックを示している。特に新製品モデルの重要情報をFで示している。Iは生産部門から研究部門への情報の流れを示し，リンクKは蓄積された知識の接続を示しているもので，研究プロジェクトRと結びついている。Sは長期研究に対する企業からの援助である。Cは企業からの問題提起と，研究で生まれた創造的アイディアとの関係を示し，研究と発明を結びつけるものである。この流れはSとFを結合したものとも考えられるが，重要なので別に表示している。最後にⒸ-Ⓒ-Ⓞ-Ⓘと表示した流れは通常のイノベーション・プロセスにおける中央連鎖 (Central Chain of Innovation) を示している[4]。

しかし周知のごとく，コンティンジェンシー理論で"組織のワン・ベスト・ウェイは存在しない"と提示されたように，イノベーションにもワン・ベスト・ウェイは存在しない。したがって，すべてのイノベーションに適応

図表3-1　イノベーションの連鎖モデル

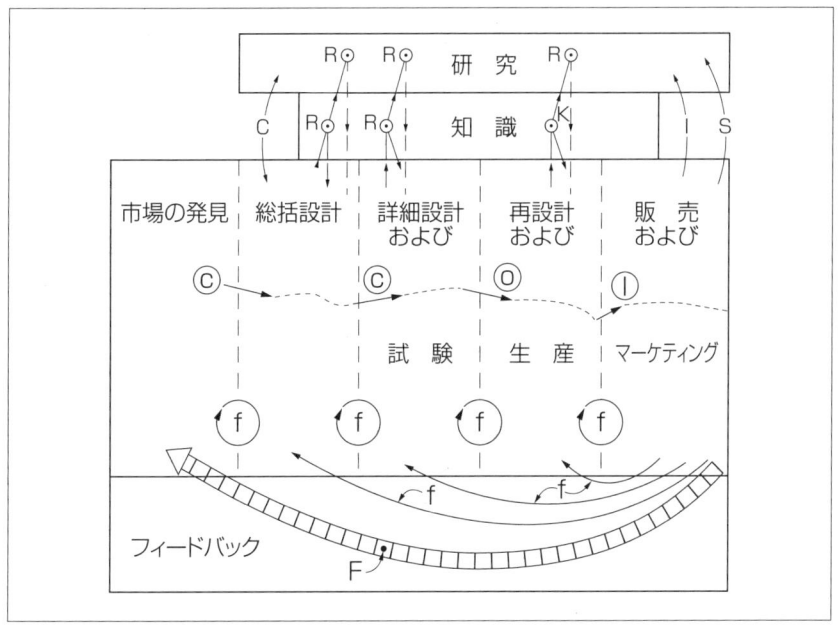

(出所)Kline,S.J.[1990]　訳書19頁。

できるプロセス・モデルを構築することは困難である。しかし，1つのモデルを提示することによって，イノベーションをプロセスの視点から考察した場合のフレームワークをつくることは可能である。

❷ イノベーションの企業内的過程

イノベーションを実施する場合，企業内ではさまざまな活動が行われる。企業イノベーションを提唱した奥村昭博［1986］によれば，イノベーションは環境変化の認知からスタートし（企業によって認知能力は異なる），次いで，戦略，組織，人材，企業家精神に革新を導入することによって遂行され，4つの要因が相乗効果を出し合うことによって組織活力がよみがえり，技術革新も飛び出す[5]と指摘した。

このイノベーションのプロセスは，いくつかの段階に区分することができる。ベル（Bell,D.）［1998］は，製品の発明（開発）から市場で受け入れられる（普及する）までのプロセスを「発明→革新→普及」という段階で表した[6]。ベルによれば，各段階の基盤は異なっており，発明は科学，革新は組織，そして普及は市場を原動力としている[7]。また，武石彰［2001］は，発生，普及，進化というパターンでイノベーション・プロセスを把握した[8]。

ベルや武石のモデルを見ると，イノベーションのプロセスが企業内活動にとどまらず，企業外活動にまで及んでいることが分かる。本書で提示するイノベーションのプロセス・モデルも同様に企業内的プロセスだけではなく，企業外的プロセスにも注目して考察する。

❸ イノベーションの企業外的過程

従来，提示されたイノベーションのプロセス・モデルの中には，企業内プロセスにのみ注目している研究が多い。しかし，イノベーションのプロセスには，必然的に企業外部の問題が関わってくる。イノベーションの企業外部プロセスを考慮せず，企業内部の諸活動の整備にばかり目を向けていると，イノベーションによって良い製品・サービスが開発されても売れないという

第3章 イノベーションの体系

図表3-2 イノベーションの企業内的プロセス

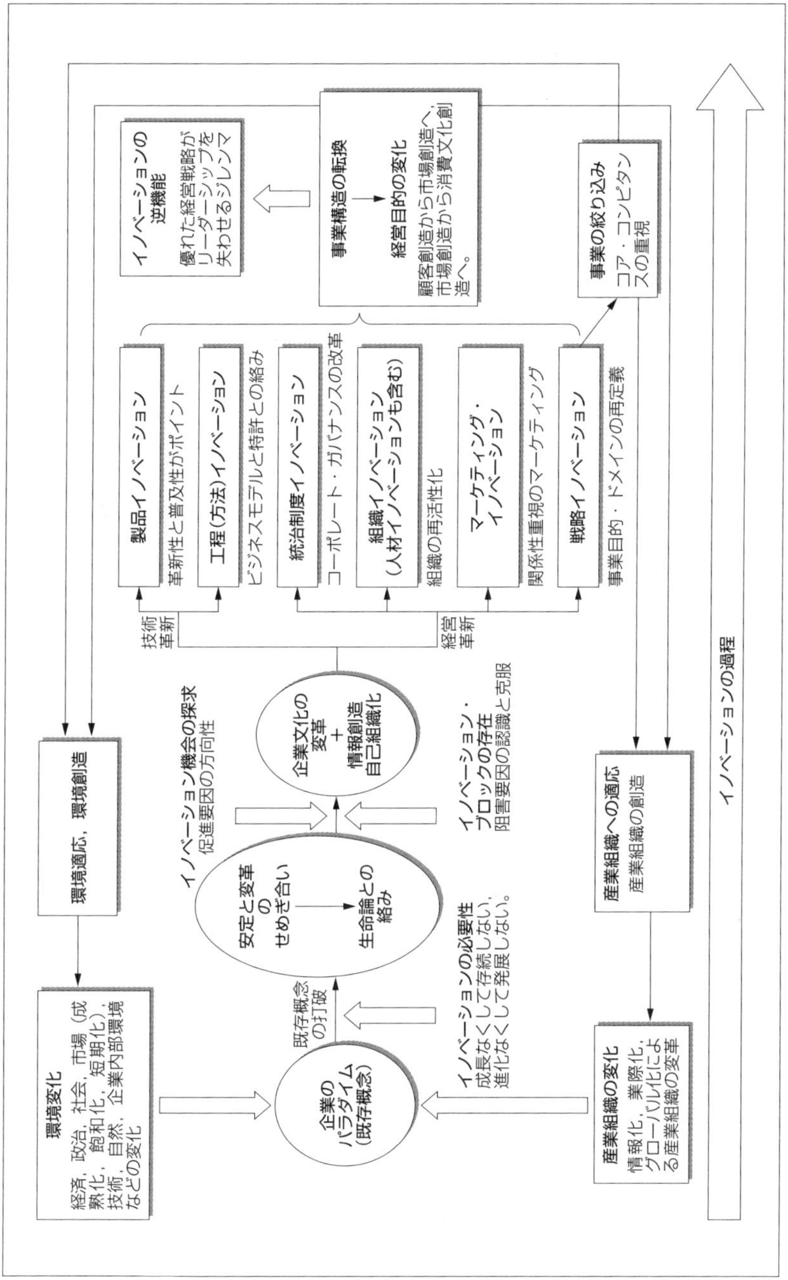

図表3-3 イノベーションの企業外的プロセス

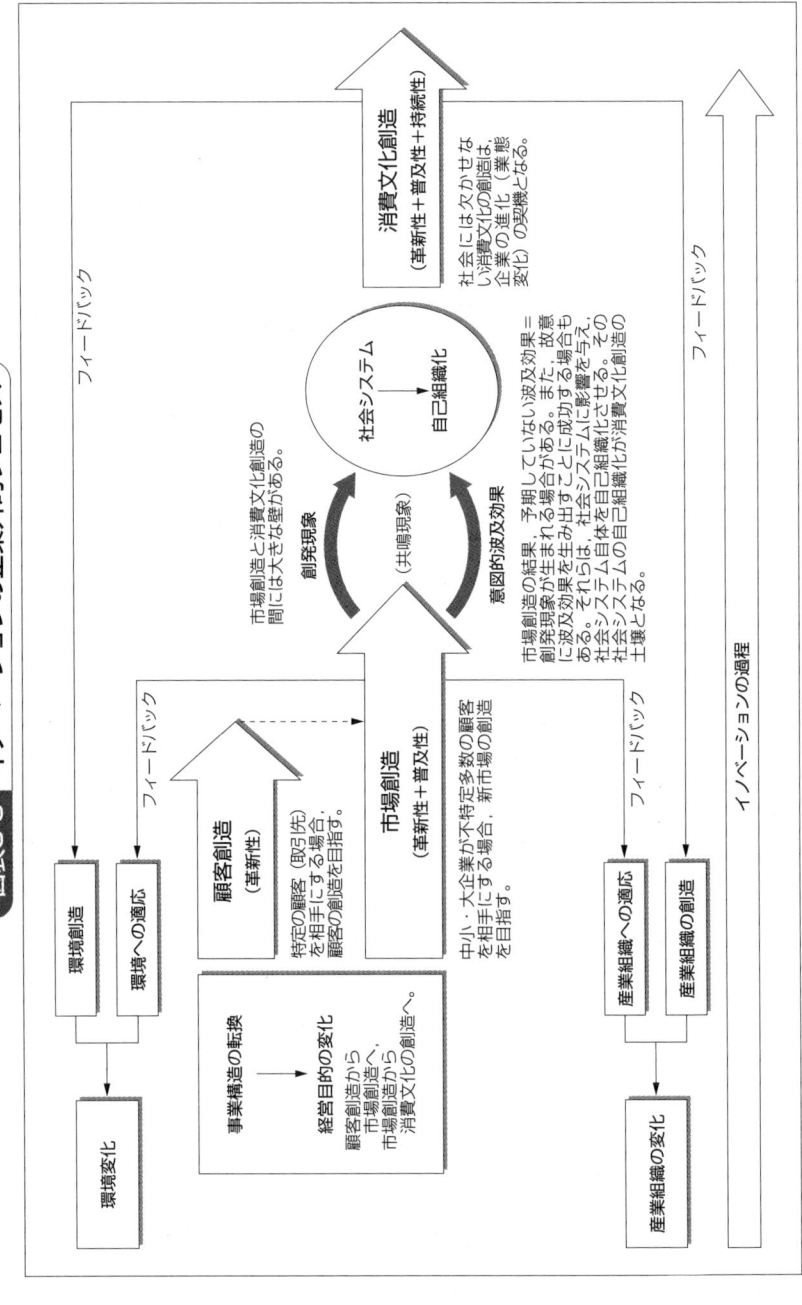

消費文化創造
（革新性＋普及性＋持続性）

社会には欠かせない消費文化の創造は、企業の進化（業態変化）の契機となる。

創発現象
（共鳴現象）

社会システム → 自己組織化

市場創造と消費文化創造の間には大きな壁がある。

意図的波及効果

市場創造の結果、予期していない波及効果に創発現象が生まれる場合がある。また、創発現象を生み出すことに成功する場合もある。それらは、波及効果を自己組織化に影響を与える。社会システム自体を自己組織化させる。その社会システムの自己組織化が消費文化創造の土壌となる。

市場創造
（革新性＋普及性）

中小・大企業が不特定多数の顧客を相手にする場合、新市場の創造を目指す。

顧客創造
（革新性）

特定の顧客（取引先）を相手にする場合、顧客の創造を目指す。

事業構造の転換

経営目的の変化
顧客創造から市場創造へ、市場創造から消費文化の創造へ。

- 環境創造
- 環境への適応
- 環境変化

- 産業組織への適応
- 産業組織の創造
- 産業組織の変化

フィードバック / イノベーションの過程

現象が生じる。イノベーションが行われ，製品やサービス，技術が，社会にショックやインパクトを与えるのは，それらが完成した時ではなく，普及し消費者の手許に届いた時である。

2 イノベーションの発生段階・調整段階・遂行段階

❶ イノベーションの誘因

　企業にはパラダイム（paradigm）が存在している。イノベーションは，このパラダイムによってその成否が大きく規定される。パラダイムの存在がイノベーション発生の誘因として大きく関係している。

　ここでイノベーションの発生段階におけるパラダイムの重要性を理解するために，まずはパラダイムの定義について考察する。パラダイムの提唱者であるクーン（Kuhn,T.S.）［1962］は，パラダイムを「一般に認められた科学的業績で，一時期の間，専門家に対して問い方や答え方のモデルを与えるもの」[9]と定義した。

　バーカー（Barker,J.A.）［1992］は，「パラダイムとは，ルールと規範であり（成文化されている必要はない），①境界を明確にし，②成功するために，境界内でどう行動すればよいかを教えてくれるものである」と定義した[10]。

　岸川善光［1999］によれば，経営管理の分野ではパラダイムの概念としてクーン以外にも，知の枠組み，思考の規範，判例，世界観，基本的なものの見方など，さまざまな定義づけがなされている[11]。

　パラダイムの機能については，加護野忠男［1988b］が，『企業のパラダイム革命』の中で言及した。岸川善光［1999］は，その加護野の主張を要約し，パラダイムの機能を次の2つに分類した[12]。
① 知の編成原理：企業内の情報の共有と蓄積を促進する機能すなわち知の編成原理としての機能を果たす。その結果，情報伝達の円滑化，学習成果

の共有，知の共有など，いわゆる組織学習が容易になる。
② 知の方法：人々がさまざまな状況に直面した時の思考前提すなわち知の方法としての機能を果たす。その結果，問題の発見と創造など新たな意味の創出が容易になる。

このようにパラダイムとは，企業内で"知の編成原理"，"知の方法"としての機能を果たしている。イノベーションとはまさに"知の編成原理"，"知の方法"を変革することに他ならない。"知の編成原理"，"知の方法"を変革することによって，企業内に知識創造が起こり，創出された新たな価値をもとに新製品や新サービスが生み出されると考えられる。その意味では，"知の編成原理"，"知の方法"が変革されたときにイノベーションが発生するといえる。

❷ 組織文化の機能と逆機能

イノベーションの発生には，パラダイムの存在が大きく関わっている。しかし，発生段階で生まれたイノベーションの芽も，それが全社内で共有されなければ，大きくは育たない。イノベーションの芽を大きく育てるためには，全社内でイノベーションの前提となる知の編成原理，知の方法を共有していなければならず，社内での調整が必要になる。

近年，イノベーションを推進する上で，組織文化[13]がその成否に大きなインパクトを及ぼしていることが次第に明らかにされつつある。ここで，組織文化の定義について明確にする。梅沢正［1990］は，組織文化を「企業が培養し定着させている価値と規範の総称」と定義した[14]。シャイン（Schein,E.H.）［1985］は，「ある特定のグループが外部への適応や内部統合の問題に対処する際に学習した，グループ自身によって，創られ，発見され，または発展させられた基本的仮定のパターン」[15]と定義した。これらの定義からは，組織文化が企業内に価値や規範，慣習として機能していることが考察できる。

これらの定義をもとに，本書では組織文化を，「ある企業により醸成され

たもので，その企業に共有され，その企業にのみ通用する意識・思考・価値観・行動様式などの総称である」と定義する。組織文化は，通常，組織構成員にとって共有された思考前提，価値前提，行動前提となるものである。

この組織文化には機能と逆機能がある。組織文化の機能としては，心理的側面に作用することによって組織メンバーの行動に影響を与え，さらに企業行動にも安定性をもたらすという好影響を与えることにある。岸川善光［1999］は，組織文化の主な機能としては，共有された価値観によって組織構成員を内面的に動機づけ，フォーマルな要因以上に組織構成員の心理的エネルギーを引き出す作用があるとし，心理的側面への好影響を一番の機能である[16]とした。北居明［1999］は，①成員間のコミュニケーション向上，②強い一体感や使命感を引き出す，③環境変化に対してある程度の柔軟性を持つ[17]ことなどをあげており，心理的側面，メンバーの行動，企業行動全体に好影響を与えると述べている。

組織文化が存在しているからこそ，企業の方向性や戦略に対し企業が一体となれるのである。したがって，パラダイムが企業の方向性や戦略の策定を行うトップに強い影響を与えるのに対し，組織文化は企業の方向性や戦略に従い行動することになる企業の従業員すべて，すなわちトップからミドル・ロワーにまで広く影響を与えるものと考えることができる。

他方において，組織文化は，企業において障害となり逆機能として企業活動に悪影響を及ぼす場合がある。組織文化の逆機能として考えられるのは，思考・価値観・規範などが企業内に非常に深く浸透しているために，環境変化への適応が困難になることである。前述した北居明［2000］も組織文化の逆機能について次のように述べている。「思考様式が均質化する危険がある。考え方が似てくることによって，環境変化に対する適応力が低下する可能性がある。また，組織の中で新しい考え方が生まれても，大多数の均質化した思考様式によってかき消されてしまう。そのためイノベーションが起こりにくくなる」[18]。

❸ イノベーションの遂行領域

　1956年度の『経済白書』においてイノベーションが技術革新と翻訳されて以来，日本ではイノベーション＝技術革新というイメージがつきまとう。しかし，決してイノベーションは技術だけを対象にした行為ではない。イノベーションが技術のみを対象にした行為であるならば，イノベーションにより生み出されるものは新製品や新サービスのみである。新製品や新サービスの開発は確かに効果が大きいが，それは一過性のものである。現実には，技術革新だけでなく経営革新が行われることによって常に新製品や新サービスを生み出せる体制を築くことができるのである。ホワイト（White,M.H.）＝ブラジーク（Braczyk,J.）＝ゴーバディアン（Ghobadian,A.）＝ニーバー（Niebuhr,J.）［1988］らも，イノベーションとは単純な概念ではなく，異なった多くの種類の活動を包含し，いろいろな理由により追求されるものである[19]と述べた。すなわち，イノベーションはさまざまな領域でさまざまな理由によって行われるのである。

　現在，イノベーション概念は，①技術革新，②経営革新の2つに大別されている。つまり，製品，サービス，生産方法などに関する技術分野の革新と技術革新を成功に導くための経営管理，組織，戦略，マーケティングなどに関する経営分野の革新である。

3 イノベーションの普及段階

❶ イノベーションの普及プロセス

　イノベーションの企業内的プロセスにおいて実施するのは，イノベーションによる新製品・新サービスの開発，新事業の開拓である。ところが，新製品・新サービスの開発，新事業の開拓だけでは，企業の成果（金銭面，イメ

ージ，知名度など）にはつながらない。イノベーションの普及段階，進化段階という企業外的プロセスこそが本来，イノベーションには欠かすことのできないプロセスなのである。

ここでイノベーションの普及とは，ロジャーズの定義に準拠する。ロジャーズ［1983］は，イノベーション普及の要素を，①イノベーション，②コミュニケーション・チャネル，③時間，④社会システムに規定した上で，イノベーションの普及を，「あるイノベーションが，コミュニケーション・チャネルを通して，社会システムの成員間において，時間的経過の中で伝達される過程である」[20]と定義づけた。すなわち，イノベーションによって創出された製品やサービスが，社会のメンバーの中に浸透していく過程が普及なのである。イノベーションの普及の意味するところには，大別して2つの事象が含まれる。

第1は，企業内的プロセスによって生み出された新たな製品やサービス自体の普及が考えられる。換言すれば，新たな製品やサービスを購入する消費者が増加するという意味での普及である。

第2は，企業内的プロセスによって生み出された新たな製品やサービスを販売する競争業者の普及が考えられる。新たな製品やサービスが開発されれば，それを模倣し，改良して市場に参入する企業が出てくるのは当然である。換言すれば，新たな製品やサービスを販売するライバル企業が増加するという意味での普及である。

武石彰［2001］によれば，イノベーションの普及には，それを購入する主体（個人や組織）が増えていくという意味での普及と，イノベーションを提供する主体が増えていくという意味での普及があり，前者はイノベーションの成否を左右し，後者はイノベーションからの果実の分配を左右する[21]。

❷ イノベーションにより創出された製品・サービスの特性

イノベーション普及を規定する要因としては，①イノベーションにより創出された製品・サービスの特性，②普及する社会システムの特性の2つの要

因が考えられる。ロジャーズが指摘したコミュニケーション・チャネルと時間に関しては，イノベーションの特性と社会システムの特性に大きく左右される。したがって，イノベーション普及に影響を与える主な要因は，イノベーション活動の特性と社会システムの特性に依存している。

イノベーションにより生み出された製品・サービスの特性としては，次のようなことが考えられる。

① 利便性：金銭面・操作面での扱いやすさを意味する。どんなに優れた製品が開発されても価格が高く，消費者に扱いづらい製品では普及は望めない。一眼レフカメラなど高価格・高品質の製品が多数存在する中，低価格で操作しやすい使い捨てカメラが普及したのはその典型である。

② 補完性：他の製品・サービスとの相互補完は重要な要素である。現代の製品・サービスは，1製品，1サービスだけで機能しているものは少ない。他の製品やサービスと補完しながら，連関しながら性能を発揮している。例えば，携帯電話が本来の通話機能だけではなく，インターネットサービスや電子メールサービスを補完することによって爆発的な普及につながったのはその好事例である。

③ 新規性：従来の社会に存在しなかったようなオリジナリティは不可欠である。自動車に例えて言うなら，モデルチェンジではなく，新型車種の投入が必要である。

④ 持続性：イノベーションにより創出された製品・サービスが消費者に長期間使用されることは必要である。長い時間をかけ，多額の投資を行ってイノベーションを実施し，創出された製品・サービスが，短期間で嗜好されなくなったら，企業にとってイノベーションの成果を享受することはできない。

イノベーションにより生み出された製品・サービスの普及の度合は，これらの利便性，補完性，新規性，持続性という特性によって影響される。すなわち，イノベーションという行為の普及は，主体側であるイノベーションという行為そのものが持つ特性によって大きく左右されるのである。

❸ 社会システムの特性

　普及する社会システムの特性は，一言で言えば，イノベーションを享受しやすい社会か，否かということである。その両者の袂を分けているのが，①文化性，②社会構造，の２点であると考えられる。

　文化性とは，その社会のメンバーが持っている思考，価値観，行動様式を意味する。どんなに優れた製品・サービスであってもそれを使用する文化を持っていなければ受け入れられない。宇野善康［1990］によれば，１つのイノベーションがその文化集合から他の文化集合に伝播していく場合，次のような文化集合の諸特徴がある[22]。

① あるイノベーションを受容する文化集合であるか，拒否する文化集合であるか。
② 不承不承，遅滞的に受け入れる文化集合であるか。
③ 最初は困惑的であっても，ある期間後は急速に受け入れ，大いなる普及がみられる文化集合であるか。
④ そのイノベーションを変容・修正することなく，もとのままで受容する文化集合であるか。
⑤ 変容・修正すれば受け入れるという場合に，どのように，どんな方向に，そのイノベーションを修正・変容する力を持った文化集合であるか。

　宇野が指摘したように，イノベーションにより生み出された製品・サービスが，ある社会に普及していく場合には，その社会が持つ文化の特性に大きく左右される。イノベーションを享受しやすい文化か否かによって，普及の進展度，普及速度などに大きな相違が生まれる。

　社会構造とは，その社会が持つ構造上の特性という意味である。構造上の特性として代表的なものは政治構造や経済構造である。その社会がどのような政治を行っているかによって，イノベーションの普及率は大きく変わってくる。古くは，東西冷戦時代の資本主義と社会主義ではイノベーションの普及状況は，大きく異なっていたであろう。また，現代でも常に戦闘状態や紛

争状態にある社会では，イノベーションにより生み出された製品・サービスの普及もそれほど望めない。政治構造はイノベーションの普及に極めて甚大な影響力を持つ。

経済構造も同様である。社会によって経済力の差は大きい。現実問題として，イノベーションにより創出された製品・サービスを受け入れる金銭的余裕のない社会において，イノベーションの普及はありえない。

このようにイノベーションという行為は，普及する主体側であるイノベーションそのものの特性と，普及を受け入れる客体側である社会システムの特性の双方によって普及の方向，速度などが規定される。

この主体側の特性と客体側の特性の双方に関係するものとして，近年注目されているのが第7章で考察する"場"の概念である。

4 イノベーションの進化段階

❶ アバナシー＝アッターバックの進化モデル

製品や事業にはライフサイクルが存在している。普及することによってイノベーションの一時的な効果は期待できるが，持続的な効果は期待できない。イノベーションの持続的な効果を得るためには，イノベーション活動を一過性にせず，フィードバックしながら連続してイノベーションを行えるようにしなければならない。そのためにイノベーション活動は，経験を踏まえて進化しなければならない。

ここで進化の概念を明確にする。進化という現象については，生物学的な観点から考察する必要がある。企業と生物にはもともと多くの相似性がある。生物こそ進化の体現者であり，生物の進化は，社会や組織や企業の進化と何らかの共通項があると考えられるからである。西山賢一［1999］は，これまでの社会理論は，社会システムを物理あるいは力学モデルで表現しようとし

てきたが，進化し適応していくシステムを力学モデルで論じるのは不適切であり，どうしても生物学までモデルの水準を高めなくては成らない[23]と論じた。もちろん，シュンペーターのように，生物進化と社会進化を同次元で扱うことに否定的な考え方も存在する。しかし，企業を生命体としてとらえれば，企業と生物の相似性は注目に値する。そこで，生物学における進化論から進化の概念について考察する。

　生物学における進化論といえば，チャールズ・ダーウィン（Darwin,C.）を始めとして，数多くの進化論が展開されている[24]。それらの進化論から企業経営にも適応できる特性を抽出すると，①能動の原理（意図的なものであれ，意図せざるものであれ，環境に適合するように変化した場合に進化は起きる），②突然変異の原理（非連続性，断絶性のあるイノベーションという突然変異によって企業は進化する），③必然の原理（企業の進化は，必然的，意図的に達成することができる），④偶然の原理（偶然に，意図しない状況で企業の進化が達成される場合もある）などの特性が導き出せる。この特性をもとに，進化の概念を規定すれば，進化とは，意図的な形であれ，意図せざる形であれ，突然変異的行為によって，現在の次元から環境に適合する全く新しい別の次元へ飛躍することと定義することができる。

　この進化という現象をイノベーションのプロセスという側面で考えると，産業の成熟度とイノベーションの相関関係として考察しなければならない。すなわち，産業が成熟化するにつれて，イノベーションも進化し，その姿を変えていくのである。産業の成熟化にともなって，イノベーションがどのように変わっていくかを明示したのがA＝Uモデル（アバナシー＝アッターバックモデル）[25]である。

　アバナシー＝アッターバックが提示するモデルは，産業内部および参加企業内部の双方で，時間を通じて発生するダイナミックな進化過程を把握しようとしたものであり，(1)製品イノベーション，工程イノベーション，競争的環境，組織のコンポーネント群，(2)産業自身のライフサイクル，の2つの次元の切り口を用いた。

A＝Uモデルでは，アプローチ(1)におけるイノベーションの進化は，次のように生起する。
① 製品—多種多様からドミナント・デザインの重視，さらに標準化された製品における漸進的なイノベーションに向けた進化。
② 工程—汎用機械と，大きく熟練労働に頼った製造工程から，低い技能の労働者でも使用できる特別な機械に向けた進化。
③ 組織—有機的な企業組織から，定型化されて仕事と急激なイノベーションに対して報酬を与えないような階層的な機械的組織に向けた進化。
④ 市場—多種多様な製品と迅速な対応を持った分断された不安定な市場から，ほとんど差別化されていない商品的な市場に向けた進化。
⑤ 競争—ユニークな製品を持った多数の小企業から，類似の製品を持った大企業の寡占に向けた進化。
　アプローチ(2)におけるイノベーションの進化は，産業の成熟化に伴うイノベーションの進化を示したものであり，次のように進化が生起する。
① 流動期—頻繁に生じる主要な製品変化
② 移行期—需要増加によって要請される主要な工程変化
③ 固定期—生産性と品質における累積的な改善と，漸進的な製品変化
　図表3－4のA＝Uモデルを要約すると次のようにまとめることができる。産業が流動期の時には，製品の概念が明確になっていないため，製品の方向性，それを実現する技術も見えていない。どのような評価をすれば良いか消費者も混乱する。そのため生産工程（生産プロセス）も流動的であり，視点は工程イノベーションではなく，製品イノベーションに向けられる。
　やがて産業が流動期から移行期に変わると，製品の概念が明確になってくる。製品の方向性，それを実現する技術も定まってきて，ドミナント・デザイン（dominant design）と呼ばれる支配的なデザインが表れる。製品イノベーションは機能向上を主とし，焦点は大量生産や機能向上を実現する工程イノベーションに移行する。
　最終段階の固定期になると製品と工程は切り離せないものになり，革新的

なイノベーションは起こりにくくなる。イノベーションは改善型の小さなものになり（連続的イノベーション），生産性は向上するものの，革新性は下がるという現象に陥る。アバナシー＝アッターバックは，これを生産性のジレンマと呼称した。

このようにアバナシー＝アッターバックは，産業の成熟度と実施されるイノベーションの形態を明らかにした。その研究は，イノベーションの進化モデルとして重要な功績を残した。

アバナシー＝アッターバックが示しているように，イノベーションは製品

図表3-4　アバナシー＝アッターバックの進化モデル

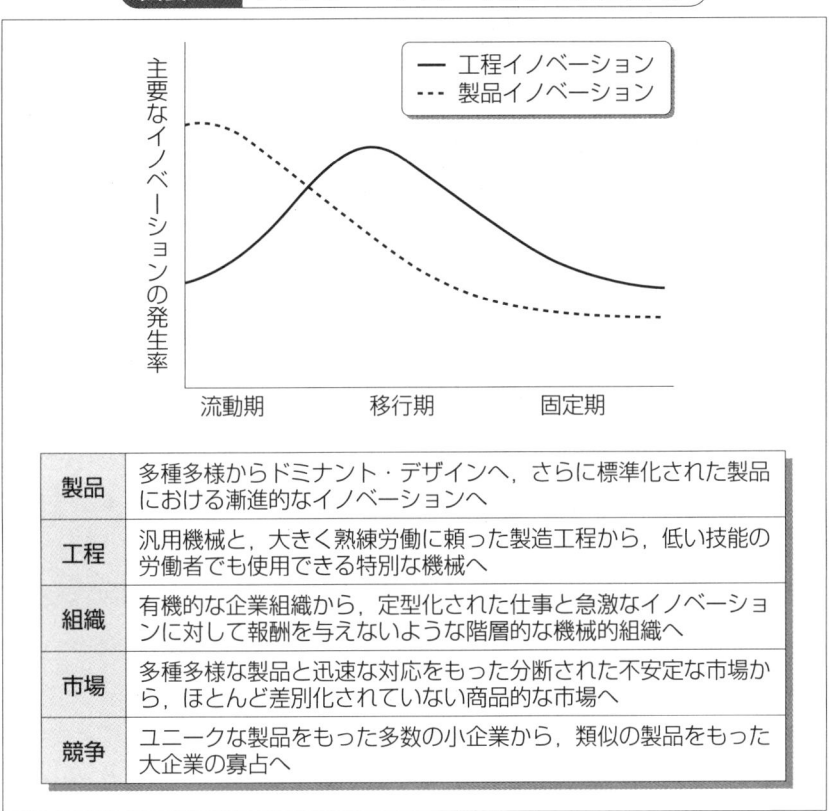

（縦軸：主要なイノベーションの発生率　凡例：工程イノベーション（実線），製品イノベーション（点線）　横軸：流動期／移行期／固定期）

製品	多種多様からドミナント・デザインへ，さらに標準化された製品における漸進的なイノベーションへ
工程	汎用機械と，大きく熟練労働に頼った製造工程から，低い技能の労働者でも使用できる特別な機械へ
組織	有機的な企業組織から，定型化された仕事と急激なイノベーションに対して報酬を与えないような階層的な機械的組織へ
市場	多種多様な製品と迅速な対応をもった分断された不安定な市場から，ほとんど差別化されていない商品的な市場へ
競争	ユニークな製品をもった多数の小企業から，類似の製品をもった大企業の寡占へ

（出所）Utterback,J.M.[1994]訳書118頁。

や工程,競争関係,市場,組織構造などイノベーションに関わるあらゆるものが成熟化とともに進化をとげる。これは,産業の成熟化とも深く関わっており,イノベーションの進化は産業の発展と共に存在する。そして,この進化が企業内にフィードバックされ,新たなイノベーションに向けて進化する。

❷ 断続的イノベーションによる進化

イノベーションの進化を考えた場合,イノベーションの種類によって進化の方向性が大きく異なる。イノベーションを本質的特性により分類すると,大別して2つに分類することができる。すなわち,断続的イノベーション(不連続的イノベーション)と連続的イノベーションである。

断続的イノベーションとは,従来の既成概念を打ち破るような製品・サービスを生み出すイノベーションである。霍見芳浩[2001]は,断続的イノベーション(不連続的イノベーション)は,それまでの馬車に代わって,自動車あるいは汽車の登場のように,利用目的は酷似していても,その操作は格段に難しく,利用者の行動習慣を根本的に変える[26]と指摘した。

しかし,現実の社会を概観すると断続的なイノベーションではなく,連続的なイノベーションも行われている。連続的イノベーションとは,断続的なイノベーションによって生まれた市場のなかで,製品・サービスの改良・改善をはかるイノベーションである。すなわち,従来の概念を打ち破るようなイノベーションではなく,すでに存在している製品・サービスを基にして,その上乗せを積み重ねていくイノベーションである。実際に,日本企業は断続的なイノベーションではなく,改良・改善をはかる連続的なイノベーションを中心に行ってきている。一般的に,"kaizen"と呼称されるものである。これも霍見芳浩[2001]によれば,連続的イノベーションは日本のメーカーが誇る生産工程の「改善運動」や既存品の改良に代表される。

この断続的なイノベーションと連続的なイノベーションの両者に進化の相違はあるのであろうか。断続的イノベーションの進化は,前記したアバナシー＝アッターバックモデルでいえば,産業の固定期と深く関わりがある。産

業が固定期に入り，製品に対する慣れが出てくると，嗜好，興味の変化や画期的な新技術の発見が起こるケースがしばしば存在する。アバナシー＝アッターバックらが「脱成熟化（de-maturity）」と呼んだ現象である。この脱成熟化が断続的イノベーションを引き起こす要因となる。脱成熟化が起きると製品，工程，それに伴う技術の価値がすべて落ちる。それによりイノベーションへの機運が高まり，新たな技術の登場を見る。すなわち，産業の固定期では，ドミナント・デザインを中心に数多くの連続的イノベーションによる進化が起こり，ある時期になると脱成熟化が起こって新たな技術が登場し，断続的イノベーションによる進化が起こる。

❸ 連続的イノベーションによる進化

連続的イノベーションの場合，イノベーションではないという議論がある。しかし，連続的なイノベーションは，むしろ断続的なイノベーションよりも利益面において成果が大きい場合もある。断続的なイノベーションによって新たな製品・サービスが生み出された時は，概して価格が高く，操作性も十分なものではない。社会における重要性もそれほど認知されない。それが，連続的なイノベーションによって価格が低下し，操作性，機能性が向上することによって社会において欠かせないものに変貌し，普及度が高まっていく。普及度が高まることによって連続的なイノベーションの一つひとつの小さな成果が積算されて，大きな成果につながっていくと認識することができる。

武石彰［2001］も連続的なイノベーションは必ずしも非連続的なイノベーションにひけをとらず，漸進的なイノベーションは個々の効果は小さいが，それが積み重ねられた累積的効果は画期的なイノベーションをしばしば上回る[27]と指摘した。

例えば，フロッピーディスクはその好例である。フロッピーディスクが開発された当初，海外の企業では積極的に採用されたが，日本企業や一般消費者への普及はみられなかった。断続的イノベーションの段階では，一部にしか浸透しなかったといえる。それが，連続的イノベーションによって5イン

チディスク，3.5インチディスクが開発されるにしたがって，普及速度，普及領域とも飛躍的に高まり，成果を上げている。

社会に与えるインパクト，社会における概念の変革という意味では，断続的イノベーションの進化が果たす役割は大きい。しかし，断続的イノベーションだけではそれ以上の発展はない。連続的イノベーションが行われ，普及の度合いが高まってこそイノベーションの成果があがるのである。また，連続的イノベーションの蓄積によって技術が進歩し，新たな断続的イノベーションにつながる。したがって，連続的イノベーションが果たす役割も，断続的イノベーションが果たす役割とはまた違った視点で大きいといえる。

このようにイノベーションの進化段階は，普及段階の成果の結果として生じる段階である。普及段階で成果が得られず，普及に失敗すれば進化段階には発展しない。その意味で，進化段階は普及段階の成果の結果として付随するものである。

5 イノベーションの領域

❶ イノベーション・プロセスと研究対象

ここまで，イノベーションに対しプロセスを機軸として考察してきた。イノベーションの発生段階において，重要な役割を果たすのは経営者である。つまり，どのようなイノベーションを行うかは経営者の思考，価値観，規範などによる判断に依存している。フォクサール（Foxall,G.A.）［1984］は，企業が比較的に連続的なイノベーションを求めるか，それとも非連続的なイノベーションを求めるかは，企業の環境（消費者や競争相手も含む）を創造することができる経営者の戦略的調整に依存している[28]と述べた。その意味で，トップ（経営者）に影響を与えるパラダイムには大きな意味がある。

次に，イノベーションの調整段階においては，組織文化がイノベーション

第3章 イノベーションの体系

図表3-5 イノベーション・プロセスと研究の対象領域

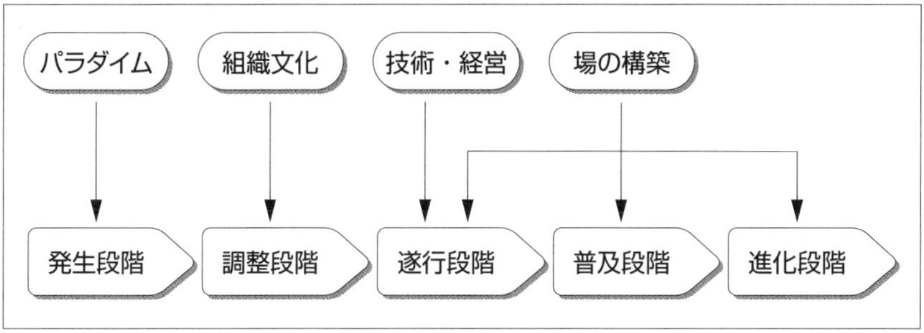

```
パラダイム    組織文化    技術・経営    場の構築
   ↓           ↓           ↓  ↓        ↓         ↓
発生段階 → 調整段階 → 遂行段階 → 普及段階 → 進化段階
```

の推進力になる。パラダイムを転換し，イノベーションを発生させることができても，企業内を革新精神に調整し，統一しなければ，トップの単なる号令，絵に描いた餅で終わってしまう。これを打開するためには，イノベーション精神あふれる組織文化に向けて変革する必要がある。小林喜一郎［2001］は，大企業内で革新を行っていくためには，強い意思と構想力を持った企業家が核となることは間違いないが，一方でイノベーションを起こすということはそれまでの組織慣性に逆らって組織を運営することにもなるため，企業家を支えるサポーターの存在あるいは企業家たちの強い意思疎通とその継続努力が不可欠である[29]と指摘した。

次いで，イノベーションの遂行段階においては，技術と経営が重要な存在である。イノベーションは，大別して技術革新と経営革新が存在する。製品，生産方法などに関する技術分野の革新と技術革新を成功に導くための経営管理，組織，戦略，マーケティングなどに関する経営分野の革新である。

最後に，イノベーションの普及段階，進化段階においては社会や産業が大きな影響力を有している。社会の成員のコミュニケーションの中でイノベーションは普及し，産業の成熟度とイノベーションの進化は相関関係がある。社会や産業は，イノベーションが普及し，進化するための場である。

このように，イノベーション・プロセスに即してイノベーション研究の対象領域を考察すると，次の概念がイノベーションに大きく関わっている。

① パラダイム（イノベーションの発生段階）
② 組織文化（イノベーションの調整段階）
③ 技術（イノベーションの遂行段階）
④ 経営（イノベーションの遂行段階）
⑤ 場の構築（イノベーションの遂行段階，普及段階，進化段階）

❷ イノベーション研究におけるベンチャー・ビジネス

　前項であげたイノベーション研究の対象領域以外にも，イノベーションのプロセスでは表現することができない重要な領域が存在する。

　第1として，ベンチャー・ビジネスの存在があげられる。ベンチャー・ビジネスとイノベーションの関係は深い。ベンチャー・ビジネスの運営主体であるベンチャー企業は創造性およびチャレンジャー精神を備えていなければならない。そして，その経営の主体はイノベーションにある。

　中村秀一郎＝清成忠男［1971］，柳孝一［2001］，金井一頼［2002］らの定義を概観すると，ベンチャー・ビジネス，およびその主体であるベンチャー企業には，革新性が備わっていなければならないことが分かる[30]。すなわち，イノベーションが必要不可欠な条件になっている。イノベーションを伴わない新規創業は，既存の製品や事業の中で勝負をする単なる「二番煎じ」の創業であり，そこにベンチャー精神は存在しない。ベンチャー精神の存在しない創業は，社会に対する影響力は小さいといえ，成功の可能性も格段に低下する。すなわち，ベンチャー企業において，革新性の高いイノベーションは重要な成功要因である。

　榊原清則［2002］らは，ベンチャー企業とイノベーションとの関係を次のように述べた[31]。「起業家としての"高い志"が最初にあって，そのイノベーティブな発想，構想や革新的な技術やサービスなどをもとに，リスクをとってその商品化やサービス化のビジネスモデルに"挑戦"する。そして日々夢と現実とのバランスをとりつつ発展させビジネスとして"実現"させ，社会的にも存在感のある"社会性"のある企業体を構築していき，当初の夢を

実現する。このベンチャーサイクルの歯車でありエンジンでもあるのが"イノベーション（革新性）"である」。

❸ サービス産業とイノベーション

イノベーションのプロセスでは表現することができない重要な研究領域の第2として，サービス産業の存在があげられる。イノベーション・プロセスの遂行段階では，一般に技術と経営を研究の対象領域とする。しかし，近年，技術力を必要とする製造業に変わり，サービス業が台頭している。すなわち，サービスもイノベーションの重要な対象領域になりつつある。

日本の産業全体がサービス業にシフトしているのは，総務省の調査などでも明らかである。製造業を始めとして多くの産業がバブル経済崩壊後の90年代に入ると，廃業率が開業率を上回っているのに対し，サービス業では，ほぼ同数か，あるいは開業率が廃業率を上回る状況が続いている。

当然，サービス分野でのイノベーションも活発化している。サービスに対しイノベーションを実施する場合，イノベーションの方法も変わってくる。モノづくりを基本とする製造分野でのイノベーションは，新たな価値を持つ有形財を生み出すためのイノベーションである。性能の向上，コストダウン，新機能などイノベーションの方向性は多様である。しかし，無形財であるサービスのイノベーションは，有形財のイノベーションとは全く異なる。

---

1) リニアモデルは，梯子モデルとも呼ばれる。
2) Kline,S.J.［1990］訳書20頁。
3) 奥村昭博［1986］46頁。
4) Kline,S.J.［1990］訳書21頁。
5) 奥村昭博［1986］47頁。
6) ダニエル・ベル［1998］訳書149頁。
7) 前掲書　訳書151頁。
8) 武石彰［2001］68-95頁。（一橋大学イノベーション研究センター編［2001b］，所収）

9）Kuhn,T.［1962］訳書まえがきⅤ。
10）Barker,J.A.［1992］訳書28頁。
11）岸川善光［1999］207-208頁。
12）前掲書　208頁。
13）組織文化は企業文化と表現されることもあるが，本書では組織文化で統一する。
14）梅澤正［1990］35頁。
15）Schein,E.H.［1985］訳書12頁。
16）岸川善光［1999］205頁。
17）北居明［1999］601-602頁。（神戸大学大学院経営学研究室編［1999］，所収）
18）前掲書　602頁。
19）White,M.H.＝Braczyk,J.＝Ghobadian,A.＝Niebuhr,J.［1988］p.107.
20）Rogers,E.M.＝Shoemaker,F.F.［1971］訳書11頁。
21）武石彰［2001］81頁。（一橋大学イノベーション研究センター編［2001b］，所収）
22）宇野善康［1990］32頁。
23）西山賢一［1999］140-141頁。
24）進化論の代表的なものとしては，ダーウィンの適者生存・自然淘汰説，コープの定向進化説，ド・フリースの突然変異説，木村資生の中立進化説，今西錦司の今西進化論，中原英臣と佐川峻のウイルス進化説などがある。
25）アバナシー＝アッターバックモデルについては，Utterback,J.M.［1994］訳書117-123頁を要約している。
26）霍見芳浩［2001］225頁。（亀岡秋男＝古川公成［2001］，所収）
27）武石彰［2001］93頁。（一橋大学イノベーション研究センター編［2001b］，所収）
28）Foxall,G.A.［1984］p.263.
29）小林喜一郎［2001］67頁。（亀岡秋男＝古川公成［2001］，所収）
30）中村秀一郎＝清成忠男［1971］，柳孝一［2001］，金井一頼［2002］らの定義に関しては，第8章を参照されたい。
32）榊原清則他［2002］219-220頁。（野中郁次郎編［2002］，所収）

第4章 知識創造とイノベーターの役割

本章では、イノベーションをプロセスで捉えた場合の初期段階について考察する。イノベーション・プロセスの初期段階では、経営者、特にイノベーターの果たす役割が大きい。イノベーターによる知識創造が、イノベーションを発生させ、革新精神を社内に浸透させ、新しい価値を創出する。イノベーションの発生、調整において知識創造が不可欠であることを理解する。

まず、知識の概念を明確化する。データ、情報、知識、知恵、それぞれの相違を明確にし、知識の特性を明らかにする。

次に、知識創造の概念について考察する。「形式知」と「暗黙知」に分類される知識が、相互作用することによって新たな知識を創造するプロセスについて理解する。

次いで、知識を企業経営の中で、どのように活かせばよいか検討する。知識を資産とし、その知的資産を活かした経営であるナレッジ・マネジメントを実施するための方法論について考察する。

さらに、知識を創造し、イノベーションを発生させるイノベーターの役割について理解を深める。イノベーターにとって、知識をマネジメントすることに加えて、イネーブル（促進）することがさらに重要であることを認識する。

最後に、知的財産権について理解を深める。現在、知識は知的資産として保護される権利となっている。知識は、共有が可能であり、簡単に模倣されるからである。そこで、知的財産権が企業の経営にどのような影響を与えているのかについて考察する。また、この知的財産権は、現在、産業再生の切り札として、国家的戦略として位置づけられている。企業経営における知的財産権の重要性とともに、国家的な知的財産戦略について概観する。

1 企業経営における知識の役割

❶ 知識の概念

　情報が経営資源の一部であると認識されるようになって久しい。今や情報が企業経営にとって，重要なファクターであることは疑いようがない。しかし，企業が獲得するさまざまな情報を知識に変換することが必要である。これからの社会は，知識創造社会である。資本から知識へ価値の本質がすでに変化している。

　イノベーションを考えた場合，知識の重要性は計り知れない。イノベーションの発生には，知識創造が深く関わっている。すなわち，イノベーションと知識創造は相互進化（co-evolution）の関係にあるといえる。企業内で新たな知識が創造されることによって，イノベーションが生起し，新しい価値が創出される。

　科学技術白書では，人の能力の所産である知を創造し，活用することによって，新たな価値を生み出す活動がイノベーションであると定義している[1]。換言すれば，イノベーションが技術革新という意味合いで考えられていた時代は過去のことであり，知識創造および知識活用にその本質がシフトしていると認識しなければならない。

　紺野登［2004］によれば，企業や国家レベルにおいて重厚長大なイノベーションが中心であった時代は終焉を迎え，自らの想像力や構想力，ネットワークを活用して，事業や製品のコンセプト，価値観，意味合いを不断にイノベートする知識イノベーションが重要である[2]。さらに紺野［2004］は，企業の競争力はイノベーションによるところが大きく，そのイノベーションは知識創造によって達成されるとして，イノベーションにおける知識の重要性にも言及した[3]。

第4章 知識創造とイノベーターの役割

　米倉誠一郎＝青島矢一［2001］は，イノベーションに関し，物理的な財や製品の配分や取引を中心に考えている限りは知識に注目する必要性は乏しいが，財や製品が生み出される過程を考えるとなると知識を扱わざるを得なくなる[4])と述べた。イノベーションは一連の活動としてとらえなければならないことを考えれば，米倉＝青島が指摘したようにイノベーションにおける知識の重要性に注目しなければならない。

　そこで，本章では，イノベーションの発生段階，および調整段階において，知識がどのように関わっているか検討する。まずは，知識の概念について理解を深めることから始める。

　知識は，最初から個人の中に知識として獲得されるわけではない。データや情報という形で獲得され，分析されながら蓄積し，経験を培う中で知識に変容されるのである。そして，この知識に基づいた行動が目的達成に寄与すると，知識は知恵として認識される。

　ここで，データ，情報，知識，知恵のそれぞれの相違について考える。データとは，それ自体では意味を持たない数字や記号の羅列である。情報とは，単なる数字や記号の羅列であるデータに状況や条件など各種の文脈を付加し，意味のあるデータに転換したものである。知識とは，目的達成のために高い価値を持つ情報のことである。社会の中に情報は数多く氾濫しているが，目的達成のために有益な情報は限られている。その限定された情報だけが知識となるのである。そして，実際に知識をもとに目的が達成されるという成功体験が重なると知識は知恵として認識される。

　このようにデータや情報など限定された事実から目的達成行動の基準となる知識に向けた転換が重要となる。知識に向けた転換がはかられて，はじめてデータや情報などの事実は個人の行動に影響を与える。

❷ 形式知と暗黙知

　ここで，知識についてより深く理解するために，知識の特性について考察する。データや情報は，ほとんどが目に見える形で表現される。しかし，デ

ータや情報が知識や知恵に転換されると，目に見えない形に変化する。データから情報，情報から知識，知識から知恵に昇華されるにしたがって，知識は潜在化する傾向にある。ここに知識の特性が存在しているのであり，この特性ゆえに，知識には2つのタイプが存在する。

　まず，文章やデータで表すことのできる知識があげられる。著書やマニュアルなど目に見える形で表現される知識であり，一般に形式知（explicit knowledge）と呼ばれる。形式知は，データや情報がそのまま知識として利用される。

　しかし，知識は目に見える形で表現されるものばかりではない。知識はもともと個人のなかに備わっているものであり，顕在化せず潜在化している知識も存在する。一般にこのような知識は，暗黙知（tacit knowledge）と呼ばれる。暗黙知の重要性について，最初に指摘したのはマイケル・ポラニー（Polanyi, M.）である。ポラニー［1966］は，人間は語ることができない多くのことを知ることができるとし，言葉に置き換えることのできない知識を暗黙知と表現し，その重要性について指摘した[5]。暗黙知は，データや情報を個人の中に昇華して利用しているといえる。

　また，野中郁次郎［1999］によれば，暗黙知には，技術的側面（ノウハウ，技能，技巧など）と認知的側面（スキーマ，メンタル・モデル，思い，視点など）が存在する[6]。すなわち，暗黙知には経験により培われるノウハウや技芸と個人的な主観に基づく精神性や思考，あるいは価値観などが根底に備わっている。一流の料理人が天候や湿度に応じて，調理時間や調味料のさじ加減を微妙に変化させるのは，料理人の経験によって培われた暗黙知に他ならない。このような知識は，気温が何度，湿度が何％のときにはこれぐらいと言語で表現できるわけではなく，まさに料理人の長年の経験に基づく暗黙知である。

　他方，画家や作家がモチーフや題材を決めたりするのは，個人の主観に基づく暗黙知によるものである。どのモチーフ，題材を選択するとどのような結果になるかは，言語で表すことはできない。まさに画家や作家個人の感性

に寄るところが大きく，個人の主観に基づく暗黙知とみることができる。

❸ 企業経営における知識の位置づけ

　現在，イノベーションの発生に大きく寄与するものとして，最も注目されているのは，情報パラダイムから発展した知識創造という概念である。イノベーションを始めとして，企業経営における知識の重要性を正しく認識するために，知識創造の概念について理解を深める。

　知識の特性を経営学の世界に応用した野中郁次郎＝竹内弘高［1996］は，「知識には，学習を積み重ねることによって知識量が増大する形式知と経験を積み重ねることによって体得する暗黙知がある。」[7]と述べた。

　この形式知と暗黙知という知識の特性を考えた場合，企業経営においては暗黙知が重要な役割を果たす。知識は基本的に個人の中に帰属するものである。特に，暗黙知は誰もが持っていながら深層に隠れ，他人からはうかがい知ることができない。しかし，組織のことを考えれば，個人の暗黙知を組織内で活用することが重要である。すなわち，個人の暗黙知を表出化し，組織内で理解し，共有化をはかり，形式知に転換させることが必要である。

　また共有化され，形式知化された知識が個人のなかにフィードバックされ，新たな暗黙知として潜在化し，他人に見えない個人の知が形成される。

　このような「暗黙知」から「形式知」へ，「形式知」から「暗黙知」へ相互に作用しあうことによって，「形式知」は明確な概念として表され，新知識の創出につながり，「暗黙知」は知識を知恵として利用できる。このスパイラル現象によって，知識は創造されるのである。

2 知識創造の概念

❶ 知識創造のプロセス

　知識を創造するということは，暗黙知の共有，暗黙知から形式知への転換，また形式知から暗黙知への転換による潜在化などすべてを含んだプロセスである。このような知識創造のプロセスは，組織的に行われるという特性がある。野中郁次郎＝紺野登［1999］によれば，組織的知識創造とは，組織が個人・集団・組織全体の各レベルで，企業の環境から知りうる以上の知識を，新たに創造（生産）することである[8]。

　企業内に存在する知識の多くは暗黙知である。暗黙知をどのように表出化させ，企業内で目に見える形式知に転換し，活用していくかのプロセスこそが知識創造の重要なプロセスである。

　野中郁次郎＝紺野登［1999］は知識創造のプロセスを次のように提示した。「暗黙知と形式知は性質的には異なっているが，これらは実は知識の異なる，補完し合う"極"でもある。知識にはこの二極があるために，ダイナミックな増殖（知識創造）が可能となる。暗黙知が形式知化され，それが他者の行動を促進し，その暗黙知が豊かになる。さらに，それがフィードバックされて，新たな発見や概念につながる。暗黙知と形式知の組合せによって4つの知識変換パターンを想定することができる」[9]。

① 共同化（Socialization）：個人の中にある目に見えない暗黙知を，多数の個々人の目に見えない暗黙知へ転換するプロセスである。それは，個人の暗黙知を組織内の文化に転換させるプロセスともいえる。

② 表出化（Externalization）：個人の暗黙知を会話や聞き込みなどにより表面化させ，それを文章化，マニュアル化することによって，組織内のメンバーが共有可能な形式知に転換するプロセスである。

③ 連結化（Combination）：すでに文章化，マニュアル化されて形式知として共有されている知識のいくつかを結合したり，整理したり，または体系化することによって新たな形式知を生み出すプロセスである。
④ 内面化（Internalization）：共有されている形式知が，深く理解されることによって個人の経験や主観と相まって，新たな暗黙知が個人の中に形成されるプロセスである。

知識変換プロセスのことを，野中郁次郎らは，それぞれの頭文字をとってSECIプロセスと呼んでいる。

このように知識創造のプロセスは，個人の中に帰属している知識を組織の中にさらけ出し，組織のメンバーに学習・理解され，体系化された知識として整理されて，いずれ知恵となって新しい価値を生み出すプロセスである。

知識創造は，1回だけで終わるのではなく，企業内で何度となく繰り返されることによって，知識が創造され，蓄積されていく。しかも，それが日常的に行われなければならない。野中郁次郎らは継続的知識創造が行われる原動

図表4-1　SECIプロセス

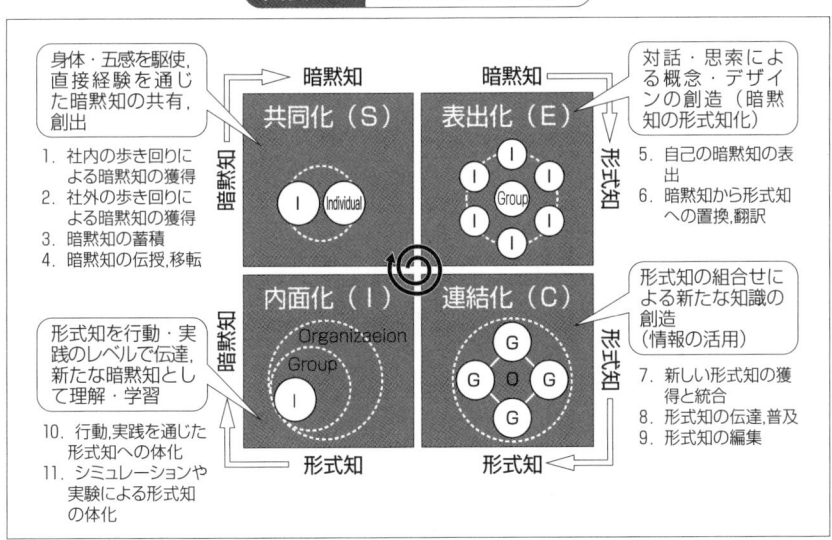

共同化（S）
身体・五感を駆使，直接経験を通じた暗黙知の共有，創出
1. 社内の歩き回りによる暗黙知の獲得
2. 社外の歩き回りによる暗黙知の獲得
3. 暗黙知の蓄積
4. 暗黙知の伝授，移転

表出化（E）
対話・思索による概念・デザインの創造（暗黙知の形式知化）
5. 自己の暗黙知の表出
6. 暗黙知から形式知への置換，翻訳

内面化（I）
形式知を行動・実践のレベルで伝達，新たな暗黙知として理解・学習
10. 行動，実践を通じた形式知への体化
11. シミュレーションや実験による形式知の体化

連結化（C）
形式知の組合せによる新たな知識の創造（情報の活用）
7. 新しい形式知の獲得と統合
8. 形式知の伝達，普及
9. 形式知の編集

（出所）野中郁次郎＝紺野登［1999］111頁。

力と慣性の維持が重要である[10]と指摘している。

❷ 情報処理パラダイムと知識創造パラダイム

　知識は，目的達成のための高い価値を持つ情報のことである。すなわち，知識の基は情報である。上述した知識創造パラダイムも情報パラダイムから発展したものである。情報パラダイムの礎となっているのは情報処理パラダイムである。情報処理パラダイムとは，サイモン（Simon, H. A.）によって提示された概念であり，アシュビー（Ashby, W.）の「最小有効多様性」（環境の多様化に対応して組織も多様化し，その結果，効率的な組織目標の達成が可能になるという考え方）をもとに，組織の情報処理（情報収集・意思決定・伝達）という観点から，組織の効率的なあり方を説明したものである[11]。

　この情報処理パラダイムが，後に情報創造パラダイム，そして知識創造パラダイムへ洗練化された。すなわち，環境変化により，情報処理パラダイムが限界を迎えるにつれて，情報創造パラダイム，知識創造パラダイムに進化

図表4-2　情報消費型経営と知創経営

	情報消費型経営	知創経営
目　　　標	効率性追求 How to do	創造性実現 What&Why to do
評　価　基　準	手段的	審美的
戦　　　略	横並び	独自化
組　織　構　造	クローズドな階層型	オープンなネットワーク型
資　　　源	有形固定資産 フローとしての情報	無形知的資産・知識 フロー&ストックとしての知識
コ　ア　人　材	同質的	異質・異能
ビジネスモデル	収穫逓減 営利と非営利の分離	収穫逓増 営利・非営利の融合

（出所）寺本義也［1999］2頁。

を遂げたのである。

　情報処理パラダイムによる経営と知識創造パラダイムによる経営では，具体的にどのような相違が生まれるのであろうか。情報処理パラダイムは効率性の追求にその本質があり，組織の効率性が重視される。一方，知識創造パラダイムは，効率性よりも，新たなものを生み出す創造性が重視される。寺本義也［1999］は，情報処理パラダイムによる経営を情報消費型経営，知識創造パラダイムによる経営を知創経営と表現した上で，図表4－2のように比較している[12]。

❸ 知識創造とイノベーション

　知識創造の本質は2つの側面で捉えることができる。第1に，個人の中に潜在化している知識（暗黙知）を表出化させ，組織内で共有することがあげられる。有形資産を提供する製造業中心の社会から無形資産である情報や知識を提供するサービス業が台頭する社会に向けて変貌を遂げている現在，個人の知を組織の知に転換することは重要な課題である。個人の中に眠っている知を組織全体の知に転換することが，企業の価値を増大させ，利益の向上につながる。

　第2に，既存の知識を活用するのではなく，知識創造のスパイラルプロセスによって，新たな知識を創造し，新価値を創出することがあげられる。新事業，新製品，新サービス，新ビジネスモデルなど新たな価値を生み出すものは，新知識の創造によって達成される。伊藤修［2003］は，知識経営を行う企業の狙いとして，①既存の知識の共有化，②新たな知識の創出をあげた上で，競争優位を実現させるためには新知識創出のための仕組みづくりが欠かせない[13]と指摘した。また，レオナルド（Leonard,D.）［1995］は，企業存続の観点から，新知識創造の重要性を指摘した。レオナルドは，コア・ケイパビリティ（中核能力）として機能している知識資産でも，環境が変化すればコア・リジリティ（硬直性）に変化すると述べ，企業の優位性や存続に大きな影響を与える[14]と指摘した。

知識創造の第2の本質である新知識創造による新価値の創出は，イノベーションと深い相関関係がある。換言すれば，知識創造による新価値の創出は，イノベーションの源泉となり，イノベーション発生の契機となる。また，イノベーションによって形式知や暗黙知に影響を与え，新知識が創造される場合も存在する。その意味では，組織内の知識創造とイノベーションは相互に影響を与え合い，相互に進化する関係にある。

　知識創造経営を促すために必要なイノベーションとはどのようなものであろうか。知識創造を基軸とした経営に向けての転換とは，経営手法の転換に他ならない。そのことを考えれば，①知識創造経営を可能にする人材教育に関するイノベーション，②知識をもとにした事業転換に関するイノベーション，③知識を活用したマネジメントに関するイノベーションが必要になる。

　知識創造経営を可能にする人材教育に関するイノベーションとは，知識創造に積極的に参加する人材を育成することである。日本の場合，個人が持つ知識を独占したがる傾向にある。個人が持つ暗黙知は，仕事をする上での財産であり，組織に供給し，組織内で共有すれば自らの財産を失うという側面がある。しかし，知識の価値が増大した現在，組織的な知識創造が不可欠であり，それを可能にする人材，すなわちナレッジワーカーの育成が急務である。

　知識をもとにした事業転換に関するイノベーションとは，知識を新製品の開発だけに活かすのではなく，知識を基にしたソリューションなどあらゆる事業を知識ベースに転換することである。

　知識を活用したマネジメントに関するイノベーションとは，企業内部のシステムにも知識を活かしたイノベーションを適用するということである。すなわち統治制度の革新，組織革新，戦略転換，マーケティング手法の革新など企業内部のイノベーションも知識ベースで行う必要がある。

　寺本義也［1999］は，知識創造経営を実現するために必要なイノベーションとして，次の3つをあげている[15]。

①　知識を中核とした収穫逓増型事業活動を可能にするような，新しいビジネスの基本的枠組み（ビジネスモデル）を構築すること。

② 個と組織の協働を通じた知識創造を促すような新しいマネジメント（賢くなるマネジメント）を実践すること。
③ 知創革新を推進し，価値創造を実現することのできる担い手（コア人材）を育成し，活用すること。

3 知識創造とナレッジ・マネジメント

❶ 知識を活かす経営

　知識を企業経営に活かしたナレッジ・マネジメントを行った場合，どのような効果が得られるのであろうか。知識活用による効果としては次のようなことが考えられる。
① 知識を用いて，占有可能性を高める：占有可能性とは，新技術がもたらす社会的な余剰のうち，新技術を開発した企業が利益として確保できる程度のことである。すなわち，知識を用いて占有可能性を高め，競争力を身につける必要がある。
② 知識自身を商品にする：現在，サービスなど無形財市場が飛躍的に発展している。そのような市場では，知識そのものが商品として成立する。
　すなわち，知識活用の効果としては，知識を用いることによって競争優位性を確立することと，知識そのものが競争の武器となる効果を発揮することが考えられる。
　野中郁次郎［1999］は，知識を活かす経営には，次のようなパターンがあると述べ[16]，知識活用の効果を提示した。
① 知識を用いて競争力を高める：組織の知識資産を活用して現業の価値を高めようとする戦略。
② 知識を核に事業を再構成する：製品の内部に企業の持つ知識を埋め込んだり，知識を前面に打ち出して事業自体のあり方を変える。

図表4-3　知識経営のフレームワーク

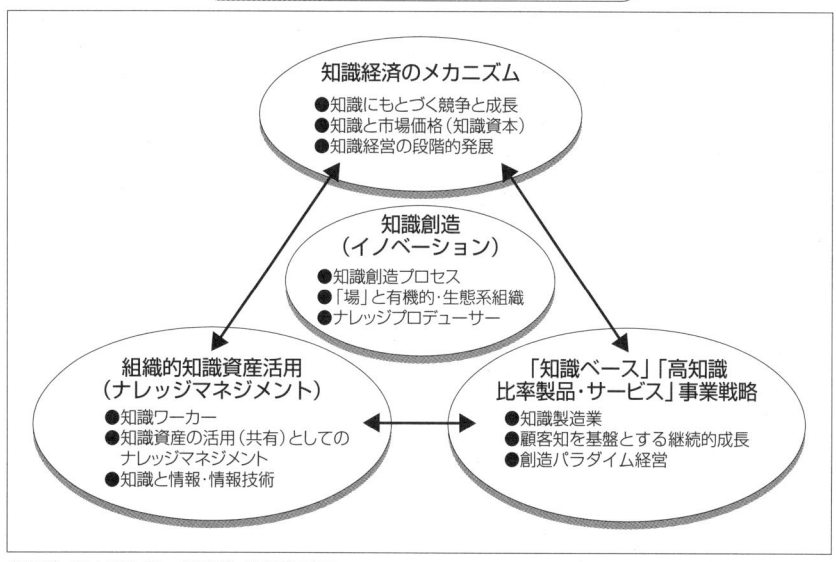

知識経済のメカニズム
- 知識にもとづく競争と成長
- 知識と市場価格（知識資本）
- 知識経営の段階的発展

知識創造（イノベーション）
- 知識創造プロセス
- 「場」と有機的・生態系組織
- ナレッジプロデューサー

組織的知識資産活用（ナレッジマネジメント）
- 知識ワーカー
- 知識資産の活用（共有）としてのナレッジマネジメント
- 知識と情報・情報技術

「知識ベース」「高知識比率製品・サービス」事業戦略
- 知識製造業
- 顧客知を基盤とする継続的成長
- 創造パラダイム経営

（出所）野中郁次郎＝紺野登［1999］11頁。

③　知識が商品そのものとなる：ハードがない無形商品の場合は，その商品自体を知識として提供する知識経営の展開もある。

　企業が知識を創造することによって，その知識が知的資産として企業価値の源泉となる。すなわち，企業で創造される知識が，知的資産として競争力を高め，ときには商品自身になることにより，新たな企業価値を創出することこそ知識を活かす経営であるといえる。米倉誠一郎［2001］は，労働集約（レイバー・インテンシブ），資本集約（キャピタル・インテンシブ）を超えて，時代はナレッジ・インテンシブへと大きくシフトしている[17]と指摘した。

　すなわち，知識を活かした経営によって企業が成長することが最も重要なのである。野中郁次郎＝紺野登［1999］は，図表4－3のような知識経営のフレームワークを提唱している。

❷ ナレッジ・マネジメント

　近年，知識を基盤としたイノベーションにより実現される経営は，ナレッジ・マネジメント（Knowledge Management）と表現される。寺本義也［2002］によれば，ナレッジ・マネジメントとは，複雑化する業務，製品開発，組織構造の中で，企業がナレッジ（知識）を活用し，知識による新しいビジネスや新しい価値の創造を生み出すように導く組織能力のことであり，そのために必要なのが個人と個人が出会い，専門的な知識や高度な知識が相互作用する"場"をデザインすることである[18]。

　なぜ，ナレッジ・マネジメントが台頭してきたのであろうか。その理由として，経営資源の重要度が変化したこと，情報技術が飛躍的に進歩したこと，諸外国が知識を基盤とした経営に転換していることなど，さまざまなことが考えられる。

　野中郁次郎＝紺野登［1999］は，ナレッジ・マネジメントが台頭してきた背景に関し，次の2つの大きな力が働いていると述べた[19]。

① 企業の内部資源への注目：企業が従来の戦略中心の経営に限界を感じ，外向きの戦略立案に力を注ぐ前に，立ち止まり，自身の内側に目を向けた。そこへ目を向けたことが，結局，知識を重視する下地を作った。

② 知識・デジタル経済への注目：アジルな競争とは本質的に，知識を刻々変化する市場機会と俊敏に結びつけて価値を生み出すことである。企業の知識資産と知識経済の結合が，成長力の源泉として認識されるようになった。従来とは異なる市場経済のメカニズムが認識されるようになった。

　ナレッジ・マネジメントにより企業が目指すべきものは何であろうか。ナレッジ・マネジメントを実施することによって，知識を生み出す存在である従業員や企業を変え，新知識が創造されやすいシステムを構築するとともに，それを活かすビジネスシステムの構築にあると考えられる。アーサーアンダーセン・ビジネスコンサルティンググループ［1999］が，ナレッジ・マネジメントの目的として，①人の視点，②全社ビジネスプロセスの視点，③バリ

図表4-4　知的資産の分類

機能 構造	経験的知識資産	概念的知識資産	定型的知識資産	常設的知識資産
市場知識資産 （市場・顧客知）	・顧客が製品やサービス,企業について使用経験から学習された知識 ・流通ネットワークが製品やサービス,企業について持つ学習された知識	・ブランド・エクイティ ・企業の評価	・顧客や流通との契約関係（権利,ソフトウェアの利用許諾など） ・メンバー登録された顧客についての情報内容（利用歴やカルテ）	・顧客とのネットワーク（消費者モニターなど),交流により獲得される知識 ・流通ネットワークを通じて獲得される市場・顧客に関する知識
組織的知識資産 （組織・事業知）	・従業員の持つ総合的知識・能力 ・特定の専門職の持つコアとなる知識・能力	・製品開発・企画・デザインに関する知識・能力 ・品質に関する知覚	・ドキュメント資産（共有再利用可能文書）,マニュアル（定型化ノウハウ） ・知識ベースシステムの情報内容	・組織の学習に関する制度（教育プログラムや訓練ノウハウ） ・コミュニケーション・システムなどを通じて組織内に流通している知識（電子メールの内容など）
製品ベース 知識資産 （製品・科学知）	・製品やサービスに関する共有可能なノウハウ ・製品の製法などの伝承されている熟練的知識（組織知との境界は曖昧）	・製品コンセプト（市場化製品及び開発中製品のコンセプトの質と量） ・製品デザイン（モデル,プロトタイプなどを含む）	・特許知財となる技術・ノウハウ・著作物 ・技術・ノウハウに関するライセンス	・製品の使用法など製品特定の補完的知識製品を取り巻く社会的・法的な知識活用のシステム（環境問題,PLなどのプログラム）
	暗黙知≫形式知	暗黙知≧形式知	形式知≫暗黙知	形式知≧暗黙知

（出所）野中郁次郎＝紺野登［1999］135頁。

ューチェーンをあげた[20]のも，知識の創造，および活用のシステム構築という狙いを意図したものだといえる。

　このナレッジ・マネジメントをより現実的に考えた場合，それを実現する知識そのものとイノベーションとの関わりという命題がみえてくる。知識とイノベーションとはどのように関わり合っているのであろうか。

　知識とイノベーションとの関わりを考えた場合,知識の種類が問題となる。楠木建［2001］は，イノベーションと関わりのある知識を，①Know-why, ②Know-how, ③Know-whatの3つの種類に分類した[21]。また，野中郁次郎＝紺野登［1999］は，図表4-4のように機能的分類と構造的分類をマトリクスさせた分類法を用いている。

　知識は，新たな企業価値を創出する存在として，企業にとっての重要な経営資源であり，知的資産あるいは知的財産と呼ばれる。この知的資産として機能する知識は，その種類によって役割や機能が異なる。知的資産は分類方

第4章 知識創造とイノベーターの役割

法によって企業における価値の位置づけが変わり,活用程度も大きく異なる。すなわち,知識の種類によって,イノベーションの方向は大きく左右されるのである。

❸ ナレッジ・マネジメントの方法論

ナレッジ・マネジメントの実践においては,知識の種類によってイノベーションの方向は大きく左右され,企業経営にも大きな影響を与える。しかし,知識をマネジメントすることは困難である。知識を計画的に創造し,管理していくことは極めて難しい。企業にできることは,知識をイネーブルし（実現を促進させる）,創造された知識を企業経営に取り込んでいくことだけである。

すなわち,ナレッジ・マネジメントとは,知識を計画的に創造し,知識を

図表4-5　ナレッジ・マネジメント方法論

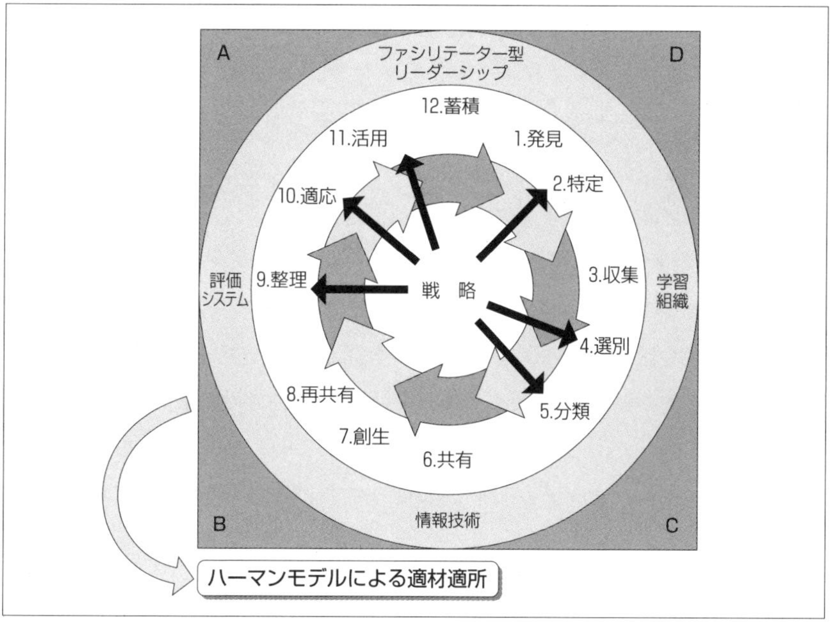

ファシリテーター型リーダーシップ

A / D / B / C

1.発見　2.特定　3.収集　4.選別　5.分類　6.共有　7.創生　8.再共有　9.整理　10.適応　11.活用　12.蓄積

戦略

評価システム　学習組織　情報技術

ハーマンモデルによる適材適所

（出所）高梨智弘［2003］69頁。（日本総合研究所＝伊佐田文彦［2003b］,所収）

マネジメントするというよりも，知識創造のイネーブリングに注力し，創造された知識によってイノベーションを実現し，企業経営に効果的に知識を活用することを意味する。そのような状況では，創造された知識を効果的に企業経営に取り込む方法論が重要になる。高梨智弘［2003］は，ナレッジ・マネジメントの方法論として，図表4－5のようなプロセスを提示している。

ナレッジ・マネジメントの実現のためには，リーダーの役割も重要になる。リーダーが，積極的に知識創造をベースにした経営を志し，リーダーシップを発揮しながら，知識創造基盤を基盤としたシステムづくりを行う必要がある。

4 イノベーションを実現させるイノベーターの役割

❶ イノベーターの能力

イノベーションを実施するためには，知識創造が大きな役割を演じている。実際に知識を創造し，イノベーションを実施するのは誰であろうか。一般に，経営者は，イノベーションにとって大きな影響力を有するといわれている。つまり，どのようなイノベーションを行うかは経営者の思考，価値観，規範に基づく判断に依存する。野中郁次郎［2002］は，次のように述べている。「経営者も科学者同様，自分独自のパラダイムからつくって，環境をコントロールし実験で確かめていく。企業家の本質は，他と差異があることである。すなわち違った見方を持っているからこそ違うことができるのである」[22]。

しかし，通常の経営者ではイノベーションを発生させることは難しい。単なる経営者ではなく，イノベーションを積極的に行うイノベーターでなければならない。イノベーターが持ち合わせなければならない能力には次のようなものが考えられる。

① 知の編成原理を変革し，知の方法を表出させる能力
② 既成概念に当てはまらない全く新しい価値の創出ができる能力

第4章　知識創造とイノベーターの役割

　イノベーターはイノベーションを生起させる存在であるから，知の編成原理を変革し，知の方法を変革しえる能力を持ち合わせる必要がある。

　知の編成原理を変えるとは，形式知の枠組みを変えることである。形式知の枠組みを変える必要性が生じるのは，旧来の文章化されたマニュアルでは物事が成しえなくなった時であり，企業経営で考えれば企業内外の環境が変化した時と考えられる。

　知の方法を表出させるとは，個人の中に潜在化している暗黙知の表出である。思考前提となる暗黙知を表出させることにより，考え方，価値観など，いわゆる行動の前提となる部分を組織内で共有することも可能となる。

　すなわち，イノベーターは環境変化に応じて形式知を変革し，潜在化している暗黙知を表出化させることによって新しい知識創造を積極的に行い，既存の価値を変える存在でなければならない。

　また，既存のものを変革することだけがイノベーションではない。全く新しい価値を創出することもイノベーションである。米倉誠一郎［2003］も，イノベーターを「企業家」と表現した上で，企業家を新たな事業を興す起業家と創造的破壊による変革の遂行者の双方の能力が必要であると指摘した。米倉によれば，「企業家」とは，新たな事業を興す「起業家」だけを意味するのではなく，現状を創造的に破壊し，新たな展望を見出すイノベーションの遂行者すべてを指している[23]。

　このようにイノベーションは，イノベーターの存在なくして発生させるのは難しい。優秀な経営者や有名な大企業の経営者が必ずしも有能なイノベーターであるとは限らない。知の編成原理を変え，知の方法を表出させる機会をとらえる繊細さと，既成概念には存在しない新たな価値を見出す発想力，そして何よりも大胆に実行しえる行動力を持ち合わせた人物がイノベーターであるといえる。

❷ 知識創造のイネーブラー

　イノベーションを実施するには，知識を創造することが重要な要素である。

イノベーターにとっては，知識創造のマネジメントを行い，イノベーションを計画的に実施することが必要である。しかし，イノベーターであっても知識創造のマネジメントを行うことは困難である。したがって，イノベーターの役割は，知識創造のマネジメントを行うことではなく，知識創造の実現を促進する機会を敏感にとらえることである。知識創造の実現を促進する機会は，ナレッジ・イネーブラーと呼称される。

この役割は知識創造を実現させ，イノベーションを実施するためには不可欠である。クロー（Krogh,G.V.）＝一條和生＝野中郁次郎［2001］は，組織は知識をマネージ（管理）することはできず，イネーブル（実現可能にする）することだけができるのであり，マネジャーは知識創造をコントロールするよりも支援すべきである[24]と指摘した。

ナレッジ・イネーブラーとして考えられるものにはどのようなものがあるのであろうか。新しい知識を創造するイネーブラーにとって重要な要素となるのは，外部環境要因の変化である。

知識創造を促進し，イノベーションの実現促進要因となる外部環境要因の変化としては，次のような変化が考えられる。

第1に，産業構造の変化があげられる。現在は，従来のように各産業の枠組みは存在しない。チャンスを求めて，産業間の相乗り，すなわち業際化が進展している。ドラッカー［1985］によれば，産業や市場の構造変化は，イノベーションをもたらす機会であり，その業界にかかわるすべての者に対し，「わが社の事業は何か」を改めて問わなければならなくなる[25]。

第2に，社会構造，特に人口構造の変化があげられる。人口構造が変化すれば，社会構造も変化し，新しい知識が必要となる。当然，イノベーションのチャンスは大きくひろがる。ドラッカー［1985］は，人口構造の変化は，いかなる製品が，誰によって，どれだけ購入されるかに対し，大きな影響を与えるものであり生産性と信頼性の極めて高いイノベーションの機会となる[26]と指摘した。フェスレ＝ジェームス［1996］も人口動態（人口増加，その構造，その社会経済的意味）の変化はイノベーションの推進力になる[27]と主張した。

第4章　知識創造とイノベーターの役割

　第3に，消費者の変化があげられる。消費者の価値観・ニーズが変われば，求める製品・サービスも自ずと変わってくる。消費者の変化は，イノベーションを促進させる最大の要因である。これもドラッカー［1985］によれば，ニーズの存在はイノベーションの機会である[28]。ラストージ（Rastogi,P.N.）［1988］も，イノベーションの努力は市場に向けられていなければならない[29]とし，市場の変化・消費者の変化をイノベーションの促進要因としている。

　これら外部環境のさまざまな変化は知の編成原理である形式知を大きく変化させ，知の方法である暗黙知を表出させる要因である。

　また，外部環境の変化だけではなく，内部環境の変化も知識創造のイネーブラーとなる。内部環境が変化することによって，形式知や暗黙知が変わり，新たな知識を創造するのである。野中郁次郎＝竹内弘高［1996］は，知識創造のイネーブラーとして内部環境要因をあげる。野中＝竹内［1996］によれば，①組織の意図（組織の意図を明確にし，それを組織構成員に提示する），②個人とグループの自律性，③ゆらぎ／カオス（組織の内部に「ブレイクダウン」を引き起こし，そこから新しい知識が生まれる），④情報の冗長性（情報を重複共有することは「暗黙知」と「形式知」の共有を促進し，相互の知覚領域に侵入することによって相互の学習をもたらす），⑤最小有効多様性（アシュビー（Ashby,W.）によれば，複雑多様な環境からの挑戦に対応するには，企業内部に同じ程度の多様性を持つ必要がある）の5つの要素が知識創造の促進要因として機能している[30]と指摘した。

❸ 学習する組織の構築

　外部環境や内部環境の変化を機微に捉え，形式知と暗黙知に影響を与えることによって，新知識を創造する仕組みを構築することは，イノベーションの発生に多大な影響を与える。したがって，イノベーターにとって，知識創造を実現可能にすることは，重要な役割となる。

　この知識創造は，換言すれば社内知の創造である。しかし，社内知（企業内部の知識）の創造だけでは，一局に凝り固まった知識になりがちである。

したがって，社内知の創造だけではなく，社外知（企業外部のさまざまな知識）を取り入れることも必要である。競争相手や優秀な経営を行っている企業の社外知を学び，自社の社内知と結びつけることによって，新たな知識を創造する。一般に，社外知の取り入れは，ベンチマーキング（benchmarking）と呼ばれる。高梨智弘［2003］は，ベンチマーキングを「顧客価値を創造し業績をあげるため，業界内外の優れた業務方法（ベストプラクティス）と自社の業務方法とを比較し，現行プロセスとのギャップを分析し，自社にあったベストプラクティスを導入・実現することにより現行の業務プロセスを飛躍的に改善する，体系的で前向きな経営変革手法である。」[31]と定義した。

　社内知を変革し，社外知を取り入れることによって新知識を創造し，イノベーションが生起しやすい体制を構築することはイノベーターの役割である。

　当然，新知識が創造しやすい組織を理解することも重要な課題である。日本の場合，新知識が創造しづらい原因となっているのは，暗黙知が表出しないことにある。米国の場合，マニュアル化社会でもあり，個人が持つ暗黙知を表出し，形式知として組織内で共有する傾向を持つ。他方，日本では暗黙知が個人の知的資産となるケースが多く，暗黙知が表出化されにくい。したがって，日本において新知識を創造する場合，いかに暗黙知を表出し，組織内で共有するかが成功の鍵であり，暗黙知を有効に共有できる組織が必要になる。一般に，知識を創造するために，暗黙知の効果的な表出を可能にし，形式知化されることによって組織内で容易に共有できる組織のことを「学習する組織」と呼ぶ。個人知から組織知への変換がスムーズに行われる組織である。

　学習する組織とは，環境変化に適応して，組織メンバー全員が継続的に自己学習し，組織全体で自己革新する組織のことである。組織全体において自己革新を行うには，個人の中に埋もれる暗黙知を組織全体で共有することが肝要であり，換言すれば，学習する組織とは，新知識の創造が可能な組織システムともいえる。ガービン（Garvin, D.A.）［2000］も，学習する組織とは

「知識を創造，獲得，移転する技術を持ち，既存の行動様式を新しい知識や洞察を反映して変容することができる組織」[32]であると定義し，学習する組織の本質が新知識の創造を可能にするシステムにあることを指摘した。

センゲ（Senge,P.M.）[1995]は，学習する組織の原動力として，①システム思考，②自己マスタリー，③メンタル・モデルの克服，④共有ビジョンの構築，⑤チーム学習の5つをあげた[33]。

5 イノベーションと知的財産

❶ 知的財産権

現在の社会は，知識社会である。イノベーションに限らず，知識を中心として企業経営が行われている。

しかし，生産要素，経営資源が知識中心に変化すると，知識が持つ特性によって従来と同じやり方をしていたのでは不具合が生じるようになる。知識には，無形財であるという特性がある。土地，資金，労働力などの有形財の場合，企業にとって固有の資源である。しかし，知識のような無形財の場合，多くの企業で資源の共有が可能となる。そのため，企業努力により獲得した知識も，他社に勝手に模倣される危険性がでてくる。知識を獲得するために，長い時間をかけ，多額の投資を行う企業にとって，模倣されることは企業利益だけでなく，企業価値にとっても多大な損失である。そこで生まれたのが知的財産権という考え方であり，イノベーションを管理する際に，考慮しなければならない重要な権利となっている。イノベーションを積極的に行うイノベーターにとって，知的財産の保護は不可欠である。

ここで，知的財産権について理解を深める。知的財産権とは，「人間の知的・精神的活動による創作物（著作物，発明，考案，意匠，植物新品種，営業秘密等），および営業上の標識（商標，サービスマーク，商号，原産地表

図表4-6 知的財産権の種類

	特許	実用新案	意匠	著作権	商標	営業秘密
保護対象	発明	考案（特許ほど高度でない発明）	意匠（商品のデザインなど）	著作物（プログラムなど）	商品の商標	ノウハウなど
主たる保護要件	・新規性 ・進歩性 ・登録	・新規性 ・進歩性 ・登録	・新規性 ・創作非容易性 ・登録	・創作	・誤認を生じさせないこと ・登録	・秘密保持のための管理 ・事業活動に有用
保護期間	出願日から20年	出願日から6年	登録日から15年	著作者の死後50年	登録日から10年だが更新可能	無制限
ディスクロージャー	出願・公開制度	出願・公開制度	3年内の秘密意匠制度あり	頒布	出願公告	義務なし
保護内容	発明の実施の専有	考案の実施の専有	意匠の実施の専有	複製権の専有など	商標の使用の専有	秘密の維持
他企業の権利	ライセンスがなければ同じ技術を使えない	同左	同左	アイデアの利用は可 公式使用（アメリカ）		リバース・エンジニアリングは可

（出所）長岡貞男［2001b］335頁。（一橋大学イノベーション研究センター編［2001b］，所収）

示等）に関する保護法制の総称」[34]である。

　すなわち，知識から得られる創作物を財産と認定し，その所有者を保護する権利である。長岡貞男［2001b］は，知的財産権の種類とその内容について図表4－6のようにまとめている。

　知的財産を法的に保護する方法としては，次のような2通りのやり方が存在する。財産的価値を有する情報に有体物の所有権と類似の物権的効果を付与する制度（特許法，実用新案法，著作権法，意匠法，種苗法，商標法）と，物権として構成せず，単に不正な侵害から保護する不法行為法と類似の制度（不正競争防止法）の2種がある。

❷ 知的財産戦略大綱

　知識社会に変化した現在，知的財産は企業にとって戦略上，重要な問題である。また，この知的財産を産業の活性化に利用しようという国家的な動き

も活発化している。そこで，国家による知的財産戦略を概観する。

知的財産を国家的な戦略として用い，最初に産業復興に役立てたのはアメリカである。1970年代の終わりから1980年代にかけて，日本などの新興国に産業の競争力で脅かされていたアメリカは，産業競争力を再生させる推進力として，知的財産戦略を用いた。すなわち，知的財産権の保護や強化を図ることを目的として，プロパテント政策（特許重視政策）を実施し，大きな成果を上げた。

アメリカなど諸外国に比べ，知的財産の保護や強化の点で日本は遅れをとっていた。しかし，情報化，業際化，グローバル化の進展などにより，これまで成功を収めてきた日本における経済や社会のシステムは有効性を失っている。すなわち，モノづくりに適したシステムから，無形資産の創造にも適したシステムに転換させる必要がでてきた。

そこで，日本政府は，平成14年2月25日，知的財産立国を目指し，知的財産戦略会議の設置を決めた。この会議は，「わが国産業の国際競争力の強化，経済の活性化の観点から，知的財産の重要性が高まっている。このため，わが国として知的財産戦略を早急に樹立し，その推進を図るため，知的財産戦略会議を開催する」[35]というところに設置の趣旨がある。

経済産業省設置の産業競争力戦略会議は，平成14年5月10日発表の「産業競争力戦略会議中間とりまとめ」で，競争力強化の戦略として以下の6つの戦略を提言した[36]。

① わが国を高付加価値拠点化する。
② 競争力ある企業を伸ばす。
③ サービス経済化と雇用機会の拡大を図る。
④ 内外の資本・頭脳を誘致する。
⑤ 「東アジア自由ビジネス圏」を形成する。
⑥ 21世紀の新市場を創出する。

これらの戦略からは，従来の産業からの脱皮をはかり，知識を基盤とする新たな価値を持った産業に転換する意図が見える。産業自体のイノベーショ

ンの重要性が顕在化しているといえる。

さらに，平成15年3月に実施された知的財産戦略大綱[37]では，基本的な方向として次の5つの分野において，戦略的対応を進めることとしている。

① 創造戦略
　1）大学・公的研究機関等における知的財産創造
　2）企業における戦略的な知的財産の創造・取得・管理
　3）創造性を育む教育・人材養成の充実
② 保護戦略
　1）迅速かつ的確な特許審査・審判
　2）著作権の適切な保護
　3）営業秘密の保護強化
　4）紛争処理に係る基盤の強化
　5）海外及び水際における保護の強化
③ 活用戦略
　1）大学・公的研究機関等における知的財産の活用の推進
　2）知的財産の評価と活用
④ 人的基盤の充実
⑤ 実施体制の確立

❸ 知的財産と経営者の役割

知的財産戦略大綱で示されているように，国家的な政策として知的財産を保護し，強化するという方向性が打ち出されている現在，企業はどのような知的財産戦略を行わなければならないのであろうか。

アメリカの行うプロパテント政策が国際的な広がりを見せ，近年，特許出願による知的財産の保護を戦略として打ち出す企業が増加しており，日本企業の特許出願数は年々増加の一途をたどっている。

また，特許戦略のなかで，何を重視するかという問題に関しては，永田晃也［2003］の実証研究によれば，①基本特許の取得を重視する，②できるだ

け早い段階で特許出願を行う，③保有特許の見直しを定期的に行っているなどが重視されている[38]。

しかし，知的財産は特許を取得しただけでは成果にはあらわれない。知的財産を新技術や新製品として具現化してこそ成果は得られる。すなわち，知的財産は，イノベーションの促進要因となる。知的財産の創出により，研究開発や技術革新の意欲が高まる。また，特許取得による知的財産の公開により，他企業の無駄な研究開発を排除し，他企業との新たな関係を築く契機となる。長岡貞男［2001］は，知的財産がイノベーションを促進していく上での基本的な役割として，次の2点をあげた[39]。

① 研究開発への誘因を高めること：他社が開発した知識の無断利用は容易なので，知的財産権による保護がなければ他企業の研究開発に対するただ乗りが蔓延して，研究開発投資への誘因が低下してしまう危険がある。
② 研究開発成果の公開を促すこと：特許権など公開を条件とする知的財産権が弱いと，企業は開発した技術をできるだけ秘匿するようになる。

イノベーターにとってイノベーションを促進することは，重要な責務である。その際，知的財産を考慮することは，現在の流れでは避けて通れない。知的財産を創出し，それをイノベーションにつなげる，あるいは他企業とライセンス契約を結ぶなどして新たな企業価値を創出することがイノベーターにとって，大きな役割である。

---

1) 文部科学省編［2002］2頁。
2) 紺野登［2004］50頁。
3) 前掲書　54頁。
4) 米倉誠一郎＝青島矢一［2001］3-4頁。（一橋大学イノベーション研究センター編［2001a］，所収）
5) Polanyi,M.［1966］訳書15頁。
6) 野中郁次郎［1999］11頁。（神戸大学大学院経営学研究室編［1999］，所収）
7) 野中郁次郎＝竹内弘高［1996］序文ⅲ。
8) 野中郁次郎＝紺野登［1999］110頁。
9) 前掲書　111頁。

10) 前掲書　115頁。
11) 岸川善光［1999］178頁。
12) 寺本義也［1999］2頁。（OMNi-MANAGEMENT・平成11年7月号，所収）
13) 伊藤修［2003］18-19頁。（日本総合研究所＝伊佐田文彦編［2003a］，所収）
14) Leonard,D.［1995］訳書46頁。
15) 寺本義也［1999］3頁。（OMNi-MANAGEMENT・平成11年7月号，所収）
16) 野中郁次郎＝紺野登［1999］23-27頁。
17) Botkin,J.［1999］訳書監訳者序文Ⅴ頁。
18) 寺本義也［1999］1頁。（OMNi-MANAGEMENT・平成11年7月号，所収）
19) 野中郁次郎＝紺野登［1999］13-19頁。
20) アーサーアンダーセンビジネスコンサルティング［1999］14-17頁。
21) 楠木建［2001］54頁。（一橋大学イノベーション研究センター編［2001］，所収）
22) 野中郁次郎［2002］47頁。
23) 米倉誠一郎［2003］裏表紙。
24) ゲオルク・フォン・クロー＝一條和生＝野中郁次郎［2001］序 xvii。
25) Drucker,P.F.［1985］訳書117頁。
26) 前掲書　訳書154頁。
27) Fussler,C.＝James,P.［1996］訳書24-39頁。
28) Drucker,P.F.［1985］訳書103頁。
29) Rastogi,P.N.［1988］p.61.
30) 野中郁次郎＝竹内弘高［1996］109-124頁。
31) 高梨智弘［2003］76頁。（日本総合研究所＝伊佐田文彦編［2003a］，所収）
32) Garvin,D.A.［2000］74頁。（ダイヤモンドハーバードビジネス・レビュー編集部訳［2000］，所収）
33) Senge, P.M.［1990］訳書14-19頁。
34) 小泉直樹［1999］643頁。（神戸大学大学院経営学研究室編［1999］，所収）
35) 小池晃［2002］11頁。
36) 前掲書　21頁。
37) 知的財産戦略大綱については，（http://kantei.go.jp/jp/singi/titeki/kettei/020703taikou.html，平成16年1月10日現在）を参照している。
38) 永田晃也［2003］210頁。（後藤晃＝長岡貞男編［2003］，所収）
39) 長岡貞男［2001］340頁。（一橋大学イノベーション研究センター編［2001b］，所収）

第5章 技術革新としてのイノベーション

本章では、イノベーションをプロセスの視点に基づいて考察した場合、遂行段階に相当する技術革新について概観する。日本企業において、技術革新の分野は大きく変わりつつある。21世紀における日本企業のイノベーションによる技術革新について基本的な認識を深める。

まず、新製品開発について検討する。もともと欧米企業が開発した製品の改良・改善によって成長を遂げた日本企業は、アジア諸国の技術力向上とともに衰退した。現在、MOT（技術経営）に活路を見出し、日本製造業復活に尽力していることを理解した上で、新製品開発プロセスについて考察する。

次に、国家的規模での技術政策について概観する。企業の技術力は企業独自の努力だけでは十分な発展は期待できない。企業の努力に合わせて、政府や関係省庁が国家的規模で技術力向上を支援する政策を行うことによって、企業の技術力が発展することを理解する。

次いで、生産プロセスに焦点をあてる。技術革新は何も新製品の開発だけではない。生産工程を革新することも重要である。生産工程の革新に成功すれば、新製品の連続的な開発につながる場合もあり、多大な効果が期待できることを確認する。

さらに、BPRと呼ばれるビジネス・プロセス全体の革新に触れる。現代企業において、生産分野の革新だけでは不十分であり、ビジネス・プロセス全体の革新が必要なことを理解する。

最後に、イノベーションのジレンマについて検討する。革新的行為によってプラス効果をもたらすはずのイノベーションが、逆にマイナス効果を生んでしまう場合の逆機能現象について理解を深める。

1 新製品開発

❶ MOTの復活と製品開発過程における知の創造

　企業は，環境の変化に感覚を研ぎ澄ませ，動向予測に神経を集中しなければならない。特に製品の場合，その傾向が顕著に現れる。現在は，製品ライフサイクルの期間が非常に短くなっている。それだけ製品は短命化し，消費者の嗜好変化が激しい。1つのヒット商品があっても企業は安閑としていられない。新製品の開発は，いかなる企業にとっても至上命題である。

　そこで，近年注目されているのがMOT（Management of Technology＝技術経営）の重要性である。1990年代において，アメリカの各企業はベンチャー精神に基づく経営を行った。ベンチャー企業および社内ベンチャーの立ち上げ，ベンチャーへの多額の投資，ベンチャー企業の買収などを積極的に行い，また支援した。その結果，1980年代に日本を始め諸外国の企業に奪われていた技術力の優位性を取り戻すことができた。そして，培われた技術力を背景として急激に高成長の階段を登ったのである。

　一方，日本企業は，アメリカの企業とは状況がかなり異なる。従来の日本企業は，欧米諸国が開発する技術力を背景にした新製品・新サービスの"模倣"により成長を遂げてきた。欧米諸国が開発する新製品・新サービスの改善・改良をはかり，コスト面・性能面でより優れた製品・サービスを開発し，競争優位を確立した。すなわち，連続的イノベーションの実行によって製品やサービスを開発してきた。岩間仁［1996］によれば，日本はこれまで，モノづくりの原点を，先達となる欧米で生み出された商品コンセプトや技術に学び，それをいかに改良するかというプロセス・イノベーションの手法を中心に据えて，産業を発展させてきた[1]。

　しかし，アジア諸国の技術力向上とともに，日本のこの製品開発戦略は破

第5章 技術革新としてのイノベーション

綻をきたした。低労務費を背景としたアジア諸国の猛追により，コスト面で行き詰まり，技術開発競争からの撤退を始める企業が続発した。その結果，一部の先端技術は伸張したが，一般的な技術力は落ち，イノベーションの発生率も低下した。

また，日本企業の製品開発は市場プル型ではなく，技術プッシュ型が主流である。ヒンメルファーブ（Himmelfarb,P.A.）[1992] によれば，市場プル型とは，市場ニーズを識別し，そのニーズを充足する新製品を開発することであり，技術プッシュ型とは，応用する技術を識別し，製品開発をし，製品を販売する市場を探すことである[2]。

浦川卓也 [2003] も，日本企業の製品開発イノベーションが行き詰っている原因として，①今日・明日の開発成果と効率化が厳しく問われる今日の経営環境で，イノベーションに値するような研究開発をする余裕はとてもないという現実的な理由，②新しい技術開発を主たる任務とする技術者集団は，ともすれば発想が技術偏重に陥り，マーケットからの視点が欠如しがちであるという本質的な理由をあげている[3]。

結果的には，技術開発競争からの脱却は失敗であったといわざるをえない。そこで，日本企業の課題として持ち上がっているのがＭＯＴの復活である。技術を中心とした経営を行うことによって技術力を復活させ，革新的な新製品の開発につなげなければならない。山本尚利 [2003] は，日本は言語に無関係な有形資産やハード商品においてのみ世界市場の主導権を獲得できる宿命にあり，プロダクト・イノベーション国家となるしか道はない[4]と指摘した。

しかし，従来のような製品開発のみに注力したＭＯＴでは日本企業の復活は困難である。児玉文雄＝玄場公規 [2000] は，技術開発において，追加的改善のプロセスは，しだいに効率が悪くなり，投資対効果が低減し，革新的な技術に取って代わられる[5]と指摘している。すなわち，一過性の製品開発では持続的な効果は得られないのであり，持続的に新製品開発が行えるシステムづくりが必要なのである。小濱岱治 [1999] は，ものづくりはものを

図表5-1　知の創造過程の模式図

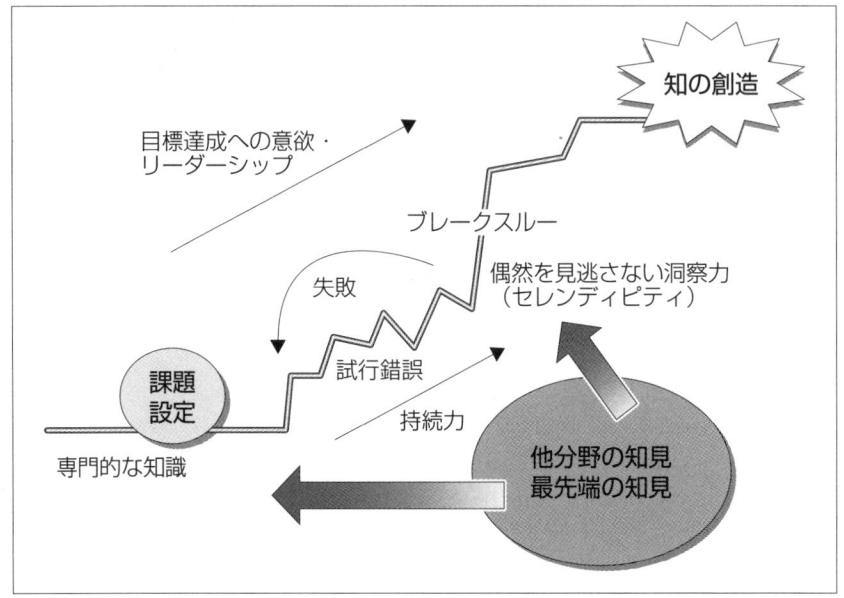

（出所）文部科学省編［2003］10頁。

創造することも大切だが，それよりもものを創造できるシステムを構築させる考えが優先されなければならない[6]と指摘した。科学技術白書［2003］でも，資源の乏しい日本が，オリジナリティを発揮し，高い付加価値を有する製品を世界に発信するには，高いプロセス・イノベーション能力を維持向上させつつ，独創的なプロダクト・イノベーションを連続的に起こせるイノベーションシステムの構築を課題にあげている[7]。

　新製品は，具体的にどのように開発され，価値を創出するのであろうか。新製品開発の際に，必要になるのは，①明確な目標を設定すること，②偶然を的確に取り込むことの2点である。

　企業は，外部環境の変化にしたがって，新製品の明確な目標を設定する。または，技術など内部資源の変化によって，新製品の目標を設定する。その目標に向かって，研究開発が進められていく。失敗を繰り返し，その失敗を

フィードバックしながら教訓とし，研究開発が行われる。時に，その研究途中で偶然，思いもかけないチャンスが起きる場合がある。それを見抜いた結果，ビジネスチャンスにつながるケースも存在する。アメリカの3M社が開発した付箋紙は，最も強い糊をつくる段階で偶然，非常に粘着力の弱い糊ができてしまった失敗作を商品化して大ヒット作となったものである。

　企業の製品開発は，目標をもとに，試行錯誤を繰り返し，時に偶然を取り込みながら製品化していくのであり，新たな知の創造が達成されるのである。文部科学省編［2003］では，製品開発による知の創造のためには，①専門的な知見を背景とした課題設定を行うこと，②偶然を見逃さない洞察力を持つこと，の2点が必要であることをあげたうえで，図表5－1のようなプロセスを提示した[8]。

❷ 製品開発における知識創造の効果

　企業において製品開発が行われる際に，重要になるのは，研究開発者間での知の共有である。製品開発の現場では，多くの研究者，開発者が製品開発活動に従事している。そのような状況のなかで，効率的に製品開発を進めるためには，研究開発者間で知の共有をはかり，ベクトルを合わせる必要がある。知識は，「形式知」だけではなく，文書やデータで表現できない「暗黙知」も存在する。「形式知」の共有は可能であるが，「暗黙知」の共有は困難である。

　しかし，製品開発において「暗黙知」の果たす役割は大きい。既に顕在化している形式知よりも，潜在化している暗黙知の方が有益な知識を持っている。大薗恵美＝野中郁次郎［1999］は，暗黙知は，形式化することが困難であるゆえに他者と共有することが困難であり，非常に個人的な知識であるが，しかしながら，暗黙知こそが知識の深さと豊かさを湛えている[9]と述べ，製品開発における暗黙知の重要性を指摘した。

　暗黙知を共有し，形式知との相互作用を行って製品を開発するためには，第4章で考察した知識創造の理論が必要になる。知識創造理論にしたがえば，

製品開発において，従業員同士の暗黙知の融合，暗黙知の表出化による形式知への転換，文章化・マニュアル化が行われている形式知の融合，形式知の知恵化による暗黙知への転換が重要な要素となる。

一般的に，アメリカ企業では，形式知と形式知の融合が重視される。データをもとにマニュアルやレポートを作成し，研究開発に役立てる。しかし，日本企業の場合，この4つの過程のなかでも，製品開発においては暗黙知を形式知化し，個人の暗黙知を研究者間で共有する「暗黙知の表出化による形式知への転換」が重要である。大薗恵美＝野中郁次郎［1999］は，「暗黙知から形式知への変換の過程は，日本企業の製品開発活動の特徴である。個人の主観的な洞察や勘は，個人の内部にとどまる限り，組織にとって価値はないに等しい。また，個人が持つスキルは，その個人の内にとどまっている限り，その効用は限定されてしまう。そこで，どのようにして個人のもつ"暗黙知"を他の開発メンバーに伝えるか，という点がとくに重要な問題である。」[10]と指摘した。

個人の暗黙知が研究者間で共有されれば，データやマニュアルとして表されている形式知と相互作用し，研究者グループの知識として創造される。その研究者グループの知識が研究者個人にフィードバックされ，新たな知識が創造される。製品開発は，このような研究者と研究者グループの知識創造の連鎖によって，新たな知識が創造され，創出される価値を具現化する過程であるととらえられる。

❸ 製品開発プロセス

大部分の企業は，製品やサービスの販売によって，経営を行っている。したがって，製品イノベーションの結果は，企業の業績に直結する。

この製品イノベーションには，製品を投入する市場，旧製品と新製品の変化率の大小などによって，いくつかの類型に分類される。製品を投入する市場で考えた場合，イノベーションによって生み出された新製品を既存市場に投入するのか，投入する新製品によって全く新しい市場を創造するのかとい

第5章 技術革新としてのイノベーション

う点が大きなポイントになる。また，イノベーションによって生み出された新製品によって劇的な変化を見せるのか，微細な変化を見せるのかという点も重要な要素である。榊原清則［1996］は，製品イノベーションを下記のように分類した[11]。

① 市場創造イノベーションと既存市場イノベーション
② 既存市場イノベーションにおける相対的に変化率の大きいラディカル・イノベーションと，変化率の小さいインクリメンタル・イノベーション

　榊原が指摘したように製品イノベーションにはいくつかの類型が存在する。しかし，製品イノベーションを行うために，アイデアを製品に変換し，知識を創造する作業が必要であることはどの類型であっても相違がない。この作業が，製品開発プロセスと呼ばれるものである。製品開発プロセスは，アイデアを製品にし，その製品によって顧客満足度を高める一連の連鎖プロセスである。藤本隆宏［2000］は，製品開発の過程は，本質的には将来の顧客満足（価値）創出過程のシミュレーション（事前再現）あるいはリハーサルである[12]と述べた。さらに，藤本隆弘［2001b］は，イノベーションの成功・不成功を最終的に判断するのは市場であり，技術的成功すなわちイノベーションの成功ではない[13]と指摘した。

　顧客は，製品の価値に対して対価を支払うのであり，新製品に新たな価値を見出せなければ購入しない。新製品に新たな価値を付加することは重要であり，そのためには知識創造が必要になる。小日向秀雄［1999］は，顧客は商品の価値に代金を払うのであり，商品開発は価値創造のプロセスである[14]と指摘している。

　新製品は，製品自体の新たな価値として認識されやすい新規性，独自性が注目されることが多い。しかし，製品市場における競争優位性を考えれば，新規性，独自性だけでは不十分である。製品の新規性，独自性が長期間持続できることが必要であり，そのような製品を生み出す開発プロセスの重要性を認識しなければならない。

2 技術政策

❶ 技術政策の必要性

　製品を開発する際,最も重要になるのは技術力である。どんなに良いアイデアを持ち,知の創造がなされていても,それを実現する技術力を持っていなければ構想倒れになる。技術の進歩が,良い製品を創出する原動力になる。

　しかし,技術の進歩は1つの企業だけで行えるものではない。国家レベルでのバックアップが必要であり,国による技術政策がその焦点となる。当然,技術力は企業の利益につながるだけでなく,国の競争力につながるものである。したがって,国家がどれくらい本腰を入れて,技術力強化に取り組めるかが技術力向上の鍵を握る。

　日本において明治維新以降,諸外国に学びながら富国強兵,技術振興を積極的に行い,アジアという辺境地にもかかわらず技術立国として一応の成功をみたのは,技術力向上のための国家的プロジェクトがあったからである。

　ところが,現在,わが国の技術力は低下している。技術力低下の現象は,さまざまな理由が考えられる。通商産業省工業技術院［2000］では,次の2点をあげている[15]。

① 米国をはじめとして,諸外国の技術力進歩が目覚しく,比較優位性で遅れをとっている。

② わが国が優位であった産業分野において,アジア諸国に猛追され,産業技術力が侵食されている。

　企業がイノベーションの実施に成功し,社会に広く普及した場合,かなりの成果が期待できる。しかし,その成果は,企業のものであり,国の成果にはつながらない。国が成果を得るためには多くの企業がイノベーションの実施に成功し,社会のなかに新たな価値を築くことが必要である。そのために

は，国家規模での技術力の向上が必要であり，国が技術振興を支援するのもその点にある。

また，政府が技術振興（研究開発活動）を支援する理由として以下のことも考えられる[16]。

① 政府には公衆衛生，国防など公共財産的性格を有する財・サービスの唯一の供給者として，質を保ち，コストをチェックする責任があり，供給者として需要側の市民の要求を技術的に実現するために，研究開発を助成しなければならない。
② 社会的収益率が私的収益率を上回るような場合，その研究開発活動を助成すべきである。
③ 一般的，基礎的な科学技術の研究は正の外部性をもち，直接的な経済的価値を持たないものが多いため，政府の助成により，この分野の進歩を支援すべきである。

❷ 技術政策の歴史

ここで，技術政策の歴史を概観することによって，今後の技術政策の方向性について検討する。日本の技術政策の歴史的変遷をたどると技術振興の内容によっていくつかの時代に分けることができる[17]。

現在，わが国では，インフラ整備の遅れや技術力を持った人材の不足などの諸問題を抱えていることから，その克服を目指し，政府は平成13年1月の総合科学技術会議の発足に伴い，科学技術基本計画を策定した。

諸外国からの技術の導入で始まった日本の技術政策は，バブル経済の到来とともに花を咲かせた。しかし，バブル経済の崩壊とともにその花は枯れてしまい，もう一度種を蒔き直さなければならない状態である。このような時は，原点に返らなければならない。原点に立ち返り諸外国に学ぶという姿勢が必要である。そして，今一度，日本独自の技術力を完成させ，革新的なイノベーションを起こす体制を築いていく必要がある。

図表5-2　技術振興政策の変遷

明治維新から第二次世界大戦終了時	鎖国終了後の近代国家へ向かう時期から軍事国家へ傾倒した時期までである。この間の技術政策は外国の技術力を学ぶところから始まった。外国人を講師に招き，それを学ぶ大学を設立することによって技術力の向上をはかった。その後，産業発展に伴って，日本は軍事国家の道を歩み，技術政策も軍事力中心に変わっていった。しかし，諸外国の技術力には遠く及ばなかった。
終戦後から1960年代	日本が戦後復興する時代である。戦後，日本は諸外国の技術導入から始めた。1950年代の後半からは諸外国からの技術導入の効果も見え始め，国内でも技術革新が見られ，新技術のための設備投資も盛んに行われるようになった。
1970年代	高度経済成長の反動が来る時代である。公害問題やオイルショックが表面化し，省エネルギーを達成する技術の開発のために力と資金が投入された。
1980年代から1990年代前半	良くも悪くもバブル経済の時代である。日本の技術力の最盛期でもあり，産業の基盤となる技術研究開発が数多くなされた。日本の技術力が世界に認められた時期でもあり，技術政策の集大成の時期でもある。
1990年代中頃から現在	バブル経済崩壊を引きずっている時代である。企業も国家もバブル経済の後遺症に苦しみ，技術投資が極端に減少している。その結果，諸外国と日本の技術力には差が生まれている。また近年の特徴である情報技術の分野において，インフラ整備も諸外国に比べ遅れており，技術力を持った人材育成の観点でも懸念が広がっている。

（出所）後藤晃＝下田隆二［2001］314-319頁をもとに作成。

❸ 製品イノベーションを支援する施策

　バブル経済の崩壊とともに，日本企業の技術力は衰退してしまった。そこで，もう一度MOTに根ざした経営に回帰するために，政府，関係省庁を中心にさまざまな施策を打ち出している。

　政府・関係省庁が実施している施策を概観すると，大別して3つに分類される。第1に，技術力を確立するための資金援助という施策があげられる。イノベーションを実行するのは中小企業の割合が大きい。それだけ，環境変

化の影響を強く受けるということである。しかし，中小企業は相対的に資金力に乏しい。政府・関係省庁は，中小企業にみられる資金不足というイノベーション・ブロック解消のため，資金援助という施策を打ち出している。

　第2に，技術開発を積極的に想起させるための施策があげられる。国家的に技術開発を推進するためには，各企業が競争し，切磋琢磨しながらより革新的な技術革新に努めなければならない。

　第3に，技術革新を実行できる人材の育成に関する施策があげられる。これまでの日本は優秀な技術者によって支えられてきた。しかし，その優秀な技術者も改良・改善においては能力を十分に発揮したが，新技術開発や新製品の開発では能力を発揮したとはいえない。現在，求められているのは新技術開発や新製品を開発できる技術者であり，そのための施策が実施されている。

3　プロセス・イノベーション

❶ プロセス・イノベーションの定義

　技術革新の成果は，新製品・新サービスの開発として表れるだけではない。既存の生産工程の革新という形でも成果があがる。生産工程の革新は，プロセス・イノベーションと呼称される。

　ここで，プロセス・イノベーションの定義を明確にする。ダベンポート（Davenport,T.H.）[1993]によれば，プロセス・イノベーションとは，ビジネスを構造化する方法と改善の方法が含まれた革命的アプローチであり，ビジネスを部門，事業部あるいは製品の観点から見るのではなく，キー・プロセスの観点から見る，すなわちビジネスに対してプロセス的な見方をすることによって，キー・プロセスに対するイノベーションを実現するものである[18]。

このプロセス・イノベーションの特徴は，どのような組織でもコストや時間の大幅な削減が可能になり，品質，柔軟性，サービス水準などでも大幅な改善をもたらすことができるという潜在力の大きさにある。

　プロセスについてもう少し詳しく考察する。ハマー（Hammer, M.）＝チャンピー（Champy, J.）は，プロセスを「1つ以上のことをインプットして，顧客に対して価値のあるアウトプットを生み出す行動の集合」[19]であると指摘した。高梨智弘[2003]は，「プロセスとは一定の目的を達成するために関連機能を（最適な）ルートで連結した活動の連鎖をいう」[20]と定義した。藤本隆弘[2001a]は，生産部門のプロセスに限定し，「製造企業の組織の中で，インプットを取り込み，それを組織にとってより価値（value）の高いアウトプットに変換する部分」[21]と定義している。

　これらの定義を見ると，プロセスとは「新たな価値を創造するという目的（出力）を達成するための一連の活動」という視点が見えてくる。本書では，これらの定義を参考にし，プロセス・イノベーションとは，「ビジネスをプロセス的に見ることによる視点の革命的変化を意味しており，新たな価値を創出し，顧客が持つ価値の変革を促す一連の活動」と定義する。

　新製品や新サービスの開発という断続的イノベーションは社会に衝撃を与え，製品・サービスに対する興味を喚起する。しかし，近年では情報化の発達と技術力の向上により，製品自体のライフサイクルが短命化している。携帯電話の機種変更の短期間化などはその代表的な事例である。企業もその対策としてコストダウンや新型機種の早期開発に取り組まなければならない。

　また，新製品の開発に成功しても，それに見合う製造・販売の仕組みを持たないが故に，日の目を見ずに終わるケースも少なくない。遠山暁[2003]は，「過去にも素晴らしい製品・サービスを開発しながらも，製造・販売のプロセスが非効率的であるために業績が上がらずに数年のうちに業界から撤退し，逆に当該製品・サービスを模倣した会社が，その後優れた製造・販売プロセスを構築して持続的競争優位を実現してしまった事例は少なくない。」[22]と指摘した。

近年，このような問題点を克服するために，一連の生産プロセスを変革することによって業務の改善をはかる動きが活発になっている。ビジネス・プロセスのイノベーションによって，持続的な競争優位を獲得するというものである。

❷ 日本的生産システムの限界とモジュール生産の台頭

次に，生産システムのプロセスについて考察する。顧客が成熟し，嗜好が多様化した現在，大量生産を中心とする生産システムでは対応できない。現在の日本における生産システムの問題点を概観すると，次のことを見出せる。第1に，大企業病の存在が考えられる。生産システムの大規模化に伴い，大企業病の症状が顕在化している。第2に，生産システムの一極集中による弊

図表5-3 日本における生産システムの問題点

システム	諸　問　題
大規模生産システム	・生産システムに関与する人々が外部の変化に鈍感になる。 ・設備レイアウト，組織のフレキシビリティに欠ける。 ・大きいというだけで，関係者がそのシステムが破綻するはずないという安心感に浸る。 ・新しく行動を起こす意思決定に時間を要する。 ・そこで働いている人々が，自分の属しているシステムの構造を理解できない。 ・各部門の方針を一貫させるのが難しい。 ・効率化を狙って導入された分業化が組織間に壁を作る。 ・人々から仕事の達成感を奪い，働く意欲を減退させる。
集中化生産システム	・消費者までの輸送リードタイムに時間がかかる。 ・多様化する消費者の生の声が生産システムに伝わりにくい。 ・努力しないと遠隔地の消費者にその製品や企業を知ってもらうことができない。
高度化生産システム	・人々はルールがないと行動できなくなる。 ・自分で感じ，考え，行動するという習慣がなくなる。 ・仕事がシステムによって強制され，面白くないと感ずるようになる。 ・自ら成長していくという努力が見られなくなる。

（出所）高橋輝男＝椎野潤［2003］をもとに作成。

害が考えられる。第3に，生産システムの高度化による弊害があげられる。

高橋輝男＝椎野潤［2003］は，現在の生産システムの問題点を図表5－3のようにまとめている[23]。

このようないくつかの理由が重なり，現在，わが国では生産システムのイノベーションを余儀なくされている。生産プロセスのイノベーションにより，プロセスのコストや時間の大幅な削減，および品質，柔軟性，サービス水準などの大幅な改善を行わなければならない。そして，顧客価値の変革につなげ，新たな顧客価値を築くことが重要となる。

このような状況の中，近年，注目を浴びている生産システムにモジュール生産（modular production）がある。モジュールとは，作業を行う際の最小単位のことである。製品開発の段階では，製品の最小部品ないしは最小部品郡を意味する。青木昌彦［2002］は，半自律的なサブシステムであって，他の同様なサブシステムと一定のルールに基づいて互いに連結することによって，より複雑なシステムまたはプロセスを構成するもの[24]と定義した。すなわち，モジュールとは，最小の部品単位が他の部品単位と連結することによって，より高度な単位へと進化することに，その本質がある。

このモジュールを利用して行われる生産方法がモジュール生産である。モジュール生産とは，生産過程において，部品もしくは部品郡の最小単位のものを多数準備し，顧客ニーズに合わせて組合せを変え，製品をつくりあげる生産システムである。清水敏允［1999］は，ユーザーの要望によって短期間に組み合わせて完成品を作り上げる方式[25]と述べた。すなわち，モジュール生産方式とは，最小の部品単位が他の部品単位と連結することによって，より高度な単位へと進化するというモジュールの本質を利用して新たな知の創造を行うプロセスであり，作業の効率化と同時にイノベーションの誘発も期待できる生産方式である。

しかし，モジュール生産方式は，最小部品単位の設計技法など多くの課題が山積みされているのも事実であり，今後更なる発展が期待されている。

第5章　技術革新としてのイノベーション

❸ ビジネスモデルの胎動

　プロセス・イノベーションの進展とともに，注目を浴びているのがビジネスモデルである。プロセス・イノベーションを図ることによって，新たなビジネスモデルを構築し，競争優位を獲得するのである。ここで，ビジネスモデルの定義づけを行う。

　小林規威［2001］によれば，ビジネスモデルとは，企業経営の包括的で有効な仕組みと，その運用の仕方のモデルである[26]。江上豊彦［2000］は，ビジネスモデルを事業活動の形態と捉えた上で，事業活動を進めるための①顧客（顧客はだれなのか），②顧客価値（顧客に対してどのような価値を提供するのか），③提供手段（その方法はどうするのか），④対価の回収手段（顧客に提供した価値の対価をだれからどのように受け取るか）という要素を明らかにした。さらにサプライヤー（供給業者）に対しても同様の要素を明確に決定した最終的な姿がビジネスモデルであり，いわば「ビジネスの仕組み」または「ビジネスの構造」[27]と定義した。

　ここでは，ビジネスモデルを「開発・生産・販売という一連のビジネス・プロセスの中で顧客に対し価値を創造し，顧客満足を充足させるための仕組みである」と定義する。

　このビジネスモデルが注目を浴びているのは，プロセス・イノベーションによる競争優位の獲得という側面だけではなく，ビジネスモデルが特許になりえるからである。新しいビジネスモデルは，従来のビジネスの仕組みや構造，手法のパラダイムを転換することによって，効率性が増し，多大な利益をもたらすという長所がある。他方において，情報化の発展した今日では内容に関する情報を簡単に盗まれ，模倣されてしまうという短所を持ち合わせている。その短所を克服するために，最近，活発な動きを見せているのが「ビジネスモデル特許」の取得である。

　ここでビジネスモデル特許の定義も明確にしておく。ヘンリー幸田［2000］は，ビジネスモデル特許とは，主としてコンピュータを活用してビジネスを

行う方法，あるいはその方法を実施するためのシステムを発明の対象として保護する特許である」[28]と指摘した。州崎章弘［2000］は，ビジネスモデル特許を「IT（情報技術）を用いて実現した新しいビジネスの仕組みや方法に関する特許」[29]と定義した。

しかし，ビジネスモデル特許は，時代とともにITの駆使に限定されることはなくなり，ビジネスモデルの定義と同様，新たなビジネスの仕組みや手法に対し与えられるようになった。現在，特許庁では，ビジネスモデル特許のことを「ビジネスに関連する発明」[30]と定義している。

「ワンクリック特許」を発明し，ビジネスモデル特許を取得したアマゾン・ドット・コム社はビジネスモデル特許取得による急成長の好例である。

4 ビジネス・プロセス・リエンジニアリング

❶ ビジネス・システムとビジネス・アーキテクチャ

ここまで，生産システムのプロセス・イノベーションを中心に考察してきた。しかし，現実には生産システムのプロセスだけではなく，戦略，組織，マーケティングなどを含めたビジネス・システム全体のプロセス・イノベーションが必要である。すなわち，ビジネス・システムのリエンジニアリングを行うことに他ならない。ここで，ビジネス・システムとは，加護野忠男［1999］の定義に準拠する。加護野によれば，ビジネス・システムとは企業（あるいは事業）において，顧客に価値を届けるために行われる諸活動を組織化し，それを制御するシステムである[31]。

ビジネス・システムのリエンジニアリングを行うことによって,硬直化し，価値を提供できなくなったシステムが再活性化する可能性も残っている。加護野忠男［1993］は,「現在の仕組みのもとでは，顧客に十分な価値を提供できないが，仕組みさえ変えることができれば，顧客により大きな価値を提

第5章　技術革新としてのイノベーション

供できる可能性はまだまだ存在している」32)と指摘した。

ビジネス・システムのイノベーションを考えた場合，製品イノベーションと同様，知識創造の成否が重要な要素となる。暗黙知を表出化し，社員で共有するための枠組みを構築し，この枠組みを通じて一連の活動を連結し直すことが不可欠である。

近年では一歩進んで，ビジネス・アーキテクチャ（Business Architecture）の重要性が高まっている。ビジネス・アーキテクチャとは，ビジネス・プロセスの過程の中で行われる活動の結びつきや相互依存関係のあり方を指す。すなわち，ただ単に各活動を連結するだけではなく，過程の中で前工程は後工程の基礎となり，後工程は前工程にフィードバックしながらビジネス・システムを進化させるのである。青島矢一＝武石彰［2001］は，ビジネス・アーキテクチャを「ビジネス・プロセスは，内部にさまざまな活動要素を内包している一つのシステムと考察することができる。このシステムの性質は活動要素間の相互作用のあり方のパターンによって規定される」33)と定義した。すなわち，ビジネス・アーキテクチャは，ビジネス・システムにおいて行われる各活動を単体の活動と捉えるのではなく，結びつきの強い活動と認識することによって，その活動の相互作用のあり方を重要視するのである。

しかし，どんなに効果的で利益の上がるビジネス・アーキテクチャであっても，いつまでも効果を持続するわけではない。加護野忠男［1993］は，日本のメーカーは，既成の仕組みの中での製品イノベーションを繰り返すことによって発展してきたが，その効果は逓減し，いつかは限界に達し，現在，多くの企業はこの限界に近いところで製品イノベーションをむなしく繰り返しているように思える34)と指摘した。システムの中で部分的にイノベーションを行うのではなく，システム内で相互作用するアーキテクチャのイノベーションが必要であり，それこそビジネス・プロセス・リエンジニアリング（Business Process Reenginiaring）である。

❷ ビジネス・プロセス・リエンジニアリングの定義

　ビジネス・プロセス・リエンジニアリング（BPR）は，今日，イノベーションの重要な概念であり，事業経営に重大な意味を持っている。

　ハマー(Hammer, M.)＝チャンピー(Champy, J.)［1993］によれば，ビジネス・プロセス・リエンジニアリング（BPR）とは，「コスト，品質，サービス，スピードのような重大で現代的なパフォーマンス基準を改善するために，ビジネス・プロセスを根本的に考え直し，抜本的にそれをデザインし直すこと」[35]である。信達郎［2003］は，「業務などを根本的に革新すること。業務のあり方，仕事の流れなどを組み立て直して，経費削減や製品・サービスの高品質化を図り，企業業績を改善させようとする経営革新手法」[36]と定義した。

　ビジネス・プロセス・リエンジニアリング（BPR）の対象領域は，いうまでもなくビジネス・プロセスである。ここで，ビジネス・プロセスの定義についても考察する。

　ダベンポート（Davenport,T.H.）［1993］によれば，「ビジネス・プロセスとは，特定の顧客あるいは市場に対して，特定のアウトプットを作り出すために，デザインされ構造化された評価可能な一連の活動のこと」[37]である。

　実際には，アーキテクチャという視点で見れば，ビジネス・プロセスの一連の活動は相互に作用していると考える必要がある。

　そこで，ここではダベンポートの定義に，アーキテクチャの視点を加えて「ビジネス・プロセスとは顧客満足を高めることによって，企業価値を創造することを目的とした相互作用する一連の活動のことである」と定義する。

　ビジネス・プロセスを根本的に考え直し，抜本的にデザインし直さなければならない理由はどこにあるのであろうか。BPRはコストの削減，スピード向上，品質向上，情報共有の進展，リスクの軽減などに効果があるといわれる。すなわち，BPRによりコスト面や品質面など顧客満足を高めることに，その目的がある。その点に関し，岸川善光［1999］は次のように述べた。

第5章 技術革新としてのイノベーション

「BPRにおいて最も重要な視点は顧客満足の充足である。すなわち，BPRでは顧客満足の充足を目的として，ビジネス・プロセスを4つの視点（コスト，品質，サービス，スピード）からゼロベースで再構築し，あわせて競争優位の確立を図るために，ビジネス・プロセスを根本的に考え直し，抜本的にデザインし直すのである」[38]。

BPRの隆盛は，イノベーションに対する取り組みが製品開発や生産工程の現場だけでなく，経営管理においていかに重要かを示すものとして注目されている。

❸ ビジネス・プロセス・リエンジニアリングの対象領域

BPRは対象領域の広狭によって，図表5－4に示されるように，一般的に，①部門内BPR，②部門間BPR，③企業内BPR，④企業間BPRに分類することができる。

トーマツが分類した4つの領域に，岸川善光［2002］は，⑤産業間BPR，⑥官民間BPRを加え，BPRの対象領域を6つに区分した[39]。

部門内BPRでは，部門内の業務を対象としている。コスト，品質，スピード，情報共有，リスクなどの点で，効率化を最大の目的として，ビジネス・アーキテクチャを再構築することが中心になる。

部門間BPRは，複数の関連部門にまたがる業務を対象としている。各部門間の効率的業務交換による業務時間短縮を主な目的として，ビジネス・アーキテクチャの再構築を行うことが中心になる。

企業内BPRは，企業内の業務プロセスが対象となる。業務プロセスを抜本的に再構築するために，ビジネス・アーキテクチャの効率化を主眼において，企業内の組織再編を中心として実行される。

企業間BPRは，複数の関連企業にまたがる業務を対象としている。一般的には，提携やジョイント・ベンチャーなどを中心としてビジネス・アーキテクチャの再構築が行われる。

上記4つの対象領域に加え，情報化，業際化，グローバル化などの進展に

図表5-4　BPRの対象領域

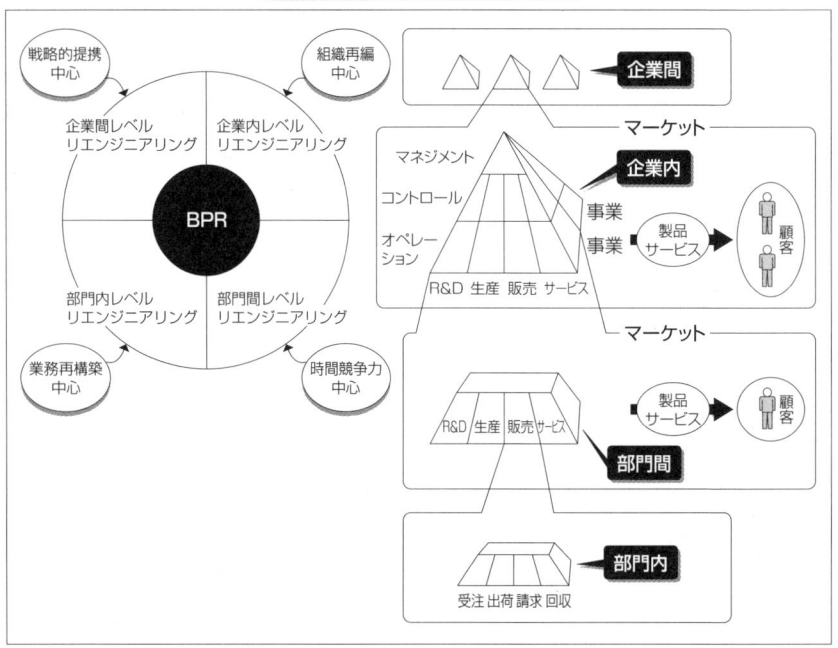

(出所) トーマツ編 [1994] 29頁。

より，産業間BPR，官民間BPRの重要性が増加している。

　産業間BPRは，複数の産業にまたがる業務を対象としている。従来の産業や業種の枠組みを超えて，事業の再構築を行うことであり，新産業，新業態を創出することである。例えば，ヤマト運輸の宅配図書事業などが，この事例に当たる。

　官民間BPRは，官（政府，行政）と民（民間企業）との枠組みを超えて，事業の再構築を行うことである。具体的には，公企業の民営化などが，この事例に当たる。規制緩和の重要性が指摘されている現在，官民間BPRは拡大するものと思われる。

5 イノベーションのジレンマ

❶ 生産性のジレンマ

　製品イノベーションやプロセス・イノベーションによって成長・発展する企業が存在するのとは対照的に，イノベーションを行うことによって逆に窮地に追い込まれる企業も存在する。このような現象は，イノベーションのジレンマと呼ばれており，技術革新を行う際の重要な概念である。

　イノベーションのジレンマ研究としては，まずアバナシー＝アッターバックが提示した生産性のジレンマ（productivity dilemma）があげられる。アバナシー＝アッターバックは企業のライフサイクルを，
① 流動期：頻繁に生じる主要な製品変化
② 移行期：需要増加によって要請される主要な工程変化
③ 固定期：生産性と品質における累積的な改善と，漸進的な製品変化
の3段階に分けた[40]。

　生産性のジレンマは，③固定期で発生するジレンマ現象である。産業が固定期になると，ドミナント・デザインと呼ばれるモデルが登場する。ドミナント・デザインとは，大量生産に適した標準化されたモデルである。ドミナント・デザインが登場するとイノベーションの様相は様変わりする。断続的で革新的なイノベーションから連続的で改善型の規模の小さいイノベーションに移行する。それにより，生産性は向上するものの，革新性は下がるという現象に陥る。アバナシー＝アッターバックは，これを生産性のジレンマと呼んだ。

　アバナシー＝アッターバックのモデルから導き出されるのは，断続的で革新的なイノベーションと連続的で改善型のイノベーションは両立しないということである。革新性の高いイノベーションを行い，産業が成熟すればする

ほど生産性の向上はみられても,イノベーションの特性である革新性は低下する。

原拓志 [1999] は,アバナシー＝アッターバックが提示した生産性のジレンマを次のように総括した[41]。「アバナシーらは,製品の構造・機能の大幅な変化を伴う抜本的な製品革新と,生産性の向上を志向する漸次的な改善とは,実現条件が対照的で生産単位の異なる発展段階に位置しているため,両立させることは困難であるという結論を導き出した。つまり,生産性と革新能力との両立や,生産性と革新的変化を許すフレキシビリティとの両立は困難だという生産性ジレンマ問題を理論づけた」。

このようにアバナシー＝アッターバックは,生産性の向上とイノベーションとの間にトレードオフの関係が生まれるジレンマ現象を指摘した。この生産性のジレンマを克服し,イノベーションを組織的,かつ連続的に生み出していくことを「イノベーションの制度化」と呼ぶ。

❷ 組織におけるジレンマ

アバナシー＝アッターバックは,生産性という側面からイノベーションの逆機能を考察した。それに対し,組織という側面からイノベーションのジレンマの問題に挑んだのがウィルソンである。一般に,ウィルソンのジレンマと呼ばれている。

ウィルソン(Wilson,J.Q.)は,組織の複雑性の割合が肥大化していくにつれて,それに比例するようにしてイノベーションの想起・提案は増していくとした。しかし,その一方でイノベーションの採用率は反比例するように低下していくことを示した[42]。すなわち,組織が肥大化し,複雑になればイノベーションの提案機会は増えるが,逆に新たなことを始めることへの抵抗が強まり,イノベーションを採用する率は減少していくのである。これは組織文化の強さと大きな関係がある。

イノベーションの評価は長期的に見た場合と短期的に見た場合とでは異なることも珍しくない。どんなに長期的には大きなプラスをもたらすイノベー

第5章　技術革新としてのイノベーション

ションであっても，短期的に企業あるいは組織にマイナスをもたらすのであれば，恐怖感や抵抗感が先に立ち，大局的な判断ができずにイノベーションを拒否する潜在的抵抗が存在する。

　また，組織にとって，本来理想であるはずのスピードの速い変化がジレンマとなる場合がある。あまりにも速い変化によって，そのスピードについていけなくなるのである。モルガン（Morgan,P.S.）[2001] は，マネジメントで強調されているのは「変化」もしくは「変革」であり，最近はそれを実現するための「スピード」および「強いリーダーシップ」のあり方が重視されているとし，このような状況下で，現代の企業は「変化のジレンマ」に陥っていると指摘した[43]。すなわち，安定と不安定を繰り返すことによって変化への倦怠感が生まれている現代企業の問題点を説いたのである。イノベーションを実現している企業は，「変化の必要性」および「変化への倦怠感」のジレンマと格闘を続けた結果，変化すること自体には固執しない組織が形成される。

❸ 業界リーダーのジレンマ

　業界をリードしている企業のジレンマに注目したのがクリステンセンである。クリステンセン [1997] は，業界をリードしていた企業が，ある種の市場や技術の変化に直面したとき，その地位を守ることに失敗するケースの理由を以下のように指摘した。

① 「持続的」技術と「破壊的」技術の相違。
② 技術の進歩のペースは，市場の需要が変化するペースを上回る。
③ 成功している企業の顧客構造と財務構造は，新規参入企業の投資に重大な影響を与える。

　彼は，上記のような理由をあげて，業界をリードしているような企業が，企業の成功のために重要かつ論理的で正当な経営判断（優れた企業戦略）をすることによって，逆に企業のリーダーシップを失わせるというイノベーションのジレンマがある[44]と指摘した。すなわち，破壊的技術を用いた破壊

的イノベーションが起こった時,技術の進歩が市場の需要変化を上回った時,成功企業の顧客・財務状況を見て,新規参入企業が大幅な投資をした時は業界トップの企業でもリーダーシップを失う可能性が存在するのである。

クリステンセンによれば,イノベーションのジレンマを解決するためには,まず,次のことを理解しなければならない[45]。

① 市場が求める,あるいは市場が吸収できる進歩のペースは,技術によって供給される進歩のペースとは異なる場合がある。
② イノベーションのマネジメントには,資源配分プロセスが反映される。
③ あらゆるイノベーションの問題には,資源配分の問題と同様,市場と技術の組み合わせの問題も伴う。
④ たいていの組織の能力は,経営者が考えるよりはるかに専門化されており,特定の状況にのみ対応できるものである。
⑤ 破壊的技術に直面したとき,目標を定めて大規模な投資を行うために必要な情報は存在しないことが多い。
⑥ つねに先駆者になる,つねに追随者になるといった一面的な技術戦略をとるのは賢明なことではない。
⑦ 新規参入や市場の移動に対しては,経済学者が定義し,重視してきたような障壁とはまったく別の強力な障壁がある。

クリステンセンは,イノベーションのジレンマを解決するためには,これらを理解したうえで,各組織の市場での地位,経済構造,開発能力,価値がそれぞれの顧客の力と調和し,持続的イノベーションと破壊的イノベーションというまったく異なる仕事を,顧客に邪魔されることなく,支援できる環境をつくる必要があると指摘した。

---

1) 岩間仁［1996］i頁。
2) Himmelfarb,P.A.［1992］訳書113頁。
3) 浦川卓也［2003］186頁。
4) 山本尚利［2003］113頁。(松田修一監修,早稲田大学ビジネススクール［2003］,所収)

第5章 技術革新としてのイノベーション

5）児玉文雄＝玄場公規編，科学技術と経済の会監修［2000］37頁。
6）小濱岱治［1999］12頁。（中小企業診断協会編［1999］，所収）
7）文部科学省編［2002］22頁。
8）文部科学省編［2003］10-11頁。
9）大薗恵美＝野中郁次郎［1999］308頁。（嶋口充輝他編［1999a］，所収）
10）前掲書　308-310頁。
11）榊原清則［1996］16頁。
12）藤本隆弘＝安本雅典編［2000］236頁。
13）藤本隆弘［2001b］239頁。
14）小日向秀雄［1999］145頁。
15）通商産業省工業技術院編［2000］8 - 9 頁。
16）後藤晃＝下田隆二［2001］310-311頁。（一橋大学イノベーション研究センター編［2001b］，所収）
17）前掲書　314-319頁。
18）Davenport,T.H.［1993］訳書 9 頁。
19）Hammer,M.＝Champy,J.［1993］訳書61頁。
20）高梨智弘＝万年勲［2003］14頁。
21）藤本隆弘［2001a］16頁。
22）遠山暁編［2003］18-19頁。
23）高橋輝男＝椎野潤［2003］141-142頁。（松田修一監修，早稲田大学ビジネススクール［2003］，所収）
24）青木昌彦＝安藤晴彦編［2002］5 - 6 頁。
25）清水敏允［1999］894-895頁。（神戸大学大学院経営学研究室編［1999］，所収）
26）藤芳誠一＝小林規威他［2001］103頁。
27）江上豊彦［2000］42頁。（BMP研究会編［2000］，所収）
28）ヘンリー幸田［2000］17頁。
29）州崎章弘［2000］16頁。（BMP研究会編著［2000］，所収）
30）特許庁のHPなどに掲載されている。
31）加護野忠男［1999］787頁。（神戸大学大学院経営学研究室編［1999］，所収）
32）加護野忠男［1993］21頁。
33）藤本隆弘＝武石彰＝青島矢一［2001］30頁。
34）加護野忠男［1993］21頁。
35）Hammer,M.＝Champy,J.［1993］訳書57頁。

36) 信達郎 [2003] 1265頁。(神戸大学大学院経営学研究室編 [1999], 所収)
37) Davenport,T.H. [1993] 訳書14-15頁。
38) 岸川善光 [1999] 200頁。
39) 岸川善光 [2002] 206-207頁。
40) Utterback,J.M. [1994] 訳書121-123頁。
41) 原拓志 [1999] 543頁。(神戸大学大学院経営学研究室編 [1999], 所収)
42) 岸田民樹 [1984]「革新と組織」『組織科学』vol.18,No.3, 55-56頁から引用している。
43) Morgan,P.S. [2001] 訳書38-46頁。
44) Christensen,C.M. [1997] 訳書7-11頁。
45) 前掲書　訳書268-271頁。

第6章 経営革新としてのイノベーション

　今日の企業は，技術革新を実施するだけでは業績をあげ，ライバル企業との競争に勝ち抜くことはできない。刻々と変化する環境に適切に対応し，経営システムのイノベーションを行うことが必要である。企業を動かし統治する制度，企業行動の前提となる組織，ライバルに勝つための戦略，市場・顧客との関係を模索するマーケティング，これらの経営システムのイノベーションが重要な時代となっている。限定された経営資源のインプットから最大のアウトプットを引き出すためのイノベーションについて考察するのが本章のテーマである。

　最初に，企業統治制度のイノベーションを取り上げる。企業を動かしている統治者の知の枠組みを変えなければ，他のすべてが変わらない。商法改正に伴う新たなコーポレート・ガバナンスの構築も含めて，取締役ならびに経営トップ層など統治制度に関するイノベーションについて考える。

　次に，組織のイノベーションについて考察する。イノベーションの実施が容易になる組織のあり方について考察し，組織を支える人材の変革について基本的な認識を深める。

　次いで，戦略のイノベーションにおいて，ドメインを再定義することにより，新たな戦略を見出すことの重要性について理解を深める。

　さらに，マーケティングのイノベーションに関し，マーケティング・イノベーションの変遷について考察し，現代の主流となっているマーケティングの方法について考察する。

　最後に，新規事業の創出について考察する。新規事業創出のために企業体質のイノベーションが必要なことを学ぶ。そして，新規事業を創出することによって環境創造を実現する重要性について概観する。

1 企業統治制度のイノベーション

❶ コーポレート・ガバナンス

　イノベーションの遂行段階では，技術革新と同様に，経営革新もイノベーションの対象となる。経営革新が行われることによって，持続的に技術革新を行うことのできる体制を築くことが可能となる。まずは，企業を統治する制度のイノベーションについて考察する。

　バブル経済崩壊後，日本企業の評価は一変した。消費者と厚い信頼で結ばれているはずの大企業において不祥事が続発している。生命の危機に追い込まれるケースや心理的な後遺症が残るケースもある。都合の悪い情報は隠し，嘘の情報を流布する。経営者の責任が追及されるべき倒産が続出しているにもかかわらず，責任追求の機運は一向に生まれてこない。

　なぜ，このような事態が次々と起きるのであろうか。それは，ガバナンスが機能していないことに原因があると思われる。コーポレート・ガバナンスとは「企業とステークホルダー間の権利と責任の在り方を示す枠組み」[1]と定義される。詳細にいえば，チェック体制を築くことによって企業の権限と責任の所在を明確化し，株主・消費者を含む利害関係者の権益を保護するものである。コーポレート・ガバナンスが機能していないと健全なチェック体制を築くことができず，企業の権限と責任の所在が不明確になり，不祥事や犯罪を引き起こす一因となる。

　また，ガバナンスが機能しないとイノベーションの発生にも多大な影響を与える。環境変化を見過ごし，知識創造が行われず，イノベーションの機会を失う。特に，イノベーションの発生には経営者，イノベーターが重要な役割を担っている。その点を鑑みると，ガバナンスが機能していることとイノベーションの発生には相関関係があると考察できる。すなわち，現在の日本

第6章　経営革新としてのイノベーション

企業の体質を変えていくためには，コーポレート・ガバナンスを変革しなければならない。

コーポレート・ガバナンスには様々なアプローチが存在する。一般的に2つの側面があるといわれている。
① 会社は誰のものかという問題（会社主権）
② 経営者をどのようにして，監視・監督するかという問題（会社機構）

①会社主権の問題とは，簡単にいえば企業は誰が支配しているのかということである。実際に誰が支配すべきかを明らかにすることはコーポレート・ガバナンスの重要課題である。企業の所有者（プリンシパル）と所有者の富に影響を与えるような決定を行う企業の経営者（エージェント）のエージェント関係[2]として把握する研究も盛んである。

伊丹敬之［2000］によれば，主権論の主たる内容は，企業の主権のあり方が社会的にどのような論理で存在意義を持ち，人々に受容されていくのかを議論することであり，①公正性と意思決定の効率性によって経済合理性を達成し，②現実条件の中で円滑に企業を運営するとともに有効なチェックを行うことで制度的有効性を満たし，③多くの人が共有している主権概念の採用によって社会的親和性を高めることが必要である[3]と述べた。

❷ 取締役会・監査役会の革新

経営者が決定する経営方針は，基本的に取締役会によって決定される。取締役会の構成メンバーは，通常，社内の人間で構成される。ここに会社機構に関する問題が生まれる。人間は組織の中に入ると弱い存在となって，倫理的・法律的に問題のある決定，企業に不利益となる決定に対しても意義を申し出ることは難しい。また，経営者が自らの行動・決定を監視，監督するのは非常に困難である。企業利益確保のために効率的な監視・監督ができる機構を構築することはガバナンスの重要課題である。企業における自己革新の当事者は取締役である。取締役が変わらなければ，統治制度は変わらない。

なぜ，企業統治制度のイノベーションは，実施されるのであろうか。現在

のわが国企業の取締役会の問題点を考えると，取締役会のなかにおいて役割分担が明確でないことがあげられる。したがって，最大の目的は各取締役の役割を明確化し，取締役会の機能を十分に発揮できる体制を築くことである。

　重竹尚基［2002］によれば，企業経営において必要な機能は，個別の事業を推進する「事業執行機能」，それらを束ねた企業全体の方向性や目標の設定，資源配分などを行う「全社経営機能」，さらにそれらの活動を監視・チェックする「ボード機能」である[4]。多くの企業では，この3つの機能が一体となっており，機能が十分に発揮されていない。その克服が，取締役会の革新において大きな目標となる。

　また，ウイリアム・マーサー社［1999］は，コンピタンス[5]という概念を用いて，取締役会の改革の必要性を主張した。ウイリアム・マーサー社によれば，コンピタンスとは，「特定の職務」（職務群）において，高い成果を継続的に上げうる現職者のもつ行動特性」であり，取締役に置き換えると「取締役という職務において，高い成果を継続的に上げうる現職者のもつ行動特性」である[6]。取締役会の革新を実行するには，取締役一人ひとりがこのコンピタンスの革新に努めることが必要である。

　取締役会の制度を革新することも合せて重要であり，注目すべきは社外取締役と監査役の存在である。

　日本は，以前から社外取締役の存在を軽視してきた。取締役会を社内取締役だけで固めたり，社外取締役を置いてもお飾りのような扱いをしてきた。また，社外取締役や監査役として縁故者や知り合いを採用するケースも目立つ。しかし，これでは社外取締役を採用し，監査役会を強化しても意味がない。取締役会の中に，本当の意味で忌憚なく意見のいえる社外の人間を参加させることが必要である（平成14年の商法改正により制定された委員会への参加も含む）。また本来，企業内の業務監査・会計監査を担当する監査役会に強力な権限を与え，強化することも重要である。21世紀の企業は，社外取締役を増加し，監査役会を強化することによって信頼される統治を行わなければならない。

第6章 経営革新としてのイノベーション

❸ 執行役員制度の導入

　アメリカと比較し,コーポレート・ガバナンスの法整備で遅れをとっていた日本でも,平成14年の商法改正により,コーポレート・ガバナンスに関する大幅な制度改革が行われた。監査役制度を廃止して,取締役会がその機能を受け持つことが可能となった。この場合,取締役会はチェック機能のみを担当し,取締役会内部に社外取締役が複数入った各種委員会を設置することが義務づけられる。業務執行は新たに執行役を設置し,執行役が担当することになる。もちろん,従来どおり監査役会がチェック機能を果たすことも可能であり,どちらかを選択することになる。

　商法改正では,上記のように監査役会に代わり,社外取締役が多数参加する各種委員会の設置によるチェック機構の構築が可能となった。現在,まだその効果は明らかになっていない。しかし,いずれにしても社外取締役の採用や監査役会の強化,委員会の設置という会社機構の改善によって企業の透明性を確保すると同時に,企業,株主,利害関係者,三者の利益を考慮するという会社主権の考え方のイノベーションを行うことが必要である。

図表6-1　執行役員制度導入による変化

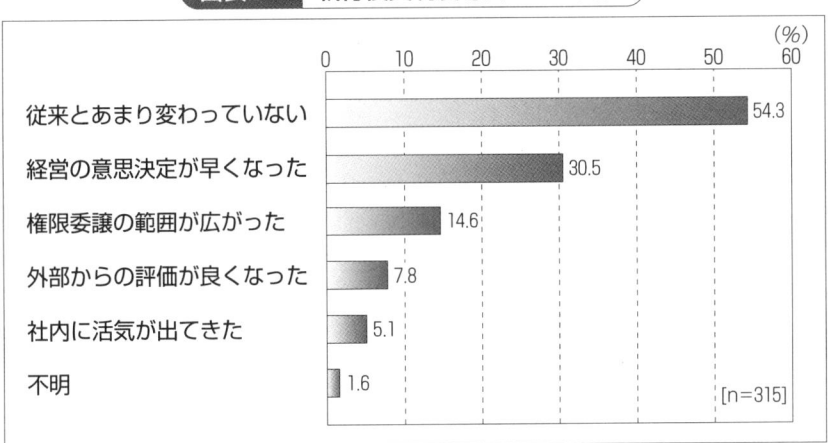

項目	(%)
従来とあまり変わっていない	54.3
経営の意思決定が早くなった	30.5
権限委譲の範囲が広がった	14.6
外部からの評価が良くなった	7.8
社内に活気が出てきた	5.1
不明	1.6

[n=315]

(出所) JMAマネジメントレビュー [2000] 49頁。

しかし，執行役員制度導入の成果は，まだ明確に表れていない。日本能率協会（JMA）を始めとする各種団体の調査でも，期待されたほどの成果は確認できていない[7]。

日本能率協会を中核とする関連グループが上場企業の執行役員を対象に行った実態調査では，今後の成果に期待している人は多いが，現時点では，新制度に対する理解が乏しく，混乱を来たしているという調査結果が出ている。この調査結果では，企業内において執行役員制度という新制度が十分な成果を発揮しているとはいえないが，今後の更なる発展が期待される。

新しい知識を創造することにより，新たな価値を創出するイノベーションを実現させるのは，イノベーターに代表される経営陣である。しかし，現在の日本企業における統治制度では，イノベーションの実施に対し十分な機能を果たしていない。取締役を始めとし，経営陣が率先して知識創造に取り組む体制を築くことが肝要であり，そのために統治制度のイノベーションが不可欠である。

2 組織イノベーション

❶ 組織の定義

イノベーションを発生させるためには，従業員一人ひとりが持つ暗黙知を表出させることが重要であり，従業員にそのような状況をつくりだす組織の構築が必要である。知識創造を行いやすい組織に向けてのイノベーションが必要不可欠である。

まずは，組織の概念について確認する。組織の概念については，時代によって，あるいは経営管理論の各学派によって，その認識が大きく異なる。岸川善光［1999］は，北野利信［1977］[8]の所論を参考にしつつ，組織の概念を次のように分類した。

第6章 経営革新としてのイノベーション

　古典派的管理論の組織観は,「組織は経営目的を達成するための手段であり,合理的な職能構造である」という認識を基本とするので,「仕事の分化と分担」を合理的な方法によって行い,その結果編成される分業体制としての職能構造を組織とみた。

　集団論的管理論では,「組織とは人間の集団である」という認識を基本とし,集団特性が組織に多大な影響を与えるとみた[9]。

　古典派的管理論や集団的管理論とは一線を画し,組織論の祖,チェスター・バーナード（Barnard,C.I.）は,なぜ組織が必要なのかと言う問題に対し,能力に限界のある個人が,自分の能力以上の目的を達成しようとする場合には協働が必要であり,組織が形成される[10]と述べた。そして,組織を「2人またはそれ以上の人びとの,意識的に調整された活動や諸力のシステム」[11]と定義している。バーナードによる組織の定義の特性は,組織の本質を複数の人間による協働システムと見ていることにある。組織の本質を人間の協働システムと認識する点において,古典派的管理論や集団的管理論の組織観とは大きく異なっている。

　しかし,ここで問題となるのは,バーナードの組織観が公式組織を対象としたものであり,そのなかでも単位組織を基本としているということである。現実の組織は,単位組織のように単純なものではなく,単位組織が複雑に絡み合った複合組織が形成される。

❷ 組織パフォーマンスの向上

　組織イノベーションとは,組織形態のイノベーションを実施することによって,組織を再活性化させ,組織パフォーマンス（組織の有効性と能率）を向上させることである。組織パフォーマンスとイノベーションの間には因果関係が存在する。組織パフォーマンスを向上させるためには,真の組織イノベーションが必要である。バーク＝トラハント［2000］によれば,真の組織イノベーションは,組織を形成する構造と日常業務の双方を変革しなければならない[12]。

組織はどのような状態の時にイノベーションを必要とするのであろうか。一般に，企業外・企業内の双方の要因が組織イノベーションを促進する。十川廣國［1997］によれば，成熟企業，すなわち大企業において組織がイノベーションによる再活性化を必要とするのは，次の2つの要因に依拠している[13]。

① 企業を取り巻く環境（企業環境の質的変化）
② 企業組織自体が抱える内部問題（組織規模の肥大化）

組織イノベーションには，再活性化という側面の他にもう1つの側面が存在する。イノベーションを生起しやすい組織の構築である。すなわち，組織内の形式知と個人が持つ暗黙知に影響を与え，組織的知識創造につなげるという側面である。特に，日本企業の場合，組織構成員の暗黙知を表出化することができなければ，新たな知識の創造は困難である。

組織の硬直化は，内部の人々を厳格な枠組みの中に閉じ込めてしまう。このような組織からは新奇なアイデアや行動は決して生まれてこない。当然，新たな知識の創造も難しい。さらに悪いことには，人々は組織に忠実であろうとするがゆえに市場や顧客の声に耳を貸さず，組織内部の声が強くなってしまうのである。イノベーションを起こすためには，この硬直化した組織に対し，イノベーションを実施しなければならない。

ここで問題となるのは，どのような組織構造であればイノベーションを生起しやすいのかということである。組織イノベーションは小規模な組織から起こりやすい。小規模な企業で，なおかつ多様な人材の揃っている企業は，総じて革新に対する抵抗が少なく，イノベーションに対する理解が得やすい。

現在，イノベーションを起こしやすい組織として，注目をあびているのが学習する組織である。学習する組織とは，組織メンバー全員が環境変化に適応しながら，継続的に自己学習し，組織全体で自己革新する組織のことである。組織全体で自己革新するには，個人の中に埋もれる暗黙知を組織全体で共有することが重要である。すなわち，学習する組織とは，新知識の創造が可能な組織システムである。組織イノベーションの本質は，組織を知識創造

が生起しやすい組織に変革することであり,学習する組織の構築にその方向性を見出すことができる。

❸ 人的資源のイノベーション

組織イノベーションを起こすためには,イノベーションを支援する人材が重要である。イノベーションとは,結局のところ人間から生み出されるものである。いきいきとした個人が生かされるシステムへの革新がいま問われている。人的資源開発のマネジメントにはイノベーションが必要である。

企業は従業員に対し,堅実な職務遂行,自発的な行動,迅速な対応,創造的な発想などさまざまな要求をする。ビアー(Beer,M.)＝スペクター(Spector,B.)＝ローレンス(Lawrence,P.R.)＝ミルズ(Mills,D.Q.)＝ウォルトン(Walton,R.E.)［1984］によれば,職務遂行,職場秩序を最低条件とし,自発的行動,自律,新技術獲得,ニーズへの積極的反応などが期待される[14]。このような数多くの期待を享受するために,企業は人的資源を育成し,その方法を適宜に変革しなければならない。

一般に,組織内の人的資源を革新するためには,3つの方法がある。
① 新しい人材を採用する。
② 配置転換を行い,眠っていた能力を活用する。
③ 人材を教育して能力開発を行う。

これらの方法によって,どのような人材に革新する必要があるのであろうか。組織イノベーションが,知識創造を生起しやすい組織に向けた転換にその本質があるならば,人的資源のイノベーションは知識創造を積極的に行う人材の育成が重要な役割となる。すなわち,知識創造に貢献するナレッジ・ワーカーの育成が必要である。石井脩二［2003］は,今日の企業では従業員すべてが知識創造型人材・ナレッジ・ワーカーであることが求められ,自らの問題意識と創意工夫によって新しい価値を生み出していく付加価値創造型人材が必要である[15]と指摘した。

知識創造に積極的に参加し,イノベーションの生起に貢献するナレッジ・

ワーカーの育成には，マネジャーの存在も重要である。組織内で人材を管理するマネジャーが，人材の育成には大きな役割を果たしており，マネジャーの革新も組織イノベーションを成功させるために欠かすことができない。イノベーションを起こすためには，創造性にあふれ，知識創造に貢献する人材が必要である。しかし，創造性は，時に曖昧さを含んでおり，リスクがつきまとう。マンナレッリ（Mannarelli,T.）[2002]は，創造的な新製品やアイデアを扱う場合には，曖昧さや不確実性が不可欠であり，優れたマネジャーはそれを受け入れる[16]と述べた。すなわち，優れたマネジャーは，新製品を生み出すイノベーションのためには，それに伴うリスクも甘受するのである。したがって，多少のリスクは甘受しながらも，冷静な判断が必要であり，そのようなマネジャーを育成することが，イノベーションの生起には必要不可欠である。

3 マーケティング・イノベーション

❶ マーケティング・イノベーションの変遷

マーケティングは，時代とともに大きく変わっている。マーケティング・イノベーションが起こるたびに，マーケティングに対する手法は変わってきた。その推移を確認すると，次のような変遷をたどっている。

1960年代の終わり，アメリカにおいてはマス・マーケティングの時代がその絶頂期を迎えた。不特定多数の人をターゲットにして，同一商品・大量生産をコンセプトに，その製品をあらゆる店舗で販売し，できるだけ幅広く宣伝活動を行うことによって利益を生み出した。何十年もの間，このマーケティングの手法は，大量消費，マス・メディアの増加，生産効率の上昇，規模の経済などに支えられ，成功を収めた。

70年代から80年代にかけては，大量生産が有効であった時代は終わりを迎

え，消費者の嗜好も多様化し，不特定多数を対象にしたマーケティングは限界となった。企業は不特定多数の顧客より狭い範囲，すなわちある程度顧客ターゲットを絞り，特定することによって，その多様なセグメントがそれぞれ満足を得られるように，多品種製品を提供し始めた。マス・メディアのなかでもニッチ・メディアが急成長したことによって，相互に作用し，セグメンテッド・マーケティングの傾向が強くなった。

90年代に入ると，消費者の嗜好は大きく変化し，他者との異質を好むようになった。企業は消費者一人ひとりの嗜好に注目していかなければならなくなった。それを可能にしたのが，インターネットなど，IT（情報技術）の飛躍的進歩である。ITの発展によって，企業は顧客一人ひとりを把握し，また顧客一人ひとりと対話をすることが可能となった。顧客との1対1の関

図表6-2　事業運営の基本構造

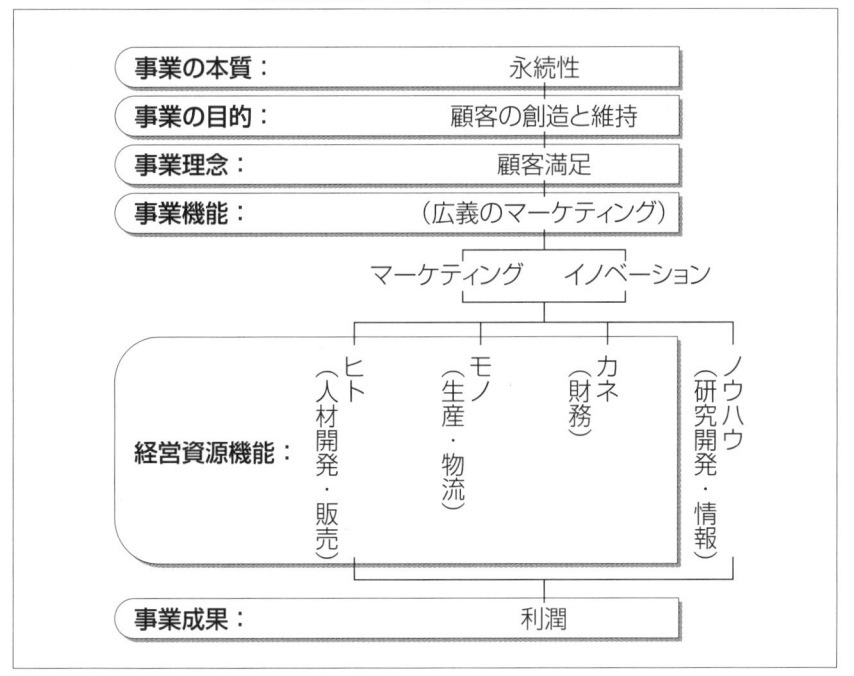

事業の本質：	永続性
事業の目的：	顧客の創造と維持
事業理念：	顧客満足
事業機能：	（広義のマーケティング）

　　　　　　　　マーケティング　イノベーション

経営資源機能：
- ヒト（人材開発・販売）
- モノ（生産・物流）
- カネ（財務）
- ノウハウ（研究開発・情報）

事業成果：	利潤

（出所）嶋口充輝［1998］4頁。

係を重視し，顧客の嗜好にあった製品の宣伝，提供を行う。また，顧客から情報を直接得ることによって新製品の開発などに活かしていく。これが，ワン・トゥ・ワン・マーケティングであり，現在のマーケティングの主流となっている。その根本的な考え方はこれまでのマーケティングとは全く異なっており，顧客との双方向性が大きなテーマである。

　顧客から得られる価値は，はかりしれない。顧客から得た価値によって，企業内で知識創造が行われ，新たな企業価値が創出される場合もある。ウェイランド＝コール［1997］は，顧客関係性価値から企業価値を生み出す要因として，①顧客ポートフォリオ管理，②価値提案の範囲，③バリューチェーンにおける役割，④報酬・リスクのシェアをあげた[17]。

　このようにマーケティング・イノベーションは，時代の流れ，企業を取り巻く環境の変化に応じて，生産者志向から販売者志向，そして消費者志向に向けてイノベーションが繰り返されてきたといえる。

　嶋口充輝［1998］によれば，マーケティングは図表6－2のように，事業運営の基本構造としての役割を果たしており，マーケティング・イノベーションが起きると，経営資源の機能が変化し，事業成果も変わる。

　マーケティング・イノベーションの変遷をみると，それぞれ主要経営資源も同様に移り変わっている。生産者志向のマーケティング手法が用いられていた時は，ヒト，モノ，カネなどの経営資源が主流であり，販売者志向のマーケティング手法が用いられていた時は，情報が経営資源の要となり，消費者志向のマーケティング手法が用いられた時は，関係（ネットワーク）が重要な経営資源となっている。そして，現在，情報や関係など主要経営資源は知識創造と深い関係があると考えられている。

❷ 新たなマーケティング・パラダイムの台頭

　マーケティング・イノベーションとして現在，注目を浴びているのは，ペパーズ（Peppers,D.）＝ロジャーズ（Rogers,M.）によって提唱されたOne to Oneという思想である。

第6章 経営革新としてのイノベーション

図表6-3　ワン・トゥ・ワン・マーケティングにおける転換点

	従来の思考	新たな思考
思想としての ワン・トゥ・ワン	平均的人間,標準的人間 合理的意思決定主体 マス・メディアによる画一化 物的生産中心 客観的実在としての需要 距離化,客観化 プロの手詰まり 規模の経済	異質な個別的人間 プロセスとしての人間 デジタル・メディアによる個人の表出と個別対応 意味と価値の創出中心 関係を通じた需要の創発 参加と相互作用 生活現場への回帰 「結合と関係」の経済
戦略としての ワン・トゥ・ワン	顧客獲得 販売取引中心短期的一回性 売上高志向 市場シェア中心 標準化大量生産方式 競争志向	顧客維持 関係づくり長期的継続性 顧客生涯価値の重視 顧客シェア中心 マス・カスタマイゼーション 共働・共創・共生志向
手法としての ワン・トゥ・ワン	販売促進中心 製品差別化 製品マネジメント 満足度測定 プロダクト・マネジャー 効率化のためのIT	顧客サービス中心 顧客差別化 顧客エンパワーメント 継続的対話(学習関係) 顧客マネジャー ネットワークのためのIT

（出所）井関利明［1997］103-104頁をもとに作成。

　急速に企業の中に浸透しているワン・トゥ・ワン・マーケティングに関し，井関利明［1997］は，「ワン・トゥ・ワン」マーケティングの発想と戦略に関する大きな転換点を3つの側面から指摘している[18]。

　井関利明が主張するように，ワン・トゥ・ワン・マーケティングでは，思想，戦略，手法などさまざまな側面において，イノベーションが起きている。現実の企業のマーケティングを見ると，メガネのパリーミキのCGシステム[19]がワン・トゥ・ワン・マーケティングにあたる。メガネのパリーミキのCGシステムとは，コンピュータ・グラフィックを用いて，ツーポイントのメガネなどにおいて顧客の顔の形や好みに応じて，自由にレンズをカットするというものであり，顧客は世界で一つだけのメガネをつくることができるのであ

図表6-4　マネジリアル・マーケティングと関係性マーケティング

	マネジリアル・マーケティング	関係性マーケティング
基本概念	適合（フィット）	交互作用（インタラクト）
中心点	他者（顧客）	自他（企業と顧客）
顧客観	滞在需要保有者	相互支援者
行動目的	需要創造・拡大	価値共創・共有
コミュニケーション流	一方向的説得	双方的対話
タイムフレーム	一時的短期的	長期継続的
マーケティング手段	マーケティング・ミックス	インタラクティブ・コミュニケーション
成果形態	購買・市場シェア	信頼・融合

（出所）和田充夫［1998］72頁。

る。メガネのパリーミキ同様，多くの企業がワン・トゥ・ワン・マーケティングを採用し始めており，顧客ニーズの充足と顧客満足のアップをはかろうとしている。

　ワン・トゥ・ワン・マーケティングと同様に，近年，マーケティング・イノベーションよって生み出された新しいマーケティング手法に関係性マーケティングがある。従来のマーケティング・ミックス中心のマーケティング（マネジリアル・マーケティング）では，需要の刺激による販売促進がキーコンセプトである。他方，関係性マーケティングは，顧客ロイヤリティをキーコンセプトとし，各種利害関係者を企業の長期的パートナーととらえて，ＣＳの向上をはかる。和田充夫［1998］は，マネジリアル・マーケティングと関係性マーケティングを図表6－4のように比較している[20]。和田の指摘は，企業は環境変化に適応するだけでは効果的ではなく，関係者と相互作用することによって創造することの重要性を示している。その意味で，関係性マーケティングの本質は，利害関係者との相互作用による双方の進化にあり，ワン・トゥ・ワン・マーケティングの概念とも相通ずるものである。

❸ プッシュ型マーケティング戦略とプル型マーケティング戦略

　マーケティングの手法が生産者志向から販売者志向，そして消費者志向に

向けてイノベーションが起きることによって，製品やサービスを提供するための活動も大きく変わってきている。従来のマーケティング活動は，販売員活動を重視するプッシュ型のマーケティング戦略を行ってきた。プッシュ型のマーケティング戦略とは，製造業者が，自社製品を取り扱う卸売業者や小売業者に対して自社の社員を販売店の援助に向かわせることによって，消費者に対して積極的な販売を支援してもらうことを狙った活動である。すなわち，自社の製品を消費者に対して積極的に売り込むことによって販売拡大，利益向上を目指す活動である。

このようなプッシュ型マーケティング戦略だけでなく，マーケティングのイノベーションが起き，広告（宣伝）を重視するプル型マーケティング戦略も合わせて重視されるようになった。プル型マーケティング戦略とは，消費者に対して広告や宣伝によって直接訴えかけ，自社の製品に対し興味を抱かせ，購買意欲を高める活動である。その結果，消費者は購買店に指名注文を行い，購買店は卸売業者，生産者に注文する。

また，プル型マーケティング戦略の特徴として，消費者からニーズやウォ

図表6-5　プッシュ型マーケティング戦略とプル型マーケティング戦略

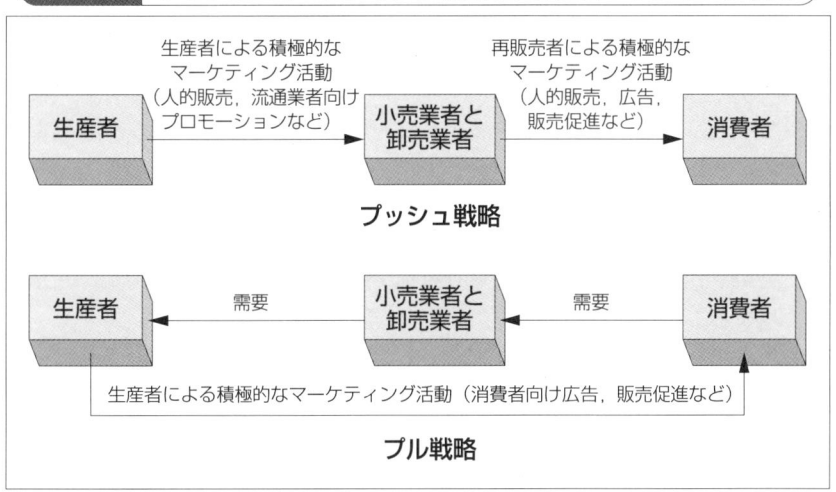

プッシュ戦略

生産者 →〔生産者による積極的なマーケティング活動（人的販売，流通業者向けプロモーションなど）〕→ 小売業者と卸売業者 →〔再販売者による積極的なマーケティング活動（人的販売，広告，販売促進など）〕→ 消費者

プル戦略

生産者 ←需要— 小売業者と卸売業者 ←需要— 消費者

生産者による積極的なマーケティング活動（消費者向け広告，販売促進など）

（出所）Kotler,P.＝Armstrong,G.[1999] 訳書494頁。

ンツを引き出すことがあげられる。すなわち,広告や宣伝により購買意欲を高めると同時に,消費者から製品やサービスに対する有益な情報を引き出し,新たな知識創造を生起させるための活動である。

4 戦略イノベーション

❶ 経営戦略の本質

　企業にとって今や経営戦略はなくてはならないものである。外部環境要因,内部環境要因の変化に適応し,組織内で新たな知識が創造されると,その知識にしたがって新しい価値を創出するために,戦略を変えていかなければならない。あるいは,自らが環境を創造し,新しい価値を提供するために,戦略の転換を図らなければならない

　経営戦略の定義に関しては,多くの研究者が議論している。ここで,経営戦略の定義について概観することによって,経営戦略の本質がどのように移り変わってきたか確認する。

　経営戦略の定義の変遷を考察した場合,起源は自社の事業は何であるべきかを決める事業構成戦略としての定義であり,その本質は自社の事業を決定することにあった。ドラッカーによれば,組織の戦略は「われわれの事業とはなにか」という問いに対する答えである[21]。アンゾフ[1965]は,戦略を,「組織が現在属している事業および将来属そうと計画している事業の基本的性質を定義した製品－市場と組織活動との間を結ぶ『共通の関連性』である」[22]とみなしている。

　経営戦略の定義は,自社事業の構成を決定する戦略から,しだいにライバルとの競争に勝つ戦略に向けてその本質をシフトさせた。すなわち,いかにしてライバル企業に勝ち,競争優位を獲得するかを企業戦略の主眼に置いたのであり,戦略のイノベーションが起こったのである。経営戦略において競

第6章 経営革新としてのイノベーション

争戦略の重要性を主張したポーター（Porter,M.E.）［1985］は，競争相手よりも優位にある点を活かして，防衛可能な地位を構築することこそ効果的な競争戦略である[23]と指摘した。すなわち，経営戦略の本質は，自社の事業構成を決定することから，競争相手に対し優位性を確保することに向けてイノベーションが起きたのである。

　近年，この経営戦略の本質が大きな転換期を迎えている。従来の事業構成戦略や競争戦略は，一社単独での戦略であり，自社の優位性を獲得するための施策として戦略が用いられていた。しかし，近年では他社との協力関係を築き，共同で発展を目指す戦略の重要性が高まっている。自社以外はすべて競争相手とみなしていた時代から，他社と共生し，相互に補完しながら共に存続・発展を志向する時代へと移行した。すなわち，現代はネットワークを構築することによって資源を補完し，提携などの共生戦略を締結することが可能になったのであり，単独での競争優位の獲得から複数企業と共同での競争優位の獲得に向けて戦略の本質に関し，イノベーションが起こったのである。

❷ マーケティング・ミックスのイノベーション

　企業の経営戦略とマーケティングの間には相関関係がある。特に，マーケティング・ミックスにおいて戦略は必要不可欠である。コトラー（Kotler,P.）［1984］によれば，マーケティング・ミックスとは企業が標的市場において欲する反応を得るために結合する統制可能なマーケティング諸変数の集合である[24]。マッカーシー（McCarthy,E.J.）［1964］は，このマーケティング・ミックスの要素には4つのPが必要であるとし，4つのPを最適に組み合わせる活動がマーケティング・ミックスであるとした[25]。すなわち，マーケティングは，消費者がどのような製品（Product）を，どの程度の価格（Price）で欲しがっていて，その製品をどのような市場で販売（Place）し，どのような宣伝活動（Promotion）をしていくのが良いのかなどを考えることが必要なのである。上述のような4つのP，すなわち製品，価格，流通経路，プロモーションなどのコンセプトを効果的に組み合わせる作業がマーケティング

戦略である。

　しかし，近年，４Ｐのコンセプトが大きく変わっており，マーケティング戦略にもイノベーションが起きている。

　製品戦略に関していえば，従来，モノの価値が重視されてきた。すなわち，原材料や機能性など製品自体に価値を求めていた。例えば，Ｔシャツは素材や機能性が製品の価値であった。しかし，現在は素材や機能性は画一化され，モノとしての価値に差はなくなり，プリントされたデザインなど意味の価値に重要性がシフトしている。すなわち，製品コンセプトは，モノの価値から意味の価値の重視にイノベーションが起きている。

　価格戦略においては，価格決定方式に関してイノベーションが起きている。従来，製品の価格は企業がコストなどに応じて決定をしていた。しかし，現在はオープン価格として販売店の裁量にまかせたり，顧客との交渉の中で価格を決定している。すなわち，企業による価格の決定からオープン価格にイノベーションが実施されている。

　流通経路戦略においては，情報技術の発達とともに販売方式に関して，イノベーションが起きている。販売店における製品の販売だけではなく，無店舗販売も急速に増加している。無店舗による販売など新たな販売形態が台頭することによってメーカー，卸売業，販売店などの関係性戦略もイノベーションが起きている。

　プロモーション戦略においても，プロモーション方式に関して，イノベーションが起きている。従来のプロモーションは，自社製品の販売促進のために一社単独で行っていた。しかし，現在は他社とコラボレーションを実施し，共同でプロモーションを行うケースが増加している。また，顧客に製品やサービスの企画を行わせ，プロモーションを行いやすい製品やサービスの開発に注力するなど多くの点でイノベーションが起きている。

❸ ドメインの再定義

　戦略イノベーションの重要な概念にドメインの再定義がある。環境が変わ

第6章 経営革新としてのイノベーション

り，知識創造により新たな知識や価値が生み出され，その新知識，新価値にしたがって自社の事業，ドメイン（事業領域）を再定義し，企業の方針や方向性を見直すことも戦略イノベーションの重要な要素である。すなわち，環境変化にしたがって経営資源の展開を見直し，競争優位を持続的に獲得することが必要である。企業が持続的競争優位を獲得するためには，ドメインの再定義に関する戦略イノベーションが重要な役割を担う。

　企業においてドメインとは事業活動を展開する領域，すなわち事業領域であり，企業の生存領域を意味する。ドメインの重要性に関し，榊原清則[1992]は次のように指摘した。「自分の会社がどのような会社であり，またどのような会社であるべきかについて，明示的かどうかはともかく，既存の製品やサービスだけでは完全に表現できない何らかの大きな構想が経営者や社員の間に存在している場合がある。そのような構想は，単に経営者の内面的・心理的イメージにとどまらず，会社全体の日常的な活動の内容や領域の広がりにも投影されており，それはドメインの問題と関わる」[26]。

　なぜ，ドメインの再定義が必要なのであろうか。マーケティング学者のレビット（Levitt, T.）[1962]は，ドメインの定義の仕方によって企業の存続・発展に大きな影響を与えることを指摘し，物理的定義による弊害を"マーケティング近視眼"と呼び，機能的定義の重要性を主張した[27]。鉄道会社が「わが社の事業は何か」と問われた時に，鉄道事業と答えたのでは自社のドメインを物理的に定義しているに過ぎない。これを機能的に輸送事業と定義すれば，事業領域は格段に拡大する。映画会社が物理的に映画事業と考えるのではなく，エンターテイメント事業であると定義すれば，ビジネスチャンスは飛躍的に向上する。すなわち，ドメインを物理的定義からイノベーションによって機能的定義に再定義することができれば，企業の可能性は高まる。

　ドメインの再定義には，機能的定義に変換するイノベーションに加えて，空間的制約の克服，時間的制約の克服，組織的制約の克服も重要な視点となる。特に激しい環境変化が起こっている今日，企業の定義と環境との定義が相互作用することは不可欠であり，ドメイン・コンセンサスが重要となる。

5　企業体質イノベーションと新規事業の創造

❶ 事業イノベーション

　ビジネスモデルやマーケティング方式を革新し，人材や組織形態を革新し，さらにドメインの再定義という戦略革新を行うことによって知識創造が起き，新事業は創出される。すなわち，事業イノベーションが起きる。
　特に，ドメインの再定義は，新規事業の創出に深く影響する。ドメインを再定義し，物理的定義から機能的定義へイノベーションが実施されると，事業選択の幅は大きく広がる。ドメインの再定義によって事業の幅を広げ，新規事業の創造を行うことが企業にとって必要不可欠である。
　一般的に，新規事業の創造は，大企業でのみ行われると認識されやすい。しかし，中小企業白書などのデータを見ても，中小企業においてより活発に新規事業の創造が行われている。それだけ大企業よりも中小企業のほうが環境変化や事業ライフサイクルの影響を受けやすいといえ，体力の弱い中小企業は新規事業を創造する必要性が高いといえる。
　しかし，新規事業の創造は，多くの困難が伴うことも事実である。新規事業の創造を成功させるためには，いくつかのポイントがある。吹田尚一＝三菱総合研究所［1986］は，事業を転換し，新たな事業へ踏み出し成功するために必要なこととして次のことをあげた[28]。
① 本業の存立基盤を固めること。
② 構成員一人ひとりの事業創造性の発揮を求める一方で，企業風土の改革，人事，組織など仕組みの改変に入っていること。
③ 新事業を着実にものにすること。
　特に，企業内の仕組みの改変，換言すれば体質の転換は新規事業の創造のためには不可欠である。特に，日本型経営と呼ばれる日本独自のシステムを

持つ日本企業は，事業よりも人材中心の経営を行ってきたため，安定性を求める傾向が強く，事業転換への抵抗力もきわめて強い。したがって，日本企業が新規事業の創造を行おうと考えれば，体質の転換から始めることが必要である。

❷ イノベーション・ブロックと体質転換

　イノベーションの成功に困難が伴うのは，企業内にイノベーション・ブロックが存在しているからであり，実際にイノベーションの成果を獲得している企業は数少ない。近藤修司［1985］によれば，図表6－6に示されるようにイノベーションを阻害するさまざまなイノベーション・ブロックが存在する[29]。

　近藤が指摘したイノベーション・ブロックをみると，日本型経営と呼ばれる日本企業の体質の逆機能に他ならない。すなわち，イノベーション・ブロックを克服し，イノベーションの生起に企業が積極的に取り組むためには企業体質のイノベーションが重要であり，日本企業の場合，日本型経営からの脱却が重要である。

　日本型経営は，工業化経済による新製品開発・市場開発が経営目的の中心であった時代においては，効果的な経営手法として脚光を浴びた。しかし，現在，この日本型経営は革新の時を迎えている。ニュービジネス協議会［2002］は，「従来の日本型経営の特徴として評価されてきた"総合型・丸抱え型経営""終身雇用・年功序列型経営""温情型・おみこし型経営""低利益率・高シェア指向型経営""マス""広告依存型経営"などのすべてが変革の対象となった」[30]と指摘した。

　環境変化に適応し，知識創造が行われて，経営システムが革新されると，新たな経営システムの方向性とベクトルを合わせるように，経営体質に関する新たな知識も創造される。その新知識に呼応するように，経営体質も革新され，新規事業の創造が行いやすい体質に生まれ変わることができる。企業体質のイノベーションこそ，新規事業創造の原動力である。

図表6-6　多様なイノベーション・ブロック

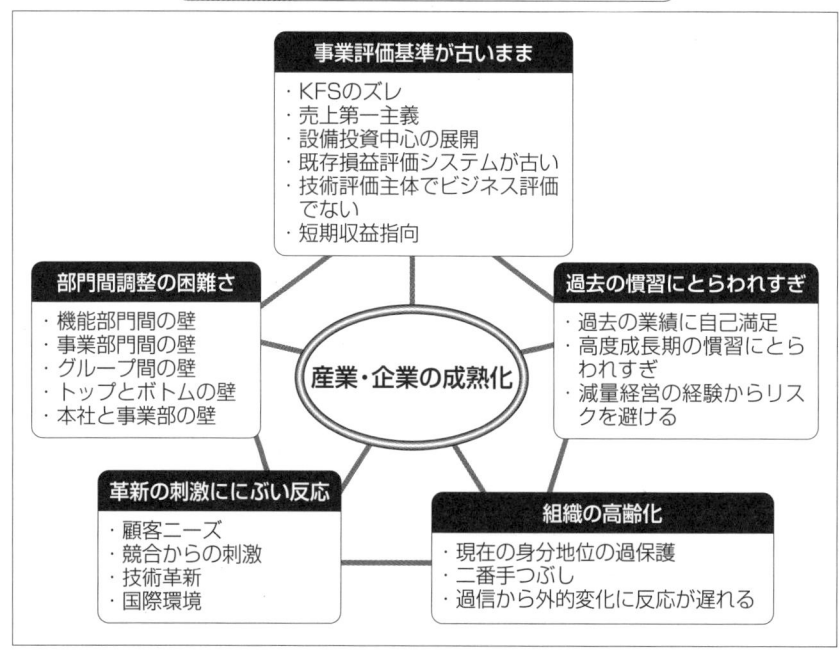

```
                    ┌─────────────────────────┐
                    │   事業評価基準が古いまま    │
                    │ ・KFSのズレ              │
                    │ ・売上第一主義            │
                    │ ・設備投資中心の展開      │
                    │ ・既存損益評価システムが古い │
                    │ ・技術評価主体でビジネス評価 │
                    │   でない                 │
                    │ ・短期収益指向            │
                    └─────────────────────────┘
┌──────────────────┐                    ┌──────────────────────┐
│ 部門間調整の困難さ │                    │ 過去の慣習にとらわれすぎ │
│ ・機能部門間の壁  │                    │ ・過去の業績に自己満足  │
│ ・事業部門間の壁  │   ┌──────────┐    │ ・高度成長期の慣習にとら │
│ ・グループ間の壁  │   │産業・企業の│    │   われすぎ             │
│ ・トップとボトムの壁│   │   成熟化  │    │ ・減量経営の経験からリス │
│ ・本社と事業部の壁 │   └──────────┘    │   クを避ける           │
└──────────────────┘                    └──────────────────────┘
┌──────────────────┐                    ┌──────────────────────┐
│ 革新の刺激ににぶい反応│                  │    組織の高齢化         │
│ ・顧客ニーズ      │                    │ ・現在の身分地位の過保護 │
│ ・競合からの刺激   │                    │ ・二番手つぶし          │
│ ・技術革新        │                    │ ・過信から外的変化に反応が遅れる │
│ ・国際環境        │                    │                        │
└──────────────────┘                    └──────────────────────┘
```

（出所）近藤修司［1985］20頁をもとに岸川善光が作成。岸川善光［2002］199頁。

❸ 新規事業の創出と環境創造

　企業の存続・発展のためには，環境適応タイプのイノベーションが必要である。すなわち，環境変化を受け入れて，企業が事後的にイノベーションを実施することが不可欠である。榊原清則［1989］は，経済全体の成熟化が進み，ハイテク化，高度情報化，ソフト化が進むにつれて，新分野での新規事業のスピーディな創造と，事業構成全体のより意識的な組み替えが必要になった[31]と指摘した。

　また，企業が主体的に新たな環境を創出する環境創造タイプのイノベーションも重要である。そして，環境創造のイノベーションを実現するためには，知識創造によって新たな知識を創造し，その知識をもとにドメインを機能的に再定義することによって新規事業を創出することが重要な役割を果たす。

第6章 経営革新としてのイノベーション

　現実の社会を見ても，ドメインに関して，機能的な定義に向けてイノベーションを行うことによって新規事業を創出し，環境を創造した企業が飛躍的に躍進している。

　例えば，コンビニエンス・ストアのセブンイレブンは環境創造のイノベーションに成功し，急成長した企業である。コンビニエンス・ストアの事業形態は，核心的な業務で判断すれば小売業である。しかし，セブンイレブンは，自社の事業形態を小売業と物理的に定義することなく，生活支援業と機能的に定義し，小売業とは一線を画すコンビニエンス業という新規事業を創出した。年中無休・24時間営業，銀行・郵便局・宅急便などの代行業務，ATMなどの生活支援業務を積極的に推し進め，小売業からのイノベーションを実施した。その結果，現在，コンビニエンス・ストアは，人々の生活に欠かせない事業となっており，新たな環境を創造している。

　企業は変化する環境に対して，常に適応するイノベーションを繰り返さなければならず，時には新事業を創出し，環境を主体的に創造するイノベーションの実施も必要となる。すなわち，企業は知識創造によって新価値を創出し，その価値を新製品・新サービスや新事業の創出という形で還元することによって環境に対応しなければならず，その対応いかんによってイノベーションの成果を獲得することが可能となる。

1）牧野勝都［2001］24頁。（亀川雅人編［2001］，所収）
2）Douma,S.＝Schreuder,H.［1991］訳書120頁。
3）伊丹敬之［2000］30-33頁。
4）重竹尚喜［2002］59-61頁。（ハーバード・ビジネス・レビュー2002年4月号，所収）
5）ウイリアム・マーサー社はコンピタンシーという表現を使用しているが，通常使用されるコンピタンスと同義語であると考え，コンピタンスと記載した。ウイリアム・マーサー社は取締役に求められるコンピタンスとして，①知識の幅を広げ活用する力，②戦略的に思考する力，③財務的に洞察する力，④政治的に働きかける力，⑤組織のビジョン，戦略を決める力，⑥組織のビジョン，戦略を浸透させる力，⑦ステークホルダーの利害を調整する力，⑧学習し変革す

ることにコミットする力，⑨誠実に行動する力をあげた。
6) ウイリアム・マーサー社［1999］67頁。
7) ＪＭＡマネジメントレビュー，2000年2月号，49-50頁。
8) 北野利信［1977］は，経営管理の中心的課題という観点から，経営管理論の学派を，①合理性の追求，②人間性の追求，③システム性の追求，④条件性の追求，⑤適応性の追及，⑥協調性の追及，⑦生産性の追及に分類した。
9) 岸川善光［1999］124頁。
10) Barnard,C.I.［1968］訳書25-33頁。
11) 前掲書　訳書76頁。
12) Burke,W.W.＝Trahant,W.［2000］訳書30頁。
13) 十川廣國［1997］7頁。
14) Beer,M.＝Spector,B.＝Lawrence,P.R.＝Mills,D.Q.＝Walton,R.E.［1984］訳書1頁。
15) 石井脩二編［2003］9頁。
16) Mannarelli,T.［2002］訳書161頁。(FINANCIAL TIMES編［2002］，所収)
17) Wayland,R,W,＝Cole,P.M.［1997］訳書8 - 9頁。
18) 井関利明［1997］103-104頁。
19) http://www.imi.ne.jp/mbi/select/text/980723r1.htm（平成15年9月10日現在）
20) 和田充夫［1998］72頁。
21) Drucker,P.F.［1954］訳書70-71頁。
22) Ansoff,H.I.［1965］訳書128-151頁。
23) Porter,M.E.［1985］訳書577-610頁。
24) Kotler,P.［1984］訳書48頁。
25) McCarthy,E.J.［1964］, pp.38-40.
26) 榊原清則［1992］5 - 6頁。
27) Levitt,T.［1962］訳書43-46頁。
28) 吹田尚一＝三菱総合研究所編［1986］20頁。
29) 近藤修司［1985］20頁。
30) ニュービジネス協議会＝ニュービジネス研究所［2002］118頁。
31) 榊原清則他［1989］5頁。

第7章 イノベーションと場の構築

本章では,近年イノベーションに不可欠な要素として議論されている「場」の概念について考察を加えた上で,場の概念に基づく新たなビジネスシステムに関して理解を深める。

最初に,場の概念について考える。場の定義,知識創造との関係,場のマネジメントに関して検討する。知識が創造されるのは場においてであり,知識創造のために場の存在は不可欠である。イノベーションの本質が,知識創造による新価値の創出にあるので,イノベーションにとって場の存在が重要であることを理解する。

次に,場の視点について認識を深める。場の重要な視点として,自己組織化,関係性,出会いの構想,の3点について考察する。

次いで,近年,新たな価値を持つ場への転換として注目を集めるオープン・ネットワーク経営について考える。イノベーションと企業戦略の関係について検討した上で,オープン・ネットワーク経営の本質に関して概観する。

さらに,オープン・ネットワーク経営の結果,台頭してきた新たな企業システムについて考察する。具体的にはネットワーク組織,コラボレーション,プラットフォーム・ビジネスについて理解を深める。

最後に,イノベーションの源泉である知識創造と社会との関わりについて考察した上で,情報化の進展によるeビジネスの台頭について考察する。企業が知識創造を積極的に志向するためには,社会自体も知識創造社会でなければならない。知識創造社会において,eビジネスは時間的制約,空間的制約,形態的制約の克服を可能にする。eビジネスが従来のビジネスとどのように違うのかを考え,その特性について理解を深める。

1 「場」の概念

❶ 「場」の定義

　知識創造により新たな知識が創造され，イノベーションによって製品化が実現すると新たな価値として普及する。この価値は，社会に普及する結果，社会の成員のなかに新たな価値として認識され，知識が創造される。すなわち，イノベーションを普及させるということは，新たな知識・価値を普及させることに他ならない。

　その場合，社会への普及は，当然，個人の問題とは異なる。個人と個人，個人と企業，個人と社会などの関係におけるコミュニケーションの過程といえる。その際，重要になるのが，どのように伝達されるのかというコミュニケーション・チャネルの問題である。

　近年，このコミュニケーション・チャネルに関し，「場」という概念を用いて論じられるようになった。この「場」の存在が，社会における知識創造を促進させる要因となる。

　野中郁次郎［2003］は，「場」を次のように定義した。「われわれは，"知識"は個人の内に能力として蓄えられているが，特定の時間，場所，他者との関係性や状況，つまりコンテクスト（文脈）の中で発揮され，その正当性が他者にも確認され，修正され，増幅されると考える。知識の性質でも指摘したように，知は具体的な文脈の中の具体的行動や話法のプロセスの中でしか現れない。われわれはこのように共有された動的文脈を"場"と定義する。コンテクストは意味を生成するので，場は意味が流動する地空間であるともいえる」[1]。

　伊丹敬之［2000］は，「場とは，人々が参加し，意識・無意識のうちに相互に観察し，コミュニケーションを行い，相互に理解し，相互に働きかけあ

い，共通の体験をする，その状況の枠組みのことである。」と定義した。伊丹は，場の枠組みとは，人々がさまざまな様式やチャネルを通じて情報を交換し合い，刺激し合う，人々の間の情報的相互作用の容れものである[2]と述べた。

西口敏宏［2000］によれば，場とは，物理的・組織的な諸条件のもとに，限られたメンバーが相互作用するとき，共通して認識される「関係性のプラットフォーム」である[3]。

山下裕子［2000］は，場とは，参加する個々の主体間の相互作用を促し，その相互作用を共通なマクロのコンテキストにおいて成立する方に導くような状況，あるいは状況設定のことである[4]と主張した。

額田春華［2000］は，場とは，自己が外部とつながりを持つ共有空間の有する特定の状況のことである[5]と述べた。

山之内昭夫［2001］は，「物理的な場所という意味だけではなく，特定の

図表7-1　場の概念図

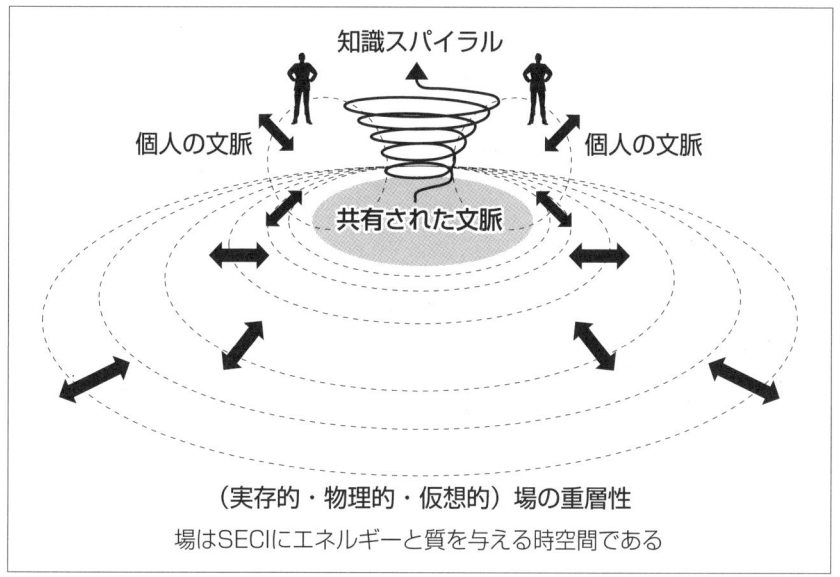

知識スパイラル
個人の文脈　　個人の文脈
共有された文脈
（実存的・物理的・仮想的）場の重層性
場はSECIにエネルギーと質を与える時空間である

（出所）国領二郎＝野中郁次郎＝片岡雅憲［2003］18頁。

時間と空間，あるいは"関係の空間"をも意味している。その場にいないとわからないような脈絡，状況，筋道—つまり"共有された文脈"と"関係性"に個々人が一体化することによって，個々人に内在された知識が共有され，新たな知識が創造される」[6]と指摘した。

ウェンガー(Wenger, E. C.)＝スナイダー(Snyder, W. M.)[2000]は，共通の専門スキルや，ある事業へのコミットメント（熱意や献身）によって非公式に結びついた人々のグループであり，従来の組織構造をより補完し，知識の共有・学習・更新を劇的に活性化するもの[7]と定義した。

これらの定義を見ると，場とは，時間や空間の関係，人々の関係など，関係性を構築するという特性が見えてくる。また，関係性が構築される中で，自己組織化が起こるという視点も見逃せない。そこで本書では，「場とは関係性を構築し，あらゆるモノを相互作用的に伝達し，人々が交流する中で起こる自己組織化を通して新たな知識を創造する枠組みである」と定義する。

❷ 知識と場のダイナミクス

イノベーションの本質を知識創造による新価値の創出と考えた場合，知識創造と場がどのような形で関わりを持つのかは，重要な命題である。野中郁次郎＝紺野登は，知識創造と場の関係について，以下のポイントをあげた[8]。

① 「場」は，組織の中に多様に存在していて，個々人の知識を共有したり共同で知識を創るための（文脈の）結節点になる（これにはいくつかのパターンがあって，知識経営のモデルを描くことができる）。

② 「場」は物理的オフィス空間からサイバー・スペースまでを貫く概念であり，複雑な現代的職場環境のデザインの重要な切り口になる。

③ 「場」は知識経営における情報技術活用のコンセプト，指針となる。

④ 「場」の考え方は組織内部にとどまらない。それはグローバルに活動する企業が場所や立地をどのようにとらえるか，という意味で見逃せないものである。

⑤ 知識企業の組織は古典的企業のそれとは異なる。組織デザインの基礎

第7章 イノベーションと場の構築

（基本単位）となるのが「場」である。
⑥ 以上のような「場」についてよく理解し，デザインし，駆動させることのできる能力がこれからの企業のリーダーシップには重要な資質となる。

阿部香［2000］は，場で知的活動を行い，知的な成果を生み出すことが知識の創造になると指摘し，知識創造の根底に場の存在があることを示した[9]。すなわち，イノベーションの源泉となる知識創造は，場が重要な役割を果たしている。知識創造のために適した場か否かによって，イノベーションの発生率は，多大な影響が生じるのである。場は，知識創造を促進する要因ととらえることができ，イノベーションを生起させる要因でもある。むしろ，知識創造やイノベーションに不可欠な構成要素と考えられるかもしれない。しかし，知識創造がすべて同じ場の中で生起するわけではない。場には，いくつかのタイプが存在しており，知識創造の方法も異なる。野中郁次郎［2000］は，SECIモデルに対応させ，図表7－2に示すように4つのタイプに分類している[10]。

① 創発場：お互いに認識している人々の集まりであり，個人が経験や感情など暗黙知を共有する場である。
② 対話場：意識的に選ばれた人々の相互関係の場であり，個人の暗黙知が場の中で共有化され，共通コンセプトとして表現される。
③ システム場：時空間の共有よりも，仮想空間で相互作用が行われる場合が多い。
④ 実践場：対話場が思考中心の相互作用であるのに比して，実践場では行動中心の相互作用となる。

これらの4つの場が組織内で絶えず循環的に生成されるような仕掛けが知識創造のためには重要と考えられる。すなわち，これらの4つの場のなかで関係性が生まれ，知識創造におけるSECIモデルと相互関連し，新たな知識が創造されるのである。

図表7-2　4タイプの場

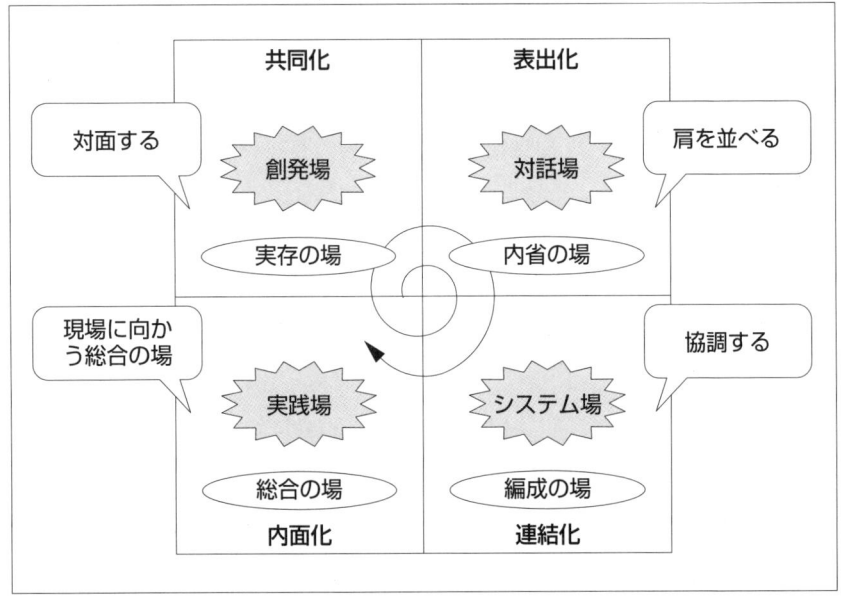

```
            共同化              表出化
  対面する    創発場      対話場    肩を並べる
            実存の場    内省の場
 現場に向か   実践場     システム場   協調する
 う総合の場
            総合の場    編成の場
            内面化              連結化
```

（出所）伊丹敬之他編［2000］58頁。

❸ 場のマネジメント

　場は，そこに所属するメンバーに心理的影響を強く与える。場の機能として，共通理解の向上と心理的共振を人々にもたらす。そのような場のマネジメントを行う場合には，2つの重要な視点が存在する。第1として，生成のマネジメントが考えられる。第2として，プロセスのマネジメントが考えられる。伊丹敬之［2000］によれば，生成のマネジメントとは「場を生成させるためのマネジメント」であり，プロセスのマネジメントとは「場をいきいきと動かしていくためのマネジメント」である[11]。

　企業内に場が生成される場合，経営者による計画的な場の設定と自然発生的な創発の2つの方法がある。場の生成方法の差異は，場の特徴に違いを生み出し，マネジメント方法にも相違を生み出す。場のマネジメントは，設定と創発の2つの方法により生成された場を区分して考える必要がある。

場の設定のマネジメントは，伊丹敬之［2000］によれば，次のような3つのステップによって行われる[12]。
① 場の基本要素の設定（仕事内容の決定）。
② 場の基本要素の共有への働きかけ。
③ ミクロマクログループのあり方への工夫（誰が誰に連絡するようにしておくかなど）。

すなわち，場の設定のマネジメントにおいて重要なことは，仕事内容を具体的に決定し，一体感を醸成し，メンバー間の接触と連絡のパターンを決めることである。

創発のマネジメントは，いつ，どこで起きるか分からない創発現象を敏感にとらえ，理想の場に近づくように働きかけることである。創発現象をどれだけ計画的に設定した場の要素に近づけるかが重要なマネジメントとなる。

一方，場のプロセスのマネジメントとは，場が生成された後で，その場をどのようにして機能させ続けるかということである。伊丹敬之［2000］は場のかじ取りと表現した。その上で，かじ取りのステップとして，①ゆらぎを与える，②切れ端を拾い上げる，③道をつける，④流れを作る，⑤留めを打つの5つを指摘した[13]。場のプロセスのマネジメントとは，これらのステップを通じて機能的な場に発展させることである。

すなわち，場のマネジメントとは，場の生成から機能的な場に発展させるまでの管理であり，その場の発展プロセスはイノベーションのプロセスでもある。

2 場の視点

❶ 場と自己組織化

場の概念の重要な視点として自己組織化があげられる。今田高俊［2000］

によれば,「自己組織化とは,システムが環境との相互作用を営みつつ,自らのメカニズムに依拠して自己の構造をつくり変え,新たな秩序を形成する性質を総称する概念である」[14]。人と人,企業と企業など複数の関係体を形成しているのが場である。場におけるそれらの関係性は,相互に作用し,新たな秩序を形成する自己組織化を促す。この新たな秩序は,新知識,新価値に通じるものであり,イノベーションの源泉である。場における自己組織化に関する特性は,イノベーションの成果に直結する。

場における自己組織化は,さまざまな状況の中で起きる。伊丹敬之［2000］は,野中郁次郎,西口敏弘,山下裕子,額田春華の指摘をまとめて,自己組織化が起きる主要な状況として,次の2点をあげている[15]。
① 個々人の意思決定と自己組織化。
② 市場や産業の中の自己組織化。

個々人の意思決定と自己組織化には,3つの論点が存在する。第1の論点は,組織という場における人々の情報的相互作用によって個々人の意思決定に自己組織化が起こり,それに応じて行動も自己組織化が行われることである。第2の論点は,個々人が場において相互作用することによって,個々人内にある知識が共有され,創造されることである。第3の論点は,組織の適応能力・学習能力によって組織自体が自己組織化を行うことにある。

市場や産業の中の自己組織化には,2つの論点が存在する。第1の論点は,企業間ネットワークにより,サプライヤー間の場の再構築が可能になることである。第2の論点は,市場の中で自己組織化が起きることである。山下裕子［2000］は,市場は単に需給の決定が行われるメカニズムではなくて,そこへの参加者の知識が伝達されたり形成されたりする媒介として働くメカニズムであると述べ,市場という場において価格が自己組織化される[16]ことを指摘した。

このように,場の存在は,個人,組織,市場,産業などあらゆる場面で自己組織化を促す。場の特性である自己組織化は新たな知識,価値を創出することによってイノベーションの生起に深く関係をしているのであり,イノベ

第7章　イノベーションと場の構築

ーションにとって発生，調整，遂行，普及，進化の各プロセスのいずれにおいても場の構築は必要不可欠である。

❷ 場と関係性

　場の概念の重要な視点として，自己組織化の他に関係性があげられる。場は，複数の関係で成り立っている。自己組織化も他者との関係性の中から起こる。

　場とは，個人と個人，企業と企業など関係性にその本質がある。野中郁次郎＝紺野登［2000］によれば，知識を創造する力は個人の内にあるのではなく，個人と個人の関係，個人と環境の関係にある[17]。すなわち，場における関係性が知識創造の源泉にも促進要因にもなりえるのである。

　この場における関係性に関する概念は，間人主義（contextualism）に起因している。濱口恵俊［1982］によれば，間人主義とは，相互の「間柄」（対人的脈絡）を分有し，体現した存在である「間人」（the contextual）においては，「間柄」それ自体の維持・充実をはかり，その関係性にある意味で神性を与えるような価値意識を強く持つことである。そして，この間人主義は，相互依存主義，相互信頼主義，対人関係の本質視などの特性を持つ[18]。

　一般に，わが国は集団主義の精神構造をしており，欧米諸国は，個人主義であるといわれる。集団主義とは，奥林康司［1999］によれば，個人の行動を決定する際，自らの内的な欲求よりも仲間集団の行動規範や集団の利益を優先して決定する行動様式である。個人主義は，集団主義の対極に位置する概念である[19]。

　一見すると，この集団主義，個人主義に関する概念は妥当性があるように思える。しかし，集団主義社会にしろ，個人主義社会にしろ人間は一人で生きていくことはできない。その考えに基づき，濱口は，集団主義でも個人主義でもなく，他者との関係性を重視する間人主義を提唱したのである。

　社会は，この間人の関係で成り立っている。それは，個人主義や集団主義の概念とは異なる。個人と個人，あるいは個人と集団の関係ではなく，共有

された空間を共にする間人としての関係であり，この共有された空間こそ，場である。その場で行われる間人同士の相互作用によって新たな知識や価値が創出される。これがイノベーションの成果に大きく影響するのであり，場における間人の役割が重要となる。

❸ 出会いの場

　場の概念の重要な視点として，自己組織化，関係性と同様に出会いの場をあげることができる。場は，企業のように存在するメンバーが固定されたものばかりではない。企業と消費者がつくる場は，常にメンバーが変動する。古川一郎［1999］は，このような場を出会いの場と表現した。古川は，「人と人との出会いの場もあるし，人と商品・サービスとの出会いの場もある。また，人と企業との出会いの場もある。さらに，使用すればその価値がわかるといった商品との出会いの場もあれば，最先端のファッション商品との出会いの場もある」[20]と述べている。

　特に，消費者と企業との出会いの場は，イノベーションにとって非常に重要である。消費者と企業とが出会いの場を共有し，より望ましい関係を構築することができれば，イノベーションにより創出された新しい価値が普及する効果は格段に進歩する。古川一郎［1999］は，消費者における欲望と消費の結び付き，組合せに関する知識や知恵を，消費の「知」と呼ぶ[21]。この消費の知の進化が企業と消費者の新たな関係を構築し，イノベーションの普及拡大に寄与する。

　消費の知を進化させるためには，出会いの場が重要である。消費の知の進化を促進する出会いの場の条件として次のことがあげられる[22]。

① ターゲットとする個人が属するネットワークを対象にした出会いの場でなくてはならない。
② ネットワークの暗黙知や形式知を企業として察知する仕組みを創造しなければならず，お互いに心を開ける信頼関係を築かなければならない。
③ 顧客の心を引きつけ，つなぎとめておけるだけの魅力ある場を想像する

図表7-3　出会いの場と消費の知の進化

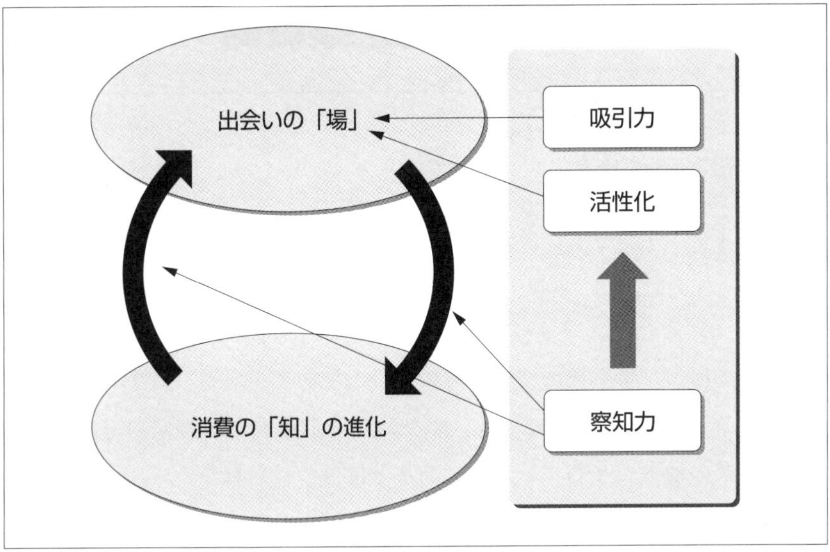

- 出会いの「場」 ← 吸引力
- 出会いの「場」 ← 活性化
- 消費の「知」の進化 ← 察知力

(出所) 古川一郎 [1999] 56頁。

必要がある。

④　顧客のさらなる消費の知の進化とのつながりを，継続的にモニターしていけるような場を想像する必要がある。

　このような4つの条件がそろった出会いの場を企業と顧客が共有することによって消費の知が進化するのであり，イノベーションの普及を促進することにつながる。すなわち，場は，不特定な消費者と企業を出会わせる場所としての概念も存在しており，新たな出会いは，暗黙知と形式知を創造し，イノベーションにつながる新価値の創出を助長し，イノベーションの普及にも影響を与える。

3 オープン型企業戦略

❶ 企業戦略の定義

　企業がイノベーション活動を遂行するには，企業戦略との整合性を保つ必要がある。加護野忠男［2000］は，企業戦略を企業全体のビジョンやテーマ，事業分野（ドメイン），事業構成（事業ポートフォリオ），新規事業への進出，事業からの撤退，事業間の経営資源の配分などの決定ならびにそれを行うガイドラインを指す[23]と指摘した。すなわち，企業戦略は将来の方向性を策定し，企業の命運を左右するものであると位置づけられる。

　企業が戦略を策定する場合，考慮しなければならない4つのポイントが存在する。

　第1に，まずは企業の外部環境に注目しなければならない。企業を取り巻く環境は，急速に変化する。環境変化に適応し，イノベーションを実施するのは企業にとって重要な戦略である。

　第2に，企業内の資源に注目しなければならない。企業は，所有する人的資源，物的資源，資金的資源，情報的資源を始め，ブランドや企業文化などに注目し，その資源を活かす戦略を策定する。その際，資源の組合せを変える効果的なイノベーションを行うことによって，資源の新価値を創出することができる。

　第3に，企業外の環境からの補完が考えられる。戦略を策定するにあたって，内部資源だけでは戦略の実行に障害がある場合，外部資源から補完しなければならない。ネットワークの構築，コラボレーションなど相互補完は重要な戦略であり，イノベーションの発生を助長する。

　第4に，企業内の学習が考えられる。相互補完などによって，企業外から資源を取り入れることによって，企業内で学習し，自社の資源として昇華さ

せる。これは知識の創造であり、イノベーションの源泉となる。

武石彰［2001］は、企業戦略のもっとも初歩的な区分けは「内」と「外」、つまり「企業」と「環境」という要素への区分けであり、①内部環境に注目した戦略、②外部環境に注目した戦略、③外部環境に力点を置いた相互作用、④内部環境に力点を置いた相互作用の4つに分類できるとしている[24]。

戦略を策定するにあたって、企業はこれらの4つの視点を組合せ、イノベーションの生起に注力することが必要である。

❷ クローズド型経営とオープン型経営

従来の日本企業の企業戦略は、クローズド型の戦略をとってきた。人材やノウハウ、販売網、系列など一社が経営資源を独占するクローズド型経営である。他社との関係性がなく、一社独占のクローズド型経営は、日本型経営の基盤ともなっていた。国領二郎［1995］は、クローズド型経営を「囲い込み型経営」と表現した上で、中核会社を中心とする強力な取引関係ネットワークが展開され、きめ細かな調整メカニズムが企業間に形成されて、他の企業が入り込む隙のない「維持可能な競争優位」メカニズムをつくり上げてきた[25]と指摘した。

しかし、日本企業で行われてきたクローズド型の経営は、限界を迎えている。クローズド型経営は、前項で考察した企業戦略で考えれば、企業内外の環境に注目した戦略のみを行う。したがって、戦略策定にあたって、自社の資源に足りない資源が存在すれば、その戦略は断念しなければならない。しかし、オープン型経営は、積極的に他企業との関係を構築するので、不足した資源の補完が可能になる。それだけ戦略の幅は広がることになり、イノベーションの発生にも多大な影響を与えるといえる。

國領二郎［1995］は、図表7-4に示すように、クローズド型経営（囲い込み型経営）とオープン型経営を比較している。

國領によれば、オープン型経営の主たる理念は、①外部との取引に標準インターフェースを採用することにより他企業との連携がしやすい体制をつく

った上で，②提供商品を絞って主たる事業領域に資源を集中投入し，③自社事業領域内でも自社が必ずしも得意としない部分は積極的に他企業に補完させながら最終需要を満たしていく経営戦略である[26]。

　すなわち，オープン型経営とは，他企業と良好なネットワークを構築し，経営資源を補完しながら，自社のコア・コンピタンス力を強めていく経営手法である。換言すれば，オープン型経営とは社外の知の取り入れであり，ベンチマーキングを体現する経営システムである。自社が持つ経営資源を活用し，経営を行っていくクローズド型経営は，社内の知を活かす経営である。しかし，社内知を活かす経営では，一局に凝り固まった知識になりがちであり，また激しい環境変化が起きている現在，環境対応ができなくなっている。

　すなわち，オープン型経営は，単に経営資源の補完に価値があるのではなく，むしろ経営資源の補完によるベンチマーキングに価値が存在するのであり，組織学習がオープン型経営の本質的な価値である。また，クローズド型

図表7-4　オープン型経営

「囲い込み」型経営	オープン型経営
人材／ベンダ／チャネルの囲い込み	自社の中核業務に資源を集中投入 外部資源の徹底利用
独自仕様インターフェース 　　↓ 　囲い込み型ネットワーク分業 　高固定費＝高成長（シェア）志向	標準インターフェース徹底利用 　開放構造型ネットワーク分業 　低固定費＝高利益志向
多角化・総合化へのプレッシャー 　フルライン商品戦略 　人を養うために事業を増やす 　チャネル維持の為に商品増やす	専門化・分業化 　外注化 　戦略的提携 　M&Aによる再編成
複雑な組織構造 複雑な人事体系 増大する下部組織間の矛盾 増大する組織の自己防衛	単純明解で効率的な構造 明解な人事効果 矛盾の少ない組織 風通しの良い人的ネットワーク

（出所）國領二郎［1995］15頁。

経営からオープン型経営に転換しなければならないのは，オープン型経営がイノベーションの発生により適したシステムであるからである。経営資源の補完と同時に，ベンチマーキングを積極的に行い，イノベーションを発生させる確率を高めることが重要である。

また，山倉健嗣［1993］は，オープン型経営（山倉は組織間関係と表現している）の効果として，資源依存の効果以外に，組織セット，協同戦略，制度化，取引コストの効果をあげた[27]。

❸ オープン・アーキテクチャ戦略

近年，環境との関わりを重視する企業戦略において，情報ネットワークにより組織や企業の構造をオープンにした開放的戦略を採用する企業が増加している。末松千尋［2002］は，解放的戦略を採用したネットワークによる外部性活用の重要性を指摘した。末松は，ネットワーク外部性を内部化するために，外部資源の理解・選別と，内部資源への組み込み・統合の重要性を指摘している[28]。

これらのネットワーク外部性活用による戦略は，オープン・アーキテクチャ戦略と呼称される。オープン型経営による効果を戦略として反映させるものであり，イノベーションにとっても関係性が深い。オープン・アーキテクチャ戦略とは，國領二郎［1999］によれば，「本来複雑な機能を持つ製品やビジネスプロセスを，ある設計思想（アーキテクチャ）に基づいて独立性の高い単位（モジュール）に分解し，モジュール間を社会的に共有されたオープンなインターフェースでつなぐことによって汎用性を持たせ，多様な主体が発信する情報を結合させて価値の増大を図る企業戦略のことである」[29]。

このようなオープン・アーキテクチャ戦略が台頭した要因はどこにあるのであろうか。最大の要因は情報化の進展にある。情報化は，オープン型経営の基本であり，オープン・アーキテクチャ戦略も情報化の進展なくして，成功はありえない。情報技術が高度に発達したことによって，細かく分解した独立性の高い単位を，いかようにもつなぎ合わせることができるのであり，

価値の増大,もしくは新たな価値の創出を図ることが可能なのである。すなわち,従来のシステムをいくつかの単位に分解し,組合せを変えるイノベーションを起こすことができる。

國領二郎 [1999] は,オープン・アーキテクチャ戦略は情報化に伴う次の3つの要因によって説明できるとした[30]。

① 機械の情報処理・伝達能力が飛躍的に伸びているのに対して,人間の認知能力は限られており,認知能力やコミュニケーション能力,さらには(認知能力を必要とする)信頼などが希少資源となっていること。
② 情報の非対称性の「逆転」現象。ネットワークを活用し,より消費者に近い立場で顧客情報を持つこと。
③ 情報が媒体(紙など)の制約から解放されたことである。情報は複製するコストが限りなくゼロに近い。情報を公開し他者の情報と結合させる戦略を有利なものとしている。

國領の指摘を見ると,オープン・アーキテクチャ戦略が情報の持つ特性に大きく左右されることが理解できる。今後,情報技術が更に発展し,情報の特性が顕在化すれば,オープン・アーキテクチャ戦略もますます拡大するものと期待される。

現実の社会を見ると,オープン・アーキテクチャ戦略として,デジタル財の提供が代表的である。マイクロソフト社におけるインターネットソフトなどのデジタル財は,現在,無償で提供されている。ダウンロードによってアップデートも無償で行うことができる。財を有償で提供する限り,違法なコピー商品の問題がつきまとう。また,対価を支払ってでも財の提供を望む限定された消費者にしか提供ができないなど数多くの制約を受ける。

このような状態では,オープン・アーキテクチャ戦略の成果は得られない。財や情報の無償提供こそ,オープン・アーキテクチャ戦略の効果を図る最たるものであり,従来の戦略からの脱皮を図るイノベーションである。製品には,多額の開発費がかかる。すなわち,固定費に相当する部分である。さらに,製品提供後も変動費がかかる。しかし,製品を無償提供すれば,変動費

はほとんどかからなくなる。固定費は，広告料などによって回収すれば良い。

現在，テレビ局の民法などはこのシステムをとっている。番組の制作には多額の費用がかかるが，番組提供者である視聴者からは料金を徴収せず，スポンサー料などによって固定費の回収を図っている。

すなわち，情報を拡大し，他の情報と結合することによって情報や知識，価値の増大を目的とするオープン・アーキテクチャ戦略にとって，無償による財の提供こそ，オープン・アーキテクチャ戦略の目的を実現できる戦略なのであり，戦略イノベーションがそれを可能にしたのである。

4 イノベーションを誘発する企業間関係

❶ ネットワーク組織

オープン型経営の代表的なシステムがネットワーク組織である。足りない経営資源の補完を目的として，複数の企業間でネットワークを構築するケースが目立つ。そのような関係をネットワーク組織（network organization）と呼称する。ネットワークを構築し，お互いに不足している経営資源を補完することによって，新たな経営戦略を打ち立てることが可能になる。経営資源の獲得によって，今まで行えなかったイノベーションが可能になる。また，共同でイノベーションに取り組むケースも増加している。

ネットワーク組織とは，国籍，業種，資本関係，規模などを超えて，複数の人や組織が階層的な上下関係ではなく，対等な関係でゆるやかに結びついている組織形態のことを指す。高橋成夫［1994］によれば，結合の基礎となる関係には，①情報の伝達，交換の関係，②財・サービスの取引関係，③信頼などの規範的関係などが考えられる[31]。

ネットワークに参加する組織メンバーは，基本的に同質なものではなく，異質なものである。また，ネットワーク間の目的に応じて流動的であり，参

加・退出を含めて行動にはかなりの自律性がある。今井賢一=金子郁容 [1988] は，行動の自律性を場面情報の重要性として説明した。今井=金子は，「ネットワーク産業組織の場合には，その場その場で生まれる『場面情報』が新たな連結を作り出す基盤となる。他の場所で良い場面情報があると聞けばそことつながりを持つであろうし，また出発点に帰って仕事のつながりを検討し直すインセンティブを与える」[32]と指摘した。

このネットワーク組織の構築によって行われるイノベーションとしては，次のタイプが存在する。
① 従来の川上から川下へという枠組みを変革し，生産者・卸売業者・小売業者・消費者を新たな方法で結びつける垂直的なネットワーク組織。
② 異業種の企業を横断的に結びつける水平的なネットワーク組織。

垂直的なネットワーク組織とは，生産者から消費者に至るまでの「事業の流れ」を変革し，新たなビジネスモデルや販売形態を生み出すイノベーションを可能にする。

水平的なネットワーク組織とは，異業種企業を結びつけることによって，新技術や新製品，新サービス，新事業の開発を生み出すイノベーションを可能にする。

❷ コラボレーション

コラボレーションという言葉をよく耳にするようになった。コラボレーションとは，元来，2つ以上の組織や個人が協力・協働する活動を意味する。新保豊 [2003] によれば，今日のブロードバンド時代にあって，ブロードバンド・ネット利用者同士の連携による共同的な作業行為を意味する[33]。提携関係を持つ組織や個人が協働活動によって開発プロセスを共有化することにより，単独では行えない新たな価値を生み出すことを指す。しかしこの場合，協業する組織は異業種であることが一般的である。

奥山哲哉=青木弘一=田中信 [1995] は，組織・チームとしてのコミュニケーションは「分業をうまく進めるための情報交換」が主目的の行為であり，

第7章　イノベーションと場の構築

コラボレーションは「一緒に考えて知恵を出し，新しいものを生み出すこと」を主目的とした情報創造の行為である[34]と指摘した。すなわち，コラボレーションという行為は，暗黙知と形式知の相互作用によって新たな知識を創造するイノベーションを促進する機能を果たす。したがって，効率化を追及するコミュニケーションからコラボレーションに発展して，新たな価値を創出するイノベーションを実施できる可能性が高まる。原田保［1999］は，コラボレーションは，まず単なるコミュニケーションの効率化にはじまって，最終的には価値連鎖の進化を追及する段階にまで発展する[35]と指摘した。

コラボレーションの長所は，相手に対しての信頼関係と双方に独自の卓越した経営資源がある場合に有機的で創造的な活動を行うことができる点にある。しかし，その一方で，相手に依存する部分が大きい場合には新たな価値を生み出すプロセスとしては機能せずにコンフリクト（軋轢）の原因となるという短所も含んでいる。

❸ プラットフォーム・ビジネス

クローズド型経営からオープン型経営に転換を図ることによって，近年，注目されている新しいビジネス形態に，プラットフォーム・ビジネス（platform business）がある。プラットフォームとは，異なる階層にあるものを一つに統合することによって新たな機能を生み出す構造・基盤という意味で使われる。片岡雅憲［2003］は，ビジネスモデルがネットワーク上で各企業が競争する形であるとするならば，プラットフォームは企業や個人がネットワーク上で情報価値の生産を行うための場である[36]と指摘した。竹田陽子＝國領二郎［1996］によれば，階層的に捉えることのできる産業や商品において，上位構造を規定する下位構造（基盤）という意味で使われる[37]。竹田と國領は，このプラットフォームの定義をもとに，現在，注目を浴びているプラットフォーム・ビジネスを「だれもが明確な条件で提供を受けられる商品やサービスの供給を通じて，第三者間の取引を活性化させたり，新しいビジネスを興す基盤を提供する役割を私的ビジネスとしておこなっている存

図表7-5　プラットフォーム・ビジネスの機能

機能	内容
探索	必要とされる製品を提供する取引先を探索し，価格，納期などの取引条件のデータベースをもつことによって，大きな付加価値が生まれる。
信用仲介	取引相手が信用に足るかどうかを知ることができない限り，取引は開始されない。
経済評価	価格づけを行ったり，価格形成のメカニズムを提供することに価値が生まれる。
標準取引手順	事前に共通した取引手順が定める機能を果たす。
統合	さまざまな機能を統合して提供することに価値が生まれる。
場の創造性	取引参加者が相互に関わる場を提供する。

（出所）竹田陽子＝國領二郎［1996］のインターネット上の解説をもとに作成。

在」[38]と定義した。

　すなわち，プラットフォーム・ビジネスとは，オープン型経営の特性を活かしたビジネスであり，オープン・アーキテクチャ戦略とも深い関わりがある。クローズド型経営のように，自社が単独で競争優位を獲得することを目的としているときには，プラットフォーム・ビジネスは成立しない。オープン型経営のように，製品やサービスを広く普及することによって，社会の中に情報創造，知識創造を起こさせ，新たな価値を生み出すことを目的とする場合に，プラットフォーム・ビジネスは機能する。すなわち，企業の目的が競争優位の獲得から，社会的価値の増大にイノベーションが起きている時にプラットフォーム・ビジネスは有効となる。そこには，オープン・アーキテクチャ戦略のように無償提供によって広く社会に普及させ，それを契機に新たな取引を活性化させたり，新たなビジネスを起こすことも含まれる。この視点の変化こそ，イノベーションである。

　このようなプラットフォーム・ビジネスは，空間の概念に関し，イノベー

ションが起きた結果可能となったビジネス形態である。古賀広志［2002］は，この現象を空間融合と表現した。古賀によれば，高帯域ネットワークは，時空間を隔てた場を一つに融合する技術であり，従来の距離や空間の概念を根底から覆すだけの力を秘めている技術である。空間融合を促進する環境，新たなプラットフォームが整いつつある[39]。すなわち，プラットフォーム・ビジネスは時間や距離など空間の概念にイノベーションが起きたことによって実現したシステムである。この空間の概念のイノベーションによって創出されたプラットフォームという新たなビジネス形態は，新たなイノベーションを生起する契機となる。

5　知識創造社会の構築とeビジネス

❶ 知識創造社会

　他社との関係を重視するオープン型経営のような政策は，一社だけでは成立しない。社会全体で企業間の連携を行いやすい土壌がなければならない。そのためには，社会全体で新たな知識を創造する仕組みを形成する必要がある。すなわち，知識創造社会の構築が絶対条件であり，それが社会価値の向上につながる。

　社会価値とは，涌田幸宏［2001］によれば，社会福祉，自然環境，健康，教育，地域社会の活性化など，さまざまな社会問題を解決するとともに，従業員の個としての自律性の尊重，働きがいの創出を実現することによって，多様なステークホルダーに対して生み出される価値である[40]。

　企業間の結びつきによって，イノベーションが実現されるとその成果物として新たな価値が創出される。その価値が普及することによって，社会の価値も高まっていく。工藤剛治［2003］によれば，現代市民社会は関係者の間に互恵的な学習の土壌を提供する「創造的プラットフォーム」といえる[41]。

すなわち，社会はイノベーション成果物という新しい価値の普及によって，学習を積み重ねていくのであり，そこから新たな知識が創造されるのである。その意味では，知識創造を志向する社会が形成されることによって，企業間連携によるイノベーションが実現する。そこから生み出されるイノベーション成果物の新しい価値が普及することによって，社会が学習し，新たな知識を創造するのである。すなわち，企業間連携によるイノベーションと知識創造社会は，社会的組織学習を通じて正の連鎖という好循環を生むのである。

❷ 商物分離のビジネスモデル

情報化の進展は，知識創造社会の形成を助長するとともに，社会のビジネス・システムに新たな形態をもたらす。すなわち，情報化の進展は，新たなビジネスモデルを創造することによって，社会の価値を創出する。

モノ（製品）と情報の経済原理は基本的に異なる。モノの売買は所有権の移動に基づいている。一方，情報は，それを何度でも売買することができる。したがって，情報の売買は収穫逓増の状況にある。エバンス（Evans,P.）＝ウースター（Wurster,T.S.）［2000］は，モノの経済原理は「効率的な市場」であり，情報の経済原理は「不完全な市場」が必要である[42]と指摘した。すなわち，モノは競争市場における経済原理をもとにし，情報は他人からの不正アクセスを制限する不完全な市場における経済原理が基本となる。

従来は，モノと情報が混在したビジネスが行われていた。しかし，今日，情報化の進展によって，モノと情報が分離するイノベーションが起きている。その代表的なイノベーションが商物分離である。國領二郎［1999］は，商物分離のビジネスモデルを図表7－6のように表した。

商物分離のビジネスモデルとは，商流（所有権と決済）と物流が完全に分離したビジネスモデルである。國領が図表7－6で示しているように，卸売業と物流業の完全分離などがその事例である。物流と商流の仲介業者であった卸売業者が商流のみに専業化し，物流は物流業者がその役割を担当する。当然，その新たなビジネスモデルでは，決済流も大きく変わる。このような

第7章 イノベーションと場の構築

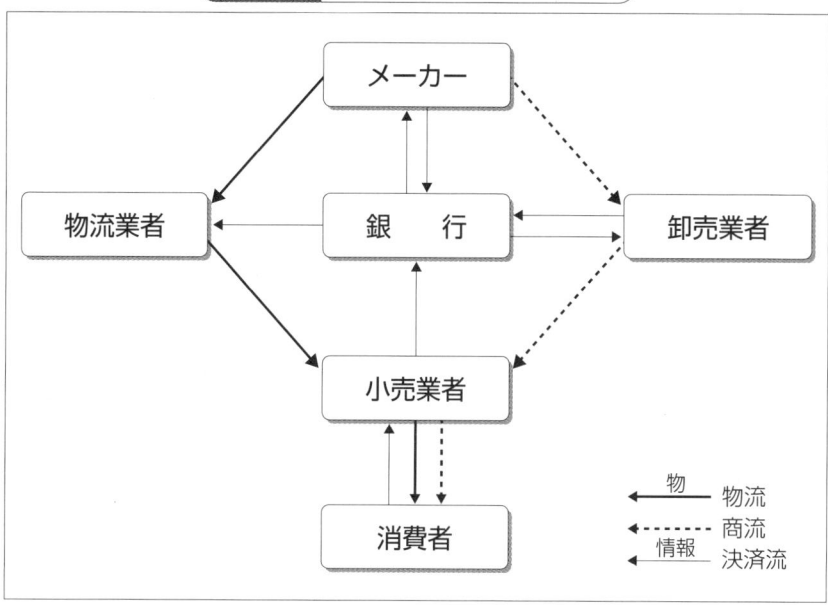

図表7-6　商物分離のビジネスモデル

```
              メーカー
            ↗  ↕  ↘
      物流業者 ← 銀　行 → 卸売業者
            ↘  ↕  ↙
              小売業者
               ↕
              消費者
```

物 ──→ 物流
・・・→ 商流
情報 ──→ 決済流

（出所）國領二郎［1999］27頁。

　商物分離のビジネスモデルは，まさにイノベーションである。実際のモノの流れと商いのような情報の流れを分離することによって経済価値は格段に高まる。すなわち，モノと情報の経済原理に純粋に従うことによって，あらゆる分野でイノベーションは生起する。

　また，近年では，卸売業が商流を小売業者に向けるのではなく，直接消費者に向けるケースも出てきている。これを可能にしたのが，インターネットなど情報技術の進展であり，インターネットを駆使したビジネスモデルはeビジネスと呼ばれている。

❸ eビジネス

　eビジネスは，プラットフォーム・ビジネスを始めとするオープン・ネットワーク経営で行われる代表的なビジネスシステムであり，インターネット

の普及率が高まるとともに，急速に進展している。ｅビジネスとは，アーサー・アンダーセン社によれば，「ネットワーク化された技術を利用することにより，モノ，サービス，情報，および知識の伝達と交換を効率的に行うことである」[43)]である。アーサー・アンダーセン社は，この定義のポイントを以下の２点に置いている[44)]。

① ネットワーク・テクノロジーを利用していること。
② モノ，サービス，情報および知識の伝達と交換が行われていること。

　三和正明［2003］によれば，ｅビジネスとは，インターネットやウェブ等のネットワーク技術や情報処理技術等を活用し，時間，場所，国境を越えて，製品・商品やサービス，知識，情報等の経営資源を，求める相手と迅速かつ効率的にやりとりできるような経営環境をつくり出すことにより，従来の経営スタイルでは得られなかった新しいビジネス価値を創出する事業もしくは事業形態である[45)]。

　ｅビジネスの意味するところは，単にモノやサービスの売買だけではなく，顧客への情報提供やビジネスパートナーとの協働も含まれる。また，従来のシステムでは得られなかった価値を創出することから，イノベーションの本質とも合致するものである。その意味において，ｅビジネスの台頭は，イノベーションそのものであるといえよう。

　このｅビジネスは最新のテクノロジーの結集ではなく，ビジネスをオンライン上で拡張し，顧客との関係を飛躍的に改善し，取引パートナー間のビジネスプロセスを合理化し，またそれに費やすコストを大幅に削減する[46)]。つまり，ITを効果的に利用することによって，新しいビジネスのあり方（ビジネスモデル）そのものを再考することにその本質的な意義がある。それはビジネス全体を包括的かつダイナミックに捉えるものである。したがってネットワーク技術や情報処理技術にばかり目をむけるのではなく，「ビジネス」そのものを見据える視点が，ｅビジネス成功の上でもっとも重要な点なのである[47)]。

　事実，インターネットを駆使したｅビジネスの登場は，従来のビジネスの

あり方を一変させた。代表的な事例がアメリカのアマゾン・ドット・コム社である。アマゾン・ドット・コム社は，無店舗販売を行いながら全世界の顧客を相手にビジネスを成功させている。日本でも松井証券がインターネット取引を行うことによって急成長した。またイトーヨーカ堂も系列のセブン・イレブンの販売網を活かし，ＩＹバンクというネット銀行を運営し大成功させている。これらの事例を考えればｅビジネスは，①時間的制約の克服，②空間的制約の克服，③形態的制約の克服の３点に効果があるといえる。

すなわち，インターネットは時間や空間，組織形態による制約をいとも簡単に克服してしまうのである。短時間で営業時間に関係なく取引が可能となることによって時間的な制約克服を実現する。世界中の消費者と取引が可能となることによって空間的な制約克服を実現する。製品やビジネス形態の革新による新たな取引が可能となることによって形態的な制約克服を実現するのである。

---

1) 國領二郎＝野中郁次郎＝片岡雅憲［2003］14-15頁。
2) 伊丹敬之＝西口敏弘＝野中郁次郎編［2000］13-14頁。
3) 西口敏宏［2000］5頁。(伊丹敬之＝西口敏弘＝野中郁次郎編［2000］，所収)
4) 山下裕子［2000］5頁。(伊丹敬之＝西口敏弘＝野中郁次郎編［2000］，所収)
5) 額田春華［2000］5頁。(伊丹敬之＝西口敏弘＝野中郁次郎編［2000］，所収)
6) 山之内昭夫［2001］184頁。(亀岡秋男＝古川公成［2001］，所収)
7) Wenger,E.C.＝Snyder,W.M.［2000］訳書121頁。(「ハーバード・ビジネス・レビュー2001年8月号」，所収)
8) 野中郁次郎＝紺野登［1999］164頁。
9) 阿部香［2000］72頁。
10) 伊丹敬之＝西口敏弘＝野中郁次郎編［2000］58-59頁。
11) 前掲書　27頁。
12) 前掲書　28頁。
13) 前掲書　31頁。
14) 今田高俊［1999］396頁。(神戸大学大学院経営学研究室編［1999］，所収)
15) 伊丹敬之＝西口敏弘＝野中郁次郎編［2000］10頁。
16) 山下裕子［2000］153頁。(伊丹敬之＝西口敏弘＝野中郁次郎編［2000］，所収)

17）伊丹敬之＝西口敏弘＝野中郁次郎編［2000］45-46頁。
18）濱口恵俊［1982］22頁。
19）奥林康司［1999］457頁。（神戸大学大学院経営学研究室編［1999］，所収）
20）古川一郎［1999］29頁。
21）前掲書　54-57頁。
22）前掲書　56頁。
23）加護野忠男［1999］566頁。（神戸大学大学院経営学研究室編［1999］，所収）
24）武石彰［2001］128頁。（一橋大学イノベーション研究センター［2001b］，所収）
25）國領二郎［1995］12頁。
26）前掲書　14頁。
27）山倉健嗣［1993］33-57頁。
28）末松千尋［2002］342頁。
29）國領二郎［1999］21頁。
30）前掲書　23頁。
31）高橋成夫［1994］228頁。（藤芳誠一監修［1994］，所収）
32）今井賢一＝金子郁容［1988］44-45頁。
33）新保豊［2003］153頁（日本総合研究所＝伊佐田文彦編［2003a］，所収）
34）奥山哲哉＝青木弘一＝田中信［1995］12-13頁。
35）原田保＝山崎康夫［1999］20頁。
36）國領二郎＝野中郁次郎＝片岡雅憲［2003］114頁。
37）http://www.ecrp.org/topic‐s/platform/plat‐rp.html。
38）http://www.ecrp.org/topic‐s/platform/plat‐rp.html。
39）原田保＝古賀広志［2002］190頁。
40）涌田幸宏［2001］197頁。（寺本義也＝中西晶［2001］，所収）
41）工藤剛治［2003］47頁。
42）Evans,P.＝Wurster,T.S.［2000］訳書21-23頁。
43）アーサー・アンダーセン［2000］18頁。
44）前掲書　18-19頁。
45）三和正明［2003］11頁。（日本総合研究所＝伊佐田文彦編［2003a］，所収）
46）アーサー・アンダーセン［2000］19頁。
47）前掲書　19頁。

第8章 イノベーションとベンチャー・ビジネス

　イノベーションの本質は，知識創造による新価値の創出にある。新規事業を立ち上げるベンチャー・ビジネスも，社会や顧客に対して新価値を提供する行為であり，その意味では多くの特性を共有する。現実に，ベンチャー・ビジネスの成功にはイノベーションが欠かせず，ベンチャー・ビジネスの原動力として機能している。そこで，本章ではイノベーションとベンチャー・ビジネスとの関わりを中心に，ベンチャー・ビジネスの成否を決するポイントについて考察する。

　まず，先行研究にみるベンチャー・ビジネスの定義を概観し，その成功要因と失敗要因について探る。ベンチャー・ビジネスとは何か，成否を分ける要因は何か，イノベーションとの関わりはどこにあるのかなど，ベンチャー・ビジネスの特性に関する基本的な認識を深める。

　次に，ベンチャー・ビジネスの育成について考察する。ベンチャー・ビジネスの成功のためには，起業家が重要な役割を果たす。起業家を育成し，積極的に支援することがベンチャー・ビジネスを成功に導くことを理解し，その方策について学ぶ。

　さらに，投資家による私的支援としてのベンチャーキャピタルについて考察する。投資家による私的支援がベンチャー・ビジネスの生成と発展に及ぼす影響について理解を深める。

　最後に，ベンチャー・ビジネスとイノベーションのマネジメントの関係を明確にし，ベンチャー・ビジネスにおいてイノベーションの成果を管理することの重要性について考察する。そして，ベンチャー・ビジネスによる新規事業の創出も根底には知識創造があることを理解する。

1 ベンチャー・ビジネス

❶ ベンチャー・ビジネスの定義

　ベンチャー・ビジネスの先行研究において，多くの定義に共通するのは，次の3つの要素を多少とも包含していることである。第1に，ベンチャー・ビジネスは，起業家精神が旺盛な事業者（起業家）が運営主体となる点である。第2に，運営主体の特性として，イノベーションをベースとした創造性をもつ点である。第3に，志高く冒険心旺盛に挑戦する精神力を保有する点である。

　そこで，本書ではベンチャー・ビジネスを組織体としては，「起業家精神にもとづき，起業家の活動により起こされた事業もしくは事業体」と規定し，また活動面では，「イノベーションなどの創造性，もしくは冒険心旺盛な精神力をもとにした事業活動」と定義する。

　このように定義づけを行うと，起業家の活動は挑戦する志，起業への意欲，創造性などの性格をもち，結果として新規性，独立性，国際性，社会性などの特性を製品およびサービスに付与するといえる。また，ベンチャー・ビジネスには，結果的に起業が成功し，大企業に成長する企業もあれば，志半ばで撤退を余儀なくされる企業もあることが理解される。

　清成忠男＝中村秀一郎＝平尾光司［1971］は，ベンチャー・ビジネスを「研究開発集約的，またはデザイン開発集約的な能力発揮型の創造的新規開業企業」であるとして，創造性を強調した定義づけを行った[1]。

　松田修一［1998］は，清成他［1971］が著した時代と現在との産業構造の変化および社会制度の相違を踏まえて，ベンチャー企業を「成長意欲の強い起業家に率いられたリスクを恐れない若い企業で，製品や商品の独創性，事業の独立性，社会性，さらに国際性をもった，なんらかの新規性のある企業」

第8章　イノベーションとベンチャー・ビジネス

とした[2]。

　柳孝一＝藤川彰一［2001］は，ベンチャー・ビジネスについて，「高い志と成功意欲の強いアントレプレナー（起業家）を中心とした，新規事業への挑戦を行う中小企業で，商品，サービス，あるいは経営システムにイノベーションにもとづく新規性があり，さらに社会性，独立性，普遍性を持った企業」とした[3]。

　また，田中譲［2003］は，「新しい技術を武器として自らの手で新規市場を開拓している若い中小企業であり，その成長志向のきわめて強い企業」と定義づけを行った[4]。

　さらに，坂本英樹［2001］は，起業家精神を保有する企業家が引率する「革新性をもった創業期にある企業」と定義した[5]。

　いずれの定義においても，ベンチャー・ビジネス活動の基盤に，イノベーション，もしくは冒険心をおくことが理解されよう。

図表8-1　ベンチャー・ビジネスの認識

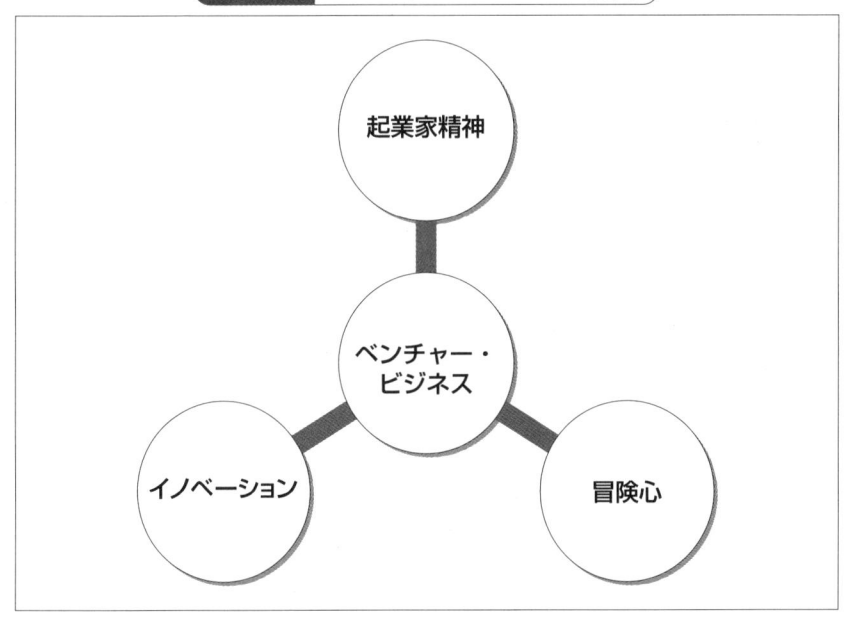

- 起業家精神
- ベンチャー・ビジネス
- イノベーション
- 冒険心

❷ ベンチャー・ビジネスの成功と失敗

　イノベーション，もしくは冒険心が活動の原点であるベンチャー・ビジネスを運営する起業家は，事業機会が認識されてから事業を展開するまでの間に，その事業を成功させるべく構想を練る。そのときに，ベンチャー・ビジネスが成功するか否かの鍵を握る大きな要素は，起業家自身の能力・発想・行動などである。

　成功しているベンチャー・ビジネスの原動力として起業家をあげ，起業家次第でベンチャー・ビジネスの事業の成否が左右されるという指摘は多い。すなわち，起業家に他の要素が加味され，成功する事業になるが，起業家以外については研究者によって異なる要素もしくは要因が提示されている。

　ヴェスパー（Vesper,K.H.）［1990］は，スタート時の戦略的要素として，ベンチャー・ビジネスのスタート時に良い起業家が存在することの必要性を強調し，ヒトの要素を重要視する。この他の5要素として，「経営チームがマーケットもしくは技術面で専門性をもつ分野で稼動すること」，「先の見えない市場で仕事をしない」，「調査，技術を過度に強調しない」，「堅実な運営を行う」，「戦略と組織に関して通常のバランス感覚で対処すること」をあげた[6]。

　また，松田修一［1998］は，ベンチャー成功の原則に起業家の能力（先見力，決断力，リーダーシップ，バランス感覚）と経験の2つをあげている。なお松田は，その他の7つの成功要因として「経営環境変化の正確な把握」，「ビジョンの明確化」，「市場や顧客の絞込み」，「事業や製品・サービスの選定」，「起動力のある経営チーム」，「必要な資金の調達と資金の固定化回避」，「社会的起業インフラの積極活用」を指摘した[7]。

　一方，失敗要因としては，「赤字受注による倒産」，「多角化による負債過多での支払い不能」，「事業拡張によるキャッシュ・フロー不足での倒産」，「放漫経営により手形の乱発で倒産」，「大口顧客からのクレームによる販売不振での倒産」など，いずれも倒産の基本的な3要因，すなわち①資金不足，②人材不足，③商品・サービス不足，顧客不足の3要因である。

第8章　イノベーションとベンチャー・ビジネス

　また，資源不足の他に，外部環境との関係でベンチャー・ビジネスが失敗する要因が存在する。経済動向，特に景気の後退，競合他社の市場参入，産業の衰退，規制の強化もしくは緩和などがあげられる。

❸ ベンチャー・ビジネスにおけるイノベーションの役割

　資源不足を克服してベンチャー・ビジネスの事業を軌道にのせる有力な方法として，イノベーションがあげられる。ベンチャー・ビジネスは，そのいずれの段階においてもイノベーション活動の成果により競争の優位性を獲得することができる。

　立ち上げ段階においては，プロダクト・イノベーションの成果が新たにニッチ市場に参入する武器になる。

　成長段階では，主にプロダクト・イノベーションによる製品差別化を実現し，市場を支配する大企業，および同規模企業との競争に勝利する。

　成熟段階では，主にプロセス・イノベーションによって他社に対してコストの主導権を手中におさめ，また経営イノベーションにより新たな起業家精神を企業に呼び戻し活力を回復する。

　競争に勝つための戦略として，ポーター（Porter,M.E.）［1980］は，「コスト・リーダーシップ」，「商品やサービスの差別化」，「集中」の3つの要素を指摘した。このいずれもがイノベーション活動によって発生する。

　第1のコスト・リーダーシップとは，最も効率の良い規模で生産を行い，「同業者よりも低コストを実現すること」を内容とする[8]。コストが競争相手よりも低ければ，競争相手が安値で攻撃を仕掛けてきても，競争相手は採算の悪化でいずれ安値販売に限界を来たす。コストが低ければ，そのときまで耐えられることを意味する。プロセス・イノベーションによりコスト・リーダーシップが確立される。

　第2の製品やサービスの差別化とは，「業界のなかでも特異だと見られる何かを創造しようとする戦略」である[9]。そのためには，プロダクト・イノベーションにより差別化した商品を開発することが重要である。

起業家が新たに市場に参入するときにも，ポーターの競争戦略論は有効である。起業家による市場参入により，すでに市場を支配している企業家にとっては競争相手が新たに出現する結果をきたし，起業家にとっては競争に勝利するための戦略を策定する必要性が生まれるからである。ベンチャー・ビジネスが大企業の支配する市場に参入するためには，市場を支配する企業が既存顧客との関係で行えないイノベーションの成果により市場参入が可能になる。

　起業家は自らがイノベーターであるとともに，イノベーション活動を管理する立場でもある。ベンチャー・ビジネスの立ち上げ段階では，起業家自らがイノベーターであることが多い。成長段階に入ると起業家はベンチャー・ビジネスにおけるイノベーション活動を管理する立場に移行する場合がある。

　起業家が，イノベーションを管理するときの課題は大きく分けて2つ存在する。第1に，文字どおりイノベーション活動の管理が考えられる。第2に，イノベーションから得られる成果を占有するための施策としての知的所有権の管理が考えられる。

　ドラッカー［1995］は，イノベーションの管理を強く主張した。企業は「変化を機会にするために企業の組織のなかに体系的な廃棄のシステムを組み込んでおき」，体系的なイノベーションのためのシステムを組織化して，企業の内外における変化を体系的に発見できるようにしておかなければならない[10]と主張した。

　また，「これからの革新は現存の組織の中に組み込まなければならない。大企業は管理と同様に革新を目指して自らを組織化できなければならない。革新が要求されている現代に，革新することができない既成企業は衰退し消滅する運命にある。革新の管理はトップマネジメントの能力の試金石になる」[11]と指摘した。具体的には，それぞれの企業によりさまざまなイノベーション管理の形態を採用することになる。

2 ベンチャー・ビジネスの育成

❶ イノベーションとの関わり合い

　ベンチャー・ビジネスを競争優位性の観点からみた場合，既述したようにイノベーションはベンチャー・ビジネスに競争力を付与する重要な役割を果たす。一方，マクロ経済の視点でみた場合，イノベーションはシュンペーターが指摘したように経済成長を実現する1つの要因である。

　そこで，シュンペーターが指摘したイノベーションが経済成長の要因であるとの説に従ったときに，わが国の閉塞した経済状況を打破するのは，「イノベーション活動」であるのか，それとも「ベンチャー・ビジネスの活動」であるのか，議論が分かれるところである。

　わが国においては，近年，経済面での閉塞感だけでなく，社会全体の活力を回復する手段としてベンチャー・ビジネスの活動に対する期待が日増しに高まっている。ベンチャー・ビジネスが雇用を促進し，地域経済活性化の原動力になるなど，わが国では官民をあげてベンチャー・ビジネスの役割を評価し，国をあげてベンチャー・ビジネスの育成に取り組んでいる。

　これに対して，米国において起業家精神が経済の成長に対して役割を果たすとの議論の原点には，必ず「イノベーション」が置かれる。シュンペーターがイノベーションを遂行する主体はアントレプレナーであると指摘した流れのなかで，イノベーションのドライビング・フォースは起業家精神もしくは起業家活動であると認識されてきたためである。

　すなわち，起業家としての高い志があっても，イノベーションが存在しないと自由な競争のなかで競争優位を確保することができず，市場への参入自体が困難になる。

　ベンチャー・ビジネスが高い志を有する起業家によって起業に挑戦し，事

業を成功させ，その事業および事業主体に社会性を備えさせる一連の流れを榊原清則［2002］は「ベンチャーサイクル」と呼称した。またイノベーションは，その歯車としての役割を負うと指摘し，イノベーションの役割を明確にした。榊原によれば，ベンチャー・ビジネスは，このベンチャーサイクルを循環しながら，「徐々に，あるときは急激に発展していく」とし，また「起業」から「企業」へ転換する[12]と指摘した。

金井一頼＝角田隆太郎［2002］は，ベンチャー企業の定義を整理するなかで，①リスクを強調する定義，②革新性を強調する定義，③成長性を強調する定義，④アントレプレナーシップを強調する定義の4つに分類した[13]。しかし，いずれの定義においても，革新性もしくはイノベーションについて触れない論者はなく，ベンチャー・ビジネスとイノベーションとの関わりを否定できない。

このように，イノベーションを基盤として，そのなかでベンチャー・ビジネスや既存の企業がイノベーションを梃子に活動を行い，その結果として経済成長が実現すると理解される。したがって，わが国のようにベンチャー・ビジネスへの過度とも思える期待の背景には，ベンチャー・ビジネスにはイノベーションを引き起こす力があるという考えが存在していると指摘できる。

❷ 起業家教育

イノベーションを基軸にしたベンチャー・ビジネスが，わが国の閉塞した経済状況を好転させる起爆剤になるためには，わが国において，より多くのベンチャー・ビジネスが誕生し，発展し，大きな経済効果を産み出すことが必要である。そのために，まず，ベンチャー・ビジネスを産み出すための施策として，起業家教育が不可欠である。また，産み出されたベンチャー・ビジネスを育成するためには，各種多様な支援が望まれる。さらに，ベンチャー・ビジネスの事業を軌道にのせるための仕組みとしてインキュベータの存在が不可欠である。

そこで，まず，ベンチャー・ビジネスを社会で多く産み出すために，如何

に起業家教育が重要であるかを検討する。その1つは,幼児期からの金銭教育および少年期からの起業家教育である。

　土井教之［2002］は,英国の小学校で行われている「ミクロ・ソサエティ」プログラムを中心に,英国の初等教育における経済教育の考察を行った。このプログラムは米国で開発された「ミニ・ソサエティ」プログラムをベースにしたものである[14]。

　プログラムの期間は,12週間であり,その間に教室内に政府,企業,金融機関,家計などで構成される「社会」を作る。通貨を流通させることにより,生徒がその社会を運営して得た経験から経済教育を実践する内容である。厳密な意味での起業家教育ではないが,小学生の段階から経済に親しむための教育であり,起業家教育に必要な基盤を小学生の段階から形成する目標をもつ。

　土井と同様に,若いうちから起業家育成のための教育の必要性を指摘したのは大江健［1998］である。大江は,小学生から起業家疑似体験を行うための活動を支援している[15]。

❸ 創業支援,インキュベータおよび産業集積

　学校における金銭教育ないし起業家教育によって多くの起業家が輩出されても,ベンチャー・ビジネスが育成される仕組みが社会に存在しないと,もともと経営資源が枯渇しているベンチャー・ビジネスの発展は期待できない。ベンチャー・ビジネスを育成する社会の主な仕組みとして,公的および私的支援,インキュベーション,ならびに産業集積があげられる。

　公的支援の範囲は非常に広い。中小企業庁の他,経済産業省の部局,他の省庁,例えば労働省,総務省,財務省などの国の機関および地方公共団体も積極的に創業支援,ベンチャー・ビジネス支援に取り組んでいる。具体的には,創業意識の喚起,人材育成に対する支援から,ビジネスマッチングのための支援,融資による支援,直接投資による支援,助成金の支給,人材確保に対する支援（助成金支給を含む）,技術開発による支援などである。

　私的支援には,ビジネス・メンター,ビジネス・エンジェル,ベンチャー

キャピタルなどがある。このなかで，ベンチャーキャピタルによる創業支援は，わが国に限らず世界的に，ベンチャー・ビジネス育成に不可欠なものであると認識されている。

ベンチャー・ビジネスの創業を主に技術面で支援する行為をインキュベーション（incubation）と呼称し，その目的で作られた機関をインキュベータ（incubator）と呼ぶ。インキュベータは，主に技術開発型のベンチャー・ビジネスに対する支援を行う。

インキュベータは公的な機関が運営するものと，営利もしくは非営利による民間経営のものが存在する。わが国におけるインキュベータの多くは，ベンチャー・ビジネスに対する公的支援の一環として位置付けられた公的機関が，インキュベータを運営している。出資，融資・債務保証，研究委託・補助金，および技術支援の4つの公的支援カテゴリーにおいて，インキュベータのサービス提供は，技術支援の範疇に属する。

全米インキュベーション協会（National Business Incubation Association）では，インキュベータの業務内容を次のように認識している。「インキュベーションは企業発展のダイナミックなプロセスである。インキュベータが若い企業を育成し，弱点の多い事業立ち上げ段階にある企業を成長軌道に乗せるように支援する。インキュベータは，対象企業に対して密接なマネジメントの支援，資金調達の仲介，企業評価機関への紹介，技術指導を行う。同時に一つの施設内での各種のオフィス・サービスを提供する」[16]。

米国でのインキュベータの効果に関し同協会では「多くの企業は2年から3年以内でインキュベーション施設から出て行く。30％程度の企業が毎年，インキュベーション施設を卒業する（出て行く）。1997年の調査では，インキュベーション施設を退去した企業の87％が退去後も生存している」[17]として，米国におけるインキュベータおよびインキュベーション施設が立ち上げ段階から成長段階にかけてのベンチャー・ビジネスの発展に貢献している事実を報告している。

また，北米でのインキュベーション施設950ヶ所の利用状況については，

第8章 イノベーションとベンチャー・ビジネス

図表8-2 集積のメリット

(1) 1991年時点

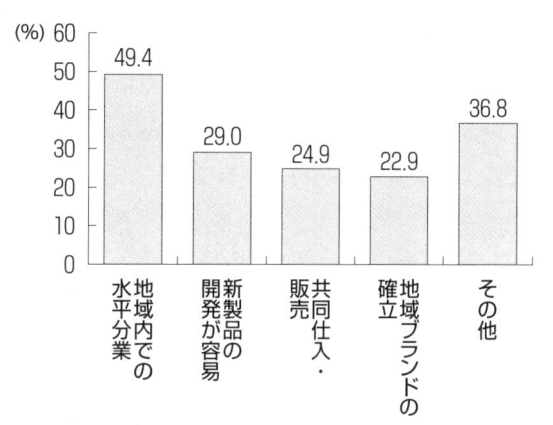

項目	(%)
地域内での水平分業	49.4
新製品の開発が容易	29.0
共同仕入・販売	24.9
地域ブランドの確立	22.9
その他	36.8

（注）複数回答のため,合計は100を超える。
（出所）中小企業庁「地域企業実態調査」(1991年12月)。

(2) 2002年時点

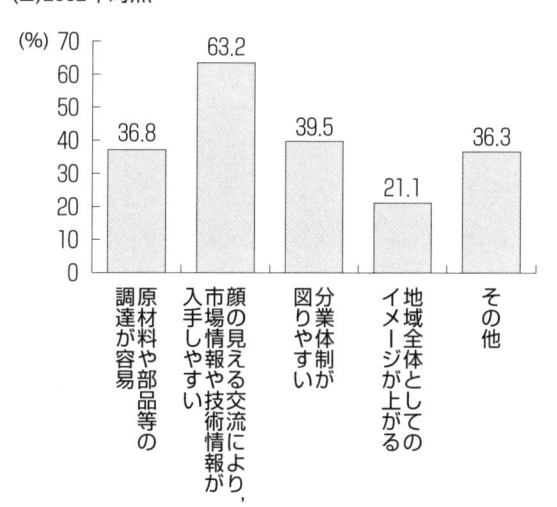

項目	(%)
原材料や部品等の調達が容易	36.8
顔の見える交流により,市場情報や技術情報が入手しやすい	63.2
分業体制が図りやすい	39.5
地域全体としてのイメージが上がる	21.1
その他	36.3

（注）複数回答のため,合計は100を超える。
（出所）(株)価値総合研究所「新規成長分野の産業集積の実態と発展のための課題に関する調査」(2002年)再編加工。

2001年現在，3.5万社のベンチャー・ビジネスが8.2万人の従業員を雇用し入居し，全社の年間所得額は70億米ドルであったとしている。

インキュベーションと類似するベンチャー・ビジネス育成策に産業集積がある。2003年度版中小企業白書では，「産業の分析を行うと，個別産業やその関連産業が特定の地域に集中しているという産業集積の現象が，多くの国において普遍的といってよいほど明確に観察される」と指摘した。図表8－2に示されるように，産業集積のメリットは変化をみせており，近年では規模の小さいベンチャー・ビジネスや中小企業ほど，その成果を享受しやすくなっている。

3 ベンチャーキャピタル

❶ ベンチャーキャピタルの生成と発展

ベンチャー・ビジネスが成功する要因として，公的支援のほかにベンチャーキャピタルによる私的支援があげられる。ベンチャーキャピタルは，投資家から運用期間を予め定めたうえで，幅広く集めた資金を起業化後，間もない事業に投資するタイプの投資ファンドを運用する主体ないしその資金を指す。投資により得た果実を運用期間の最後に投資家に返却する。通常の投資ファンドに比べ，投資先の経営に関与する程度が著しい実態および投資先の必要資金の相当部分を投資する投資割合の高さに特徴がある。

ベンチャー・キャピタリストは，起業家の策定するビジネスモデル，事業計画および成果回収の戦略などを注意深く検討し，投資を決定する。この投資決定の方法により，多くのベンチャー・ビジネスに成長資金を提供することができる。ベンチャー・ビジネスの成功要因として，その投資が重要な位置を占める。

近代的なベンチャーキャピタルが世の中にはじめて登場したのは，第二次

第8章　イノベーションとベンチャー・ビジネス

世界大戦直後の米国である。ハーバード・ビジネススクールのジョージ・ドリオット教授（Doriot, F.J.）により1946年に設立されたアメリカン・リサーチ・アンド・デベロップメント社（ＡＲＤ）を嚆矢とする[18]。

　ＡＲＤの創業者ドリオット教授は，英国で1962年にテクニカル・デベロップメント社を設立し，また1965年にフランスでユーロピアン・エンタープライズ・デベロップメント社を設立した。ヨーロッパにおいても，ハイテク起業に対するベンチャーキャピタルの役割の実例を示した。

　米国の代表的なベンチャー・キャピタリストを追跡調査したグプタ（Gupta, U.）［2000］によれば，初期のベンチャー・キャピタリストたちは，ドリオット教授のもとでベンチャー投資のノウハウを学んだと指摘した[19]。

　グプタは，ドリオット教授の講義録をもとにベンチャー・キャピタリストが黎明期に如何なる基準で投資を行っていたかに関し，現在と相当に様相が異なり「初期の専門家たちの意見によるとベンチャー投資は人材しだい」であったことを究明した。その一方で，ベンチャーキャピタルの仕組みは現在と大きな変化がないことを解明した。

　すなわち，ベンチャーキャピタルの仕組みは「資金の調達－ベンチャー・ビジネスへの投資－投資の回収」の3つのプロセスにより構成されており，かつそのプロセスが循環する。

　ベンチャーキャピタルを理解するため，「ベンチャーキャピタル・サイクル」全体を理解する必要を説いたのがゴンパース（Gompers, P.）＝ラーナー（Lerner, J.）［1999］である[20]。すなわち，この3つのプロセスが循環する仕組みの理解が必要であることを意味する。

❷ ベンチャーキャピタルの基盤

　ベンチャーキャピタルの機能は，金融の仲介である。したがって，ベンチャーキャピタルは，投資家からの資金を調達し，その資金をもとに起業家へ投資を行い，投資に対する果実を投資家に分配する。ただし，通常の金融仲介と異なる点は，投資に対する果実を享受する確率が他の金融方法に比べ相

対的に低いことである。そのために，ベンチャーキャピタルはポートフォリオによる危険分散を行う。

また，技術開発を専門にしてきた起業家が創業に際して技術開発を継続しながら起業活動を行うには，時間的にも，適性の面でも多くの困難を伴う。そこで，ベンチャーキャピタルは単に投資を行うだけでなく，投資対象企業の経営に深く関与する。

最近は，ベンチャー・キャピタリストがマニュアルに代わる教育手法である「ハンズオン（hands-on）」を採用し，投資対象のベンチャー・ビジネスの経営に「手取り足とり」して，深く関わりあっている。

吉田和男［2002］によると，「起業はすべてベンチャー（冒険）であり，（中略）ベンチャーキャピタルが投資するビジネスのことをベンチャー・ビジネスと呼ぶことが合理的である」と指摘し，ベンチャーキャピタルが起業のリスクを評価し，起業のもつリスクを多数の起業に投資しポートフォリオを組むことによってリスクを分散し管理できることを評価する。「ベンチャーキャピタルの存在によって，ベンチャー・ビジネスの経営者は自らがすべてのリスクをかぶることなく，新しい事業に挑戦できる」としている[21]。

なお，ゴンパース＝ラーナー［1999］は，こうしたベンチャーキャピタルが行う投資にはリスクが存在するので，ベンチャーキャピタルが資金を調達するときの課題を指摘した[22]。すなわち，「ベンチャーファンドは現金化しにくい投資を行うため，10年あるいはそれ以上の期間で，投資家から資金を確保する必要がある。（中略）ベンチャーキャピタルに対する資金の需要と供給に変化があるとき，ベンチャー・キャピタリストやベンチャーキャピタルがその変化に対応するのには時間がかかる」として，ベンチャーキャピタルの資金調達は，他の金融機関に比べ，手間と時間がかかり資金需要に応じた機敏な資金調達はできないとした。

❸ ベンチャーキャピタルの業界構造

わが国におけるベンチャーキャピタルの多くは証券会社を含む金融機関が

第8章 イノベーションとベンチャー・ビジネス

設立母体になっている。したがって，ベンチャーキャピタルを分類するには，その設立母体を基準に分類すれば，業界構造を確認することができる。

すなわち，証券系，メガ銀行系，地方銀行系，保険系，その他金融機関（リースなど）系，事業会社系，独立系，外資系に区分できる。証券系の一部のベンチャーキャピタルは株式公開会社である。しかし，トップ人事は主要株主である証券会社の影響力が強く，また日常業務においても主要株主である証券会社と連携して投資対象を探し，もしくは投資ファンドへの投資家からの資金調達を行うので，独立系として分類はできない。

この分類から，わが国のベンチャーキャピタルは「系列ファンド」が主流を占める実態が判明する。すなわち，金融機関が有望なベンチャー・ビジネスを現在または将来の顧客として囲い込む目的により設立したベンチャーキャピタルである。

わが国の主要なベンチャーキャピタルが「系列ファンド」であることによりさまざまな課題が生じ，今後はそれらの課題を克服していく必要がある。わが国のベンチャーキャピタルに関する今後の展開は，次のようなものである。

① 立ち上げ段階のベンチャー・ビジネスに対する投資を専門に実施できる

図表8-3 米国のベンチャーキャピタルの類型

類　　型	内　　容	特　　徴
メガ	大規模な資金を運用する独立系	複数のファンドを運営
メインストリーム	中規模資金を運用する独立系	メガファンドと共同運用が多い
系列	顧客囲い込み目的の非独立系	ターゲットファンドの運用
ニッチ	投資を特定分野に絞った独立系	コンサルティングも兼営する
ＳＢＩＣ	中規模ファンド	地元の投資案件に特化

（出所）小野正人［1997］，産業基盤整備基金［2000］を参考に筆者が作成。

ノウハウを蓄積し，もしくは専門性を追及する動機を醸成する。米国においても，通常のベンチャーキャピタルは立ち上げ段階での投資には消極的であり，もっぱら立ち上げ段階のベンチャー・ビジネスに投資を行う専門性をもつベンチャーキャピタルにより実施される。
② わが国のベンチャーキャピタルのうち，系列ファンドの多数を占める中規模ファンドは，ベンチャー・キャピタリストの個性が反映されたベンチャーキャピタルに特化していくと期待される。ビジネススクールのようなベンチャー・キャピタリストを養成する教育機関が創設されている背景がある。
③ 「ハンズオン」のようなコンサルティング能力のあるベンチャーキャピタルが増加すると見込まれる。

なお，わが国のベンチャーキャピタルに対する問題の1つに，投資家の問題がある。ベンチャーキャピタルに資金を提供する投資家は，技術取得目的の法人が多く，ファンドに個人の資金を十二分に取り込んでいないことがあげられる。ベンチャーキャピタルが専門性をつければ，資金調達の多様化が実現しよう。

4 イノベーション活動のマネジメント

❶ イノベーションの管理

既述したようにドラッカー［1974］は，イノベーションを組織において管理することの重要性を説いた。

野中郁次郎［1995］は，個人により作り出された革新的なアイデア（知識）が如何に組織に伝播して，組織自体による革新的な行動につながるかの組織的要因を明らかにした[23]。

トゥッシュマン（Tushman, M.L.）およびオレリー（O' Reilly, C.A.）

第8章 イノベーションとベンチャー・ビジネス

図表8-4　産学官連携の効果

～製品の商業化よりも,知識の吸収という点で産学官連携の効果は大きい～

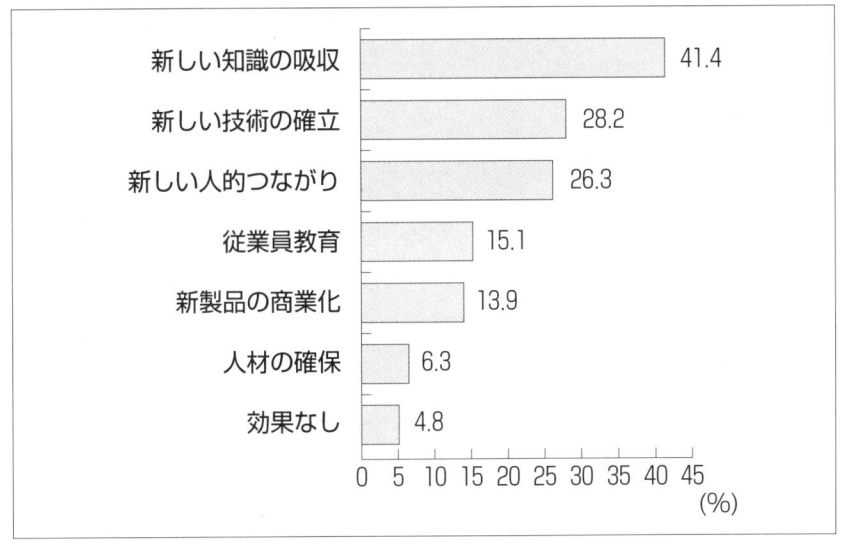

項目	(%)
新しい知識の吸収	41.4
新しい技術の確立	28.2
新しい人的つながり	26.3
従業員教育	15.1
新製品の商業化	13.9
人材の確保	6.3
効果なし	4.8

資料：中小企業庁「経営戦略に関する実態調査」(2002年11月)
(注) 主業種が製造業に属する中小企業のうち,大学等との産学官連携活動に取り組んだことのある企業について集計した。
(出所) 中小企業庁 [2003] 205頁より引用。

[1997] は,成功した企業でも時間の経過によって失敗する企業へ転落していく過程を観察して,次の事項を究明した。

① 長期にわたる企業の成功には1つの流れが必要である。
② イノベーションを引き起こすような組織文化に導く。
③ 企業が成功の罠にはまり易いので,イノベーションのジレンマを避けるためには,管理者の採用する施策が必要である[24]。

このような先行研究から,特にベンチャー・ビジネスにおいては,起業家自身がイノベーターであるとともに,起業家による「イノベーションの管理」が必要であることが明白である。

イノベーションを管理することは,インベーターを管理することと同義ではない。イノベーションの管理で必要とされることは,ベンチャー・ビジネ

スにおけるイノベーション活動が旺盛になるように企画し，工夫することのほかに，ベンチャー・ビジネスのイノベーション成果を知的所有権として，排他的に占有し，競争優位を確保することが包含される。

イノベーション活動を活発化する際に，「学の知」を活用する途がある。中小企業白書（2003年度版）では，ベンチャー・ビジネスが外部知識を導入する先は企業のみならず，大学や研究機関も重要であると指摘した[25]。産学官連携により外部とのコラボレーションが実現し，イノベーション活動を容易にすることができる。

❷ イノベーション成果の専有

イノベーションの成果に関して，特許をはじめとする知的所有権が認められているので，研究開発の先行者利益（first-mover advantage）が保障される。すなわち，競争相手に先駆け新製品や新製法の開発に取り組む動機が生まれる[26]。

最近の技術の発展と普及は目覚しいものがあり，米国を中心に経済生産高に占める高度技術利用の比重は，大幅に上昇している。技術関連の企業群には，知的所有権の保護が確保されている製品・サービスを供給する企業と，そうでない企業がある。これらの企業では，権利保護の格差が競争優位に明確に現れている。ポーター［1985］は，特許権によって保護される技術を既存企業による参入障壁の1つとして例示した[27]。

イノベーション成果の管理に関しては，どのタイプの知的財産権によるイノベーションの専有が望ましいか，如何に専有を侵犯されないように防御するか，国際的な特許制度，手続きの相違により問題を如何に解決していくか（特に米国の制度，手続き，紛争処理）の3点が焦点になる。

知的財産権をめぐる争いは，イノベーションの管理が不十分であることから発生することが多い。しかも，諸外国政府のなかで，米国政府は，米国を本拠地とする多国籍企業の知的財産権戦略を支援している流れが存在するので，わが国のベンチャー・ビジネスもイノベーション成果物の管理に無関心

でいられるものではない。

❸ 知的財産権

ベンチャー・ビジネスが管理の対象とする知的財産権は，基本的には，工業所有権（Industrial Property Right）である。

これは，具体的には下記の6つに分類される。
① 特許権（20年間，米国17年間）（ビジネスモデル特許は15年）
② 意匠権（15年）
③ 商標権（10年）
④ 半導体集積回路の回路配置権（10年）
⑤ 植物新品種権（15年）
⑥ 著作権（死後50年，コンピューター・プログラムについては，公表後50年）

なぜベンチャー・ビジネスにとって知的財産権が重要なのであろうか。ベンチャー企業は，体力が弱く，生産力で大企業に挑むことは困難である。したがって，新しい知識を社会に対してどれだけ提供できるかが，ベンチャー企業を成功させられるか否かのポイントになる。しかし，知識は無形財という特性上，多くの企業に模倣される危険性がある。ベンチャー企業が，企業

図表8-5　日米の対外知的財産権収支の推移

	日　本		米　国	
	2002年	1991年	1999年	1991年
外国からの収入	億円 12,700	億円 3,860	百万ドル 37,212	百万ドル 17,818
外国への支出	11,900	8,135	12,437	12,235
差　　引	+800	−4,275	+24,775	+5,573

努力により新たな知識を提供しても，生産力の強い大企業に模倣されてしまっては多大な損失を受ける。そこで，重要になるのが知的財産権の保護である。

図8－5に示すように，わが国の対外知的財産権収支は，米国に比べ遅れている。わが国政府は，多国籍企業の国際技術戦略を背景とする米国政府の知的財産権保護の施策およびイノベーションによる経済成長の促進策に刺激されて「知財社会」形成を政策目標としてあげている。

その流れとして知的財産権をめぐり多くの動きがある。第1に，知的財産権を外国企業に移転したときの使用料に対する保険の制度化があげられる。経済産業省が創設した保険制度は，2003年10月から同省が所管する独立行政法人日本貿易保険が実施するものである。日本企業が外国の企業に知的財産権の使用を許諾し，その見返りに使用料を徴収する契約をしたとき，外国の企業が使用料を支払わなかった未払い額を保険で補填する。

保険料は，対象となる外国企業およびその本拠地（国）の格付けにより異なるが，1億円を支払う保険金の掛け金は最低年間27,000円程度を想定している。

第2に，邦銀が知的財産権に担保価値を認めて融資を行うようになったことがあげられる。すでに多くの邦銀により主に特許権を担保にして，単独融資もしくは複数の邦銀による協調融資が行われている。

5 イノベーションによる新規事業創出に関する先行研究

❶ 知識と創造

経営資源が不足するベンチャー・ビジネスは，知識創造の能力を発展させて競争優位を確保する必要性の高い企業である。換言すると，ベンチャー・ビジネスが経営資源に富む大企業に対して競争を挑むためには，知識，技術，

および技能という経営資源を発展させイノベーションを実現する必要がある。

野中の組織的知識創造の理論と相前後して，企業活動の場は，製造・生産から知識創造へシフトすることを論証したのが児玉［1995］である。すなわち，R＆Dへの投資が資本財投資を超えるようになると企業は製造の場から知識創造の場にシフトする事実を究明し，知識創造の場では，企業規模とは無関係にイノベーションが生起し，起業化が盛んになる事実を明確にした。

技術開発の段階ではリニアな進歩がベースであるが，知識創造の場にパラダイム・シフトが起こると，3番目のステージに移行する。そのステージでは，起業家精神が旺盛な知識創造型企業がこれを管理する。顧客の要請に即座に対応し新しい市場を作り，新しい製品を開発して支配的な技術を確保するというものである。

野中や児玉の先行研究にみられるように，イノベーション活動と知識との関連について多くの研究は，わが国の研究者により行われている。

❷ 技術進化とベンチャー・ビジネス

知識の創造とともにベンチャー・ビジネスの発展に不可欠な要素は，技術の進化である。技術進化がベンチャー・ビジネスの活動に及ぼす効果の研究は，主に技術予測の観点から行われている。

技術変化の性格を考察した丸毛一彰［1987］は，技術の内在的自律性による変化と外的な要因による変化を整理した[28]。外的な要因による技術進歩の1つとして起業家のような天才が，既存の技術とは不連続な変化を惹起する事例をあげた。すなわち，技術進歩が典型的な技術指向のベンチャー・ビジネスを誕生させる。

わが国の一部のベンチャー・ビジネスでは，技術進歩を外的な要因で確保するために内外から博士号取得者を招聘し技術開発に従事させ，または技術の自律的な進歩を確保するために研究開発に専念する子会社を設立し，技術進歩を達成している事例がある。

技術変化を管理する観点で技術変化とベンチャー・ビジネスの経営との関連性を考察した研究がジョナシュ（Jonash,R.S.）＝サマラッチ（Sommerlatte,T.）［1999］により行われた。ジョナシュ＝サマラッチ［1999］は，新たな時代における企業の経営モデルを「技術とベンチャー・ビジネス」に関して論じた。技術革新を実践している先進企業の事例から技術進歩に対するマネジメントのヒントが得られる[29]としている。

ドラッカーがイノベーションを企業の目的意識にもとづいて行う業務であり，業務である以上，基本的にマネジメントを行うべき対象の経営的行為であるとしているのに対して，ジョナシュ＝サマラッチは，マネジメントを行う技術革新の対象を「イノベーション・プレミアム」という概念を用いて説明する。

なお，技術は自社で開発するだけではなく，他社が開発した技術を有償で購入し技術進歩を確保し，技術志向のベンチャー・ビジネス経営を可能にする選択肢もある。

❸ イノベーション活動と企業内ベンチャー

大企業からベンチャー・ビジネスが輩出されることがある。この現象を企業内ベンチャー活動として認識し，その主体をイントラプレナーと呼称する。大企業の経営組織にイノベーションを醸成する要素が存在することは，イノベーションのマネジメントを行ううえで重要である。

企業内ベンチャーが成功した事例としては，米国3M社があげられる。ガンドリング（Gundling,E）＝賀川洋［1999］は，米国3M社の事例分析から，企業がイノベーションをベースにした企業内ベンチャー活動を行うには，社内全体にイノベーションを行おうとする「意識が醸成され」，その活動を支援する「環境作り」が必要であり，また，その環境のなかで「社員のモチベーション」が向上していき，組織のなかにイノベーション創りの「循環作用が定着する」ことが必要である[30]と指摘した。

3M社でのイノベーション発生の要因に関して，ガンドリンク＝賀川

第8章　イノベーションとベンチャー・ビジネス

［1999］は，①単純な進化（過去の製品の単純な進化），②偶然の結合（アイデアの突如とした進化と応用の発見），③外的刺激（顧客や上司といった自分以外からの刺激や影響によるイノベーションの発生），④発想の転換（従来の常識に反するアイデアの導入），⑤技術と組織の結合（別々の技術を結合させて開発する）の5つを列挙した。

1）清成忠男＝中村秀一郎＝平尾光司［1971］9-11頁。
2）松田修一［1998］16-17頁。
3）柳孝一＝藤川彰一［2001］10頁。
4）田中譲［2003］1頁。
5）坂本英樹［2001］14頁。
6）Vesper,K.H.［1990］p.36.
7）松田修一［1998］62-69頁。
8）Porter,M.E.［1980］訳書57頁。
9）前掲書　訳書59頁。
10）中内功＝ドラッカー［1995］94頁。
11）Drucker,P.F.［1974］訳書684頁。
12）榊原清則［2002］219-221頁。（野中郁次郎編［2002］，所収）
13）金井一頼＝角田隆太郎［2002］2 - 3 頁。
14）土井教之＝西田稔編［2002］278-281頁。
15）ベンチャーキッズという商標で起業家教育を行う。
16）http://www.nbia.org/resource_center/what_is/index.php から引用した。
17）同上のサイトから引用。
18）http://www.europeanvc.com/history.htm（2003年9月）の情報を参考にした。
19）Gupta,U.［2000］訳書18-19頁。
20）Gompers,P.A.＝Lerner,J.［1999］訳書3頁。
21）前掲書　訳書iv頁。
22）前掲書　訳書3-4頁。
23）野中郁次郎＝永田晃也編［1995］5-10頁。
24）Tushman＝O'Reilly［1997］訳書190-217頁。
25）中小企業庁編［2003］204-205頁。
26）Lieberman,M.B.＝Montgomery,D.B.［1988］pp.41-58.

27) Porter,M.E.［1985］訳書234頁。
28) 丸毛一彰［1987］49-52頁，147-153頁。
29) Jonash,R.S.［1999］訳書189-205頁。
30) ガンドリング＝賀川洋［1999］15-17頁。

第9章 サービス産業とイノベーション

　企業は，顧客に対して財貨もしくはサービスを提供し，その対価を受け取ることによって循環的な事業活動を展開する。対価に見合う財貨を提供する企業が製造業であり，サービスを提供する企業がサービス業である。本章では，サービス産業におけるイノベーション，特に金融業におけるイノベーションについて理解を深める。

　まず，サービス業が躍進している現状を確認し，サービス業の定義を明確にする。その上で，サービスの特性を理解する。サービスには，製品とは異なる特性が存在しており，製造業にはない特性が生まれる。

　さらに，サービス業の特性を抽出し，サービス業に関するイノベーション特性について言及する。サービス業には，①在庫ができないこと，②サービス財の内容が多様性を持つこと，③同時かつ大量に供給が可能であること，など固有の特性がある。製造業とサービス業の特性の相違から，イノベーションにも相違が生まれることを確認する。

　次に，サービス業のなかでも代表的な存在である金融業に関するイノベーションについて考察する。金融イノベーションの担い手は誰なのか，金融イノベーションの対象となる金融商品，取引手法はどのようなものか，金融イノベーションにはどのような特性があるのかを考察する。

　最後に，金融イノベーションの実証研究として，金融イノベーションの発生と普及について概観する。金融イノベーションの発生と普及，および規制との関係について理解することによって，金融イノベーションの本質について認識を深めたい。

1 サービス・イノベーション

❶ サービス業の台頭

　イノベーション・プロセスの遂行段階では，一般に技術と経営をイノベーションの対象領域とする。しかし，近年，技術力を必要とする製造業に変わり，サービス産業が台頭している。すなわち，サービスもイノベーションの重要な対象領域になりつつある。佐和隆光［1990］によれば，サービス化，情報化，国際化，金融化，投機化，省資源化の 6 つの「化ける」によってかたどられる経済社会の一大構造変化（経済のソフト化）が起きている[1]。

　これらの変化は，イノベーションにとって多大な影響を及ぼす。特に，サービス化は，サービスの特性のため，従来の製造業のイノベーションでは認識することができない重要な変化をもたらす。サービス業のイノベーションを検討することは，現代における重要な課題である。

　日本経済を長らく支えてきたのは，優秀な技術力を背景とした製造業であった。自動車，電気機器，精密機器など世界的に評価の高い製造業が日本経済を活気づけてきた。しかし，状況は変わった。アジア諸国は，技術力の高まりとともに，安価な人件費を競争力として低価格の製品を次々に生産するようになった。人件費が高く，コスト面で競争ができない日本企業は，徐々にアジア諸国の企業にシェアを奪われるようになった。そのような状況の中で，日本企業の向かう方向性が次のように変わってきたといえる。

　① 最先端の技術を駆使した商品へのシフト
　② サービス業へのシフト

　特に，サービス業への転換が最も注目されている。生産者志向の経営から顧客志向の経営に転換し，製品を生産することから顧客に価値を提供するサービス業への意識転換が図られている。

図表9-1 業種別の開廃業率の推移（事業所ベース,年平均）

		66~69	69~72	72~75	75~78	78~81	81~86	86~89	89~91	91~94	94~96	96~99	99~01
非第一次産業全体	開業率	6.5	7.0	6.1	6.2	6.1	4.7	4.2	4.1	4.6	3.7	4.1	3.8
	廃業率	3.2	3.8	4.1	3.4	3.8	4.0	3.6	4.7	4.7	3.8	5.9	4.2
製造業	開業率	6.0	5.6	4.3	3.4	3.7	3.1	3.1	2.8	3.1	1.5	1.9	1.6
	廃業率	2.5	3.2	3.4	2.3	2.5	3.1	2.9	4.0	4.5	4.0	5.3	4.1
卸売業	開業率	6.5	8.1	8.0	6.8	6.4	5.1	4.8	3.2	5.0	3.3	4.9	3.1
	廃業率	6.5	3.8	5.3	3.7	3.8	3.7	4.1	3.2	5.0	5.3	7.4	7.2
小売業	開業率	5.0	4.9	4.3	4.8	4.4	3.4	3.1	2.8	3.9	3.6	4.3	3.9
	廃業率	2.1	3.3	3.6	3.2	4.0	4.0	3.4	6.4	4.3	4.6	6.8	4.4
サービス業	開業率	6.3	6.7	6.1	6.1	6.4	5.3	4.9	4.7	5.0	3.8	4.2	4.0
	廃業率	3.8	4.0	3.8	3.3	3.1	3.2	3.6	2.9	4.2	2.8	4.8	2.9

資料：総務省「事業所・企業統計調査」
(注) 1. 事業所を対象としており，支所や工場の開設・閉鎖，移転による開設・閉鎖を含む。
　　 2. 1991年までは「事業所統計調査」，1994年は「事業所名簿整備調査」として行われた。
　　 3. 開業率，廃業率の計算方法については，付注2-2-1を参照。
　　 4. 01年時点の業種分類は，総務省「日本標準産業分類」(1993年10月改訂)を基にしたものである。
(出所) 中小企業庁編 [2003] 87頁

　日本の産業全体がサービス業にシフトしているのは，統計的にも明らかである。総務省が行った図表9－1の調査によれば，多くの産業において廃業率が開業率を上回っているのに対して，サービス業では開業率が廃業率を上回る状況が続いている。

　また，開業率が高い上位10業種を見ても，①電気通信業に附帯するサービス業，②ソフトウェア業，③老人福祉サービス業，④中古品小売業，⑤他に分類されない生活関連サービス業，⑥他に分類されない事業サービス業，⑦デザイン業，⑧その他の専門サービス業，⑨各種食料品小売業，⑩保険媒介代理業となっている[2]。ほとんどの業種が何らかの形でサービス業と関わりのある業種であり，ここでもサービス業が日本産業界の中で大きな地位を占めるようになりつつあることがうかがえる。

❷ サービス業の分類

　顧客に対して財貨もしくはサービスを提供する企業は，提供した財貨もしくはサービスに対する対価をもとに事業活動を循環的に展開する。企業には，財貨を生産し顧客に財貨を提供する製造業と，顧客にサービスを提供するサービス業という2つのタイプが存在する。

　中小企業庁は，サービス業を広義のサービス業と狭義のサービス業に分類した。広義のサービス業は，標準産業分類の第三次産業すべて，もしくはそれから電気，ガス，熱供給，水道業を除いた産業が該当する。狭義のサービス業は，標準産業分類の大分類のうち，L分類「サービス業」が該当する。

　「狭義のサービス業」として，日本標準産業分類では図表9-2に示すように「大分類　L-サービス業」において，その種類を列挙している。

　サービスを提供する対象もしくはサービスを享受する顧客により，サービス業を分類することもできる。通常，顧客を消費者，事業者，ならびにその双方に区分し，対消費者サービス業，対事業者サービス業，および共通サービスの3つに分類する。

　対消費者サービス業は，個人，家庭，もしくは地域住民を対象とするサービス業であり，医療，福祉，理髪，クリーニングなどの生活関連サービス，観光，映画などの余暇関連サービス，もしくはカルチャースクール，塾などの教育関連サービスなどにより構成される。

　対事業者サービス業は，工場設備メンテナンス，事務代行などの企業活動に関連するサービス業，および情報システム，コンサルティング，広告などの情報サービスに関連するサービス業により構成される。

　共通サービスにおいては，廃棄物処理業，教育研修などの消費者および事業者の両者に対してサービスを提供する。

　ノーマン（Normann, R）［1984］は，産業分類の統計において「サービス」と分類される基準は，「極端に恣意的である」と指摘した[3]。それはある企業が売上構成の変化で製造業からサービス業に分類が変更されても，伝統的

第9章　サービス産業とイノベーション

図表9-2　大分類　L－サービス業（中分類）

洗濯・理容・浴場業	物品賃貸業	保健衛生
駐車場業	映画・ビデオ製作業	社会保険,社会福祉
その他の生活関連サービス業	放送業	教育
旅館,その他の宿泊所	広告業	学術研究機関
娯楽業	専門サービス業	宗教
スポーツ施設提供業	協同組合	政治・経済・文化団体
自動車整備業	その他の事業サービス業	その他のサービス業
機械・家具等修理業	廃棄物処理業	外国公務
	医療業	

に製造業のイメージが定着している企業にあっては，売上構成が財貨からサービスの比重が増加しているにもかかわらず，依然，製造業として分類されている事例を考慮したものである。

　そこで，サービス業の提供する「サービス」にまで遡り，サービス業の内容を理解する必要がある。清水滋［1993］は「サービス」を次の4つに類型化した。すなわち，①態度的サービス：表現，表情，服装，身だしなみ，動作などいわゆる接客活動の基本。②精神的サービス：相手に使える，奉仕という理念に支えられた行動。③犠牲的サービス：企業から顧客への譲歩（価格引き下げなど）。④機能的サービス：それ自体が商品として社会に提供される（交通、金融、情報提供、清掃代行など）業務自体[4]。このなかで，サービス業の提供するサービスは，いわゆる「サービス財」であるので，機能的サービスのみが該当する。

　望月清文［1995］は，サービスの本質的な意味は「無料で奉仕すること」であると指摘し，経済行為としてのサービスはサービス財の提供と位置づけ，金銭が関与するサービスであると定義した[5]。

本書では，サービス業の提供するサービスを「サービス財[6]」と位置づけ，サービス業を広義に捉え，サービス財の供給を事業活動としている企業をサービス業と定義する。

❸ サービスの特性

サービス分野でのイノベーションも活発化している。サービスを商品とする場合，イノベーションの方法は変わる。モノづくりを基本とする製造分野でのイノベーションは，新たな価値を持つ有形財を生み出すということである。性能の向上，コストダウン，新機能などイノベーションの方向性はさまざまな形で存在する。しかし，無形財であるサービスのイノベーションは，有形財のイノベーションとは全く異なるものになる。

顧客に提供されるサービスには，有形の商品とは異なったいくつかの特性がある。有馬賢治［2003］[7]とアルブレヒト（Albrecht, K.）［2003］[8]は，図表9-3のようにサービスの特性を指摘している。

このようにサービスには，さまざまな特性が存在するが，イノベーションを実施する際に注視しなければならない特性として次の3点が考えられる。

第1に，サービスの生産特性として，在庫ができず，生産と消費が同時に行われることがあげられる。サービス産業の代表格であるスポーツ産業で考えれば，生産者側はスポーツの試合を行うことによって生産活動を実行する。消費者側（観客）はスポーツの試合を観戦することによって消費活動を実行する。そこには在庫は存在せず，生産されると同時に消費される。

第2に，サービスの所有特性として，無形財であるために，事前の確認や事後の回収ができないことがあげられる。消費者は好ゲームを期待して金銭を支払うが，現実にどのような試合になるか分からない。期待通りでなくても，払い戻しなどはされない。

第3に，サービスの品質特性として，生産過程全般で品質保証をおこなうことがあげられる。スポーツ産業では，生産活動に入る前から前売り割引制度や会員制度などを実施し，消費者の満足度を高めるための品質保証を行っ

第9章 サービス産業とイノベーション

図表9-3 サービスの特性

	有馬賢治	アルブレヒト
生産特性	・サービスの提供と消費が同時に行われる。 ・在庫ができない。	・サービスは，提供の瞬間に生産される。つくり置きしたりすることはできない。
所有特性	・無形であるがゆえに事前に試すことができない。 ・使用はできるが所有ができない。	・サービスは実際に示すことができない。前もってサンプルを送って理解してもらうことは不可能である。 ・サービスの実施がうまくいかなくてもリコール（回収）できない。そのサービスが繰り返されるものでない場合，顧客満足を再度向上させるための唯一の方法は補償や謝罪でしかなくなる。
品質特性	・担当者の技能によって提供されるサービスの品質が変動する。	・製品の場合，品質保証は製造後に行われるが，サービスの場合は生産の全段階で行わなければならない。
販売特性		・中央集権的に製造，検査，貯蔵することはできない。サービスは顧客のいる場所でマネジメントの直接的な影響を受けない人々によって提供されることが多い。
顧客特性		・サービスの提供を受ける顧客は，何ら有形物を受け取らない可能性もある。サービスの価値は，顧客自身の経験によって決まる。 ・顧客の経験は，第三者に転売したり譲渡したりすることはできない。 ・サービスに対する受け手の期待は，サービスの成果に対する満足を決めるうえで重要である。サービス・クォリティは，主観的なものだ。 ・顧客がサービスを得るなかで接触する人やプロセスの数が増えれば増えるほど，顧客がそのサービス経験に満足する確立は下がる。
相互作用		・サービスの提供には，程度はともかく，何らかの人間的な相互作用が求められる。売り手と買い手がサービスを生み出すために，密接に，時に個人的なレベルまでコンタクトを取り合うことがある。

（出所）有馬賢治[2003]とアルブレヒト[2003]の主張をもとに作成。

ている。

　こうした特性のために，サービスのイノベーションには，品質管理のための従業員満足の向上や，顧客の嗜好に合わせた接客の必要性，顧客の便益を

考えた事前の販売制度（会員制等）など，有形の商品とは異なる独自の配慮が必要とされる。製品イノベーションとは異なる視点が重要になるといえる。

2 サービス業のイノベーション

❶ サービス業の特性

　サービス財を提供する主体をサービス業と定義すると，サービスの特性によってサービス業の特徴が規定される。サービスの特性[9]により規定されるサービス業の特徴として次の3点を列挙することができる。

　特徴の第1として，サービスは提供した瞬間に消費される特性があげられる。したがって，サービス業においては，在庫が存在しない。すなわち，商品たるサービス財を在庫として保有し需要の発生を待つことができない。

　特徴の第2として，需要者の要求するサービスには個別性が強く反映することにより，提供されるサービス財は，製造業の財貨に比べると，その内容は多様性を帯びている点があげられる。サービス財の需要者のニーズに対応したさまざまなサービス財を提供できることが，サービス業の特徴である。

　特徴の第3として，サービスは無形であるため，サービス業においては，同時大量にサービス財の供給を実現できる点があげられる。すなわち，1つのサービス財をメディアなどの情報技術を駆使して，多数の需要者に同時に提供することができる。そのため，収穫逓増の法則が働くことになる。

❷ サービス業の経営特性

　サービス業の3つの特徴により，サービス業の経営特性を導くことができる。

　まず，サービス業において在庫は存在しないという特徴から，サービス業の経営特性として，需要の平準化が困難な点を指摘することができる。

第9章 サービス産業とイノベーション

　次に，サービス業においては，需要者のニーズに応じた個別性の強いサービスを提供せざるを得ない特徴から，サービス業の経営特性として規模の経済に馴染まないことは明らかである。そのため，製造業に比べ生産性の向上を実現し難いという経営特性をもつ。

　サービスの無形性という特性により，情報技術を活用することによってサービスの同時大量供給が可能になる。すなわち，サービス業において収穫逓増の法則が働く。このことから，3つ目のサービス業の経営特性として，原価に占める変動費の低さ，および固定費の高さがあげられる。換言すれば，売上規模により収益が変動し易い。変動費の低さという特性を活かし，販売形態にイノベーションが生起している。

　これらのサービス業の経営特性により，企業は以下のような対策を必要とする。

①サービスの供給能力を需要変動に合致させるような新しい管理体制を確立すること。
②情報技術におけるイノベーションの成果を適用すること。

　高田伸朗他［2002］は，サービス業におけるイノベーションの特性として次の2つをあげた[10]。

　その1つはサービス業のプロダクト・イノベーションに関する特性である。すなわち，「機能・性能のみを切り離して利用者へ提供する仕組み」を構築することが可能である点である。2つ目は，サービス業のプロセス・イ

図表9-4　サービス業の経営特性とイノベーション

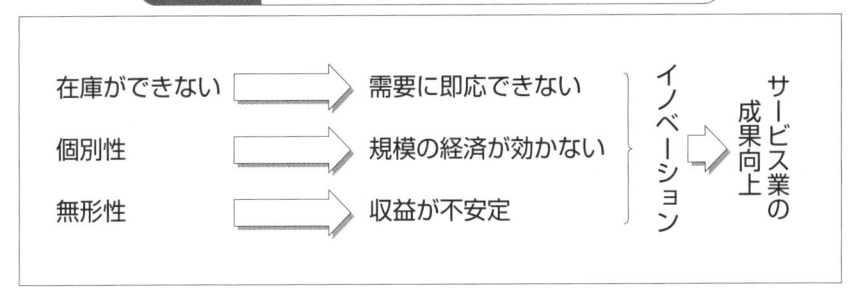

経営特性		イノベーション	サービス業の成果向上
在庫ができない	⇒ 需要に即応できない		
個別性	⇒ 規模の経済が効かない		
無形性	⇒ 収益が不安定		

ノベーションに関して,「多様化と標準化を両立させる方策の創出」が可能である点をあげた。

❸ サービス業におけるイノベーション

　サービス業の経営特性を製造業との対比により一言で表現するならば,低技能・低技術である。消費者を対象とするサービス業においては,特に労働集約的であるとされている。すなわち,そのイノベーションは技術的なものではなく,したがって多くの研究開発を必要としないと理解されている。

　しかし,事業者向けサービス業のなかには,ソフトウェア,コンピュータ,ビジネス向けサービスなどにみられる技術・技能集約的であるサービス業も存在する。すなわち,製造業のイノベーションとの差異は,低技術・低技能のサービス業には存在するが,技術・技能集約的産業としてのサービス業においては,製造業と同様に,技術的なイノベーションが重要である。

　その場合,サービス業において製造業の高度なプロセス技術や情報関連技術を取得することにより,サービス業におけるイノベーションを可能にする。その結果,技術・技能集約的サービス業のイノベーションにおいては,製造業のそれと類似しつつある。

　経済協力開発機構［2001］によると,次の諸点でこのような現象が明らかにできる[11]。

① サービス業の物理的資本は,従来,建物や構築物であったが,最近は情報機器などの機械,およびソフトウェアなどが増加している。この点で,サービス業と製造業とのイノベーションのための投資内容が類似した。

② 消費者向けサービス業では,現在も低技術・低技能によるサービス提供が行われているが,事業者向けサービス業の多くは,高技術労働者を使用し,技術の重要性が高まっている。

③ したがって,サービス業においても,知識とイノベーションはますます重要になってきている。

④ 規模の経済も,金融や運輸などの一部のサービス業においては,規模が

集中化している事実が存在する。
⑤　情報技術の発展により，サービスを保存することが可能になり，貿易も可能となってきている。

　ただし，これらはいずれもサービス業のプロダクト・イノベーションを対象に，製造業との類似性を指摘したものである。そこで，サービス業におけるプロセス・イノベーションを含めた，サービス業のイノベーション全般に関して，次節で製造業におけるイノベーションとの差異を検討する。

3 サービス業におけるイノベーションの研究

❶ サービス業とイノベーション研究

　イノベーションが経済的にも社会的にも重要な役割を背負っている限り，新しい研究分野は常に登場する。例えば，今の時代背景をもとにするならば，イノベーションと情報技術との関係についての研究が重要性を帯びるであろう。時代の推移によって，イノベーション研究の範囲も拡大を続け，さまざまな研究成果が顕在化する。

　これまでのイノベーション研究のうち，企業に関するものは圧倒的に製造業のイノベーションを対象にした研究が多く，サービス業におけるイノベーションの実体を究明した研究は少ない。サービス業におけるイノベーションを本質的な側面，もしくは発生，普及，進化などのプロセスの側面で研究したものは限られている。しかし，経済活動において非製造業の占める地位がＧＤＰ構成比でも雇用人員数比においても高まっている現状において，サービス業に関するイノベーション研究の重要性が強調されよう。

　したがって，従来のイノベーション研究の成果を踏まえて，サービス業に関するイノベーション概念をもとに，その実体を究明していく必要性は高く，サービス業におけるイノベーションの実体を究明するための実証的な研究が

増加する。製造業に関するイノベーション研究の成果をサービス業に適用することができれば,サービス業におけるイノベーション研究に多くの成果が期待できよう。そこで,本節においては,製造業におけるイノベーション研究の成果をサービス業に適用できるかに関し検討を行う。

❷ 製造業とサービス業におけるイノベーションの異同点

　サービス業におけるイノベーションを製造業のイノベーションにならい,プロダクトとプロセスのイノベーションに分類することは,不可能ではないかとの疑問が存在する。サービスに関するイノベーションを考察の対象にする場合は,商品と異なり,イノベーションの対象を商品そのもの(プロダクト)と,その商品を作る過程(プロセス)とに分断して考察することの意義に欠けるからである。

　サービス業が提供するサービスと,そのサービスを提供するために準備を行う行為をプロセスとして,プロダクトとプロセスのイノベーションに分けて考察することはできる。しかし,イノベーションの発生,普及,進化という過程を検討する際に,こうした区分けはサービス業の特性になじまない。すなわち,サービス提供の準備を行う行為は製造業での「製造」プロセスとは異なり,一般に,サービス提供を行う人間が,限られた時間のなかで人間の内部で行うものであるので,分析の対象にならない場合が多い。仮に分析ができたとしても,そこに存在するイノベーションを抽出することが困難である。

　サービス業において,提供するサービスは,これをプロダクトとして捉えることには疑問の余地はない。人とサービス業のなかで,証券取引サービスを例にとると,証券市場における金融イノベーションは,サービス提供は証券ないし証券類似の,何らかの権利が化体した「もの」を媒介にして行われるので,証券などのイノベーションをプロダクト・イノベーションと呼称することに問題はない。

　サービス業においては,提供するサービスを如何に顧客に届けるかが重要

である。サービスは貯蔵のできない無形財であるので，製造業の製造過程と同じように，サービスを顧客に届けるプロセスに，さまざまなイノベーションが誕生し，普及し，進化する実態がある。金融イノベーションであれば，金融商品の取引や，その取引に伴う情報の提供が，顧客にサービス提供を行うプロセスに該当し，これをサービス業におけるイノベーションのプロセスと定義することによって，製造業での先行研究の成果をサービス業に適用することが考えられる。

❸ イノベーションにおけるプロダクトとプロセスの相違点

サービス業において，サービスを作り出す行為は，製造業で言う発明（invention）に該当し，まだ商業化されていないものである。つまり，イノベーションの段階には到達していない。サービスがイノベーションたり得るには，サービスが顧客に提供されるプロセスと，提供されるプロダクトとしてのサービス内容の2つが不可欠な要素になる。したがって，金融のようなサービス業のイノベーションにおけるプロダクトとプロセスは，製造業のプロダクトやプロセスとは，具体的な対象が異なる。図表9－5に，両者の違いを図示した。

なお，サービス業におけるイノベーションには，プロダクト・イノベーションとプロセス・イノベーションの他に，サービスを提供する企業としての

図表9-5　製造業とサービス業におけるプロダクトとプロセスの差異

分類 ケース	invention	innovation	
		process innovation	product innovation
製造業	発　明	生　産	商　品
サービス業	サービスの発案	顧客へ提供する方法	サービス

イノベーション，つまり経営イノベーションも存在する。

4 金融サービス業とイノベーション

❶ 金融イノベーションを検討する意義

　広義のサービス産業のなかにおいて，金融サービス業は取引額および市場参加者数などの規模の面で，極めて大きな地位を占める。例えば対消費者サービス業においては，消費者セクターのみでの取引にとどまる。これに対して金融サービス業が対象とする金融取引は，産業部門のみならず消費者部門，および公共部門というすべての経済セクターにおいて行われる取引であるので，金融サービス業の市場規模は必然的に膨大となる。

　金融サービス業の市場規模が膨大である理由は，取引主体のみならず，取引形態の面からも説明することができる。すなわち，モノやサービスの取引の裏には，必ず資金決済という金融取引が付随するので，金融サービス業の

図表9-6　金融サービス業におけるイノベーションの意義

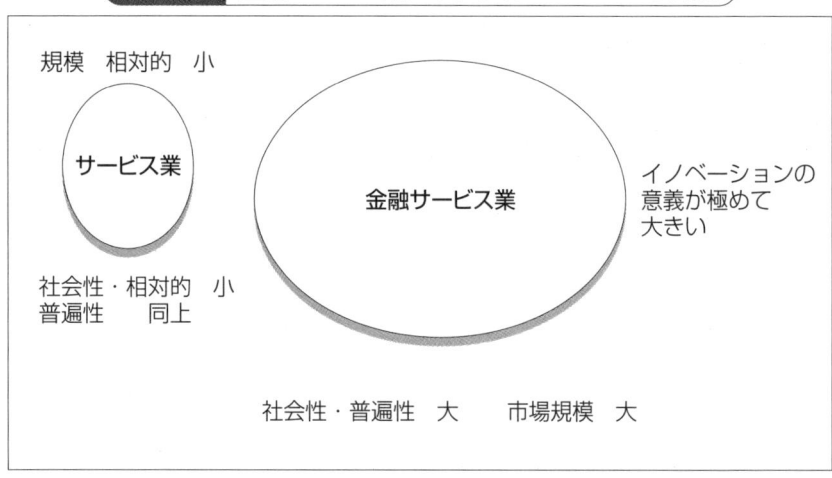

規模　相対的　小

サービス業

社会性・相対的　小
普遍性　　同上

金融サービス業

イノベーションの意義が極めて大きい

社会性・普遍性　大　　市場規模　大

市場規模は膨大になる。加えて，資金調達のようなモノやサービスの取引がなくても行われる金融取引もあるので，金融サービス業の取引規模が増大する。さらに，最近時点においては，先物取引などのように金融取引自体を取引対象とする金融取引の発生により金融取引の規模が天文学的な規模になっており，金融サービス業はサービス産業のなかで情報サービス業と並び最も市場規模が大きいと言える。

　取引規模と同時に，金融サービス業が果たす役割を享受する受益者は，他のサービス産業にくらべ格段に広範囲に及ぶことも金融サービス業の特徴である。これは金融の機能，もしくは役割が社会性および普遍性をもつことに起因する。

　金融サービス業の果たす役割を大きく分けると，資金の融通を行う機能，および資金の決済を行う機能に区分される。また，金融サービス業の営利性に着目し「経済主体として収益を確保する機能」を加えることもある。主に前者の2つの役割，すなわち資金決済および資金調達は，社会を構成する個人，企業，その他の団体など自然人および法人のすべてに効果を及ぼす。このことから，金融の機能は，社会性および普遍性をもつと言うことができる。

　このように金融サービス業の市場規模およびその機能の普遍性，社会性を前提にすると，サービス産業のなかで金融サービス業に関するイノベーションは独立して検討すべき課題である。

　同時に，金融のイノベーションは，規模が巨大で，社会性および普遍性をもつ金融の機能に潜在している需要に対応したものであることを前提に検討が行われなければならない。

❷ 金融イノベーションの担い手と対象

　金融イノベーションを他のサービス産業のイノベーションと離れて検討するときに重要になるその担い手，および金融イノベーションの対象に関し検討をしてみよう。

　資金の融通を行う方法には間接金融と直接金融がある。間接金融は，外部

から閉鎖された内部市場で行われる金融取引を指す。したがって，その間接金融の機能に潜在する金融のイノベーション活動は，外部には表面化しないのが通例である。一方，直接金融は，外部市場で行われる資金融通の方法であり，その機能に潜在する金融のイノベーション活動の実態は，常に外部に公開される。

しかし，直接金融の担い手は，資本市場において仲介を専門的に行う証券会社だけでなく，兼業として仲介業務を行う銀行，およびその他の金融機関，ならびに資本市場を利用する事業会社，政府，投資家などのユーザーも含まれている。

このように，金融のイノベーターは，銀行，証券会社，その他の金融機関で構成される金融仲介者と，その顧客，および行政機関である。

金融サービス業におけるイノベーションは，まったく性格の異なるイノベーションが混在する。それは，金融イノベーションの対象となる金融商品や取引手法がさまざまな構成をとるためである。

ハウタッカー（Houthakker, H.S.）［1996］は，金融商品を「転々流通させることができる請求権」として定義する[12]。債券は債券の発行者によって約束されている金利と元本に対する請求権であり，株式は将来企業が支払う配当や企業が解散したときの残余財産への請求権と定義される。

先物契約は，契約の対象となっている商品や証券のある一定量についての請求権である。オプションの場合は請求権だが，オプションの権利保有者に請求権の行使が委ねられている。そして，先物とオプションは債券や株式と機能面で異なるので，証券を狭義の証券，オプション，先物の3カテゴリーに分類している。また金融・資本市場を「高度に競争的な金融商品の市場」と定義する。

金融商品の多様性から金融イノベーションに性格の異なるイノベーションが混在することになる。ハウタッカー［1996］によるイノベーションの対象となる金融商品，サービスの類型化を要約すると，金融のプロダクトとしては，資金調達や資金運用を目的として発行され，配当や利息などの果実やそ

の他の投資対象のもつ資産への請求権を化体した証券，およびオプションや先物のように証券その他の有価物の売買や決済などに関する請求権が化体した商品の2つに分類する。前者は金融本来の機能が権利として化体した証券であるので，これを「本源的証券」，後者は金融サービスの付加価値を増大する機能をもつ権利の取引なので，これは「派生的商品」と呼称されている。

❸ 金融イノベーションの特徴

本源的証券は，資金調達を目的として発行され，当該証券への投資家は資金を運用する目的で投資するのに対し，派生的商品は，購入者がリスクをヘッジする目的，もしくはその他の多様な目的で購入する。投資の目的および

図表9-7　本源的証券と派生的商品の特徴比較

	本源的証券	派生的商品
商品設計内容	資金融通目的で内容を構築	ヘッジ目的，投機目的など多様なニーズに応じ個別に商品を設計
パーツ類	スイトナーを加味する程度	各種パーツを組み合わせて商品を設計，パーツを類型化すると，各種スワップ，各種オプション，各種先物,キャップ，フロアー
標準化の時期	イノベーション段階で標準化	個別ニーズに基づくので標準化されにくい
普及速度	流通市場での受け入れが必要なので普及は遅い	設計段階で買い手が存在する。したがって，普及は早い
ライフサイクル	長い	短い
イノベーションの進化	発生時に標準化されて進化がない	ライフサイクルが短いのでイノベーション進化は別の商品に承継される
イノベーション促進要因	資金融通ニーズと運用ニーズ	ヘッジ目的などリスク管理やその他の雑多な目的
阻害要因	流通市場での受入	相場変動による買い手のニーズの変化，パーツ調達の困難性

その動機により両者は峻別することができる。

　また本源的証券は，商品を具体的に列挙できるのに対して，個々の派生的商品は，絶え間なく生起，継続，消滅し，その商品数は無数に存在するために，そのすべてを列挙することは技術的に困難である。

　フェニェリティ（Finnerty,J.D.）[1988] は，金融仲介機関により開発された金融新商品のほとんどは，最終的には市場に移行するパターンをたどると指摘し，商品の標準化がそのイノベーションの普及を促進するとした[13]。一方，クレー（Crane,D.B.）[1995] は，派生的商品のような，カスタマイズされた金融商品は一般のイノベーションと異なり商品の標準化は生じないと指摘している[14]。

　イノベーションの普及速度という観点では，本源的証券は流通市場での受け入れが必要であるために普及速度がランダムに推移する。流通市場が受け入れを歓迎する本源的証券であれば普及速度は著しく速いが，流通市場に受け入れ能力のない場合にはなかなか普及しない。相場環境にも影響される。

　派生的商品は商品を設計する段階で買い手の存在が前提になるので普及は早い。派生的商品では，流通市場での評価はその普及に影響しない。商品としてのライフサイクルは，本源的商品は長いが，派生的商品は逆に短い。

　この2つの商品の特徴を図表9-7で整理した。

5　金融イノベーションの発生と普及

❶ 金融機能の発生要因

　1960年代から1980年代にかけての経済成長は，英国よりもドイツおよび日本の方が遥かに高度の成長を達成していた。そのために，研究者は，ユーロ市場の本拠地を提供し，多くの金融イノベーションが発生した英国には関心が向かなかった。金融イノベーションと経済成長との関連に関する研究は，

第9章 サービス産業とイノベーション

英国の研究者ですら関心を示さなかった。

金融イノベーションが旺盛に発生していた英国での研究が進捗しないなかで，BISは，1986年に「最近の国際金融分野におけるイノベーションについて」と題するレポートを公表し，多くの金融に関する研究者や実務家に，金融イノベーションの重要性とその内容を伝播するのに貢献した。特に金融イノベーションの発生原因として需要誘因を強調したレポートとして評価されている。

BISレポートでの需要誘因の観点（demand-driven view）は次のように要約された。「金融のイノベーションの過程に関する研究を発展させる鍵は，イノベーションを類型化したり，分類したりすることである。イノベーションを類型化することにより，イノベーションの機能が明確化される。イノベーションに対する需要は，イノベーションの機能から生起するものである。したがって，イノベーションの過程に関しての研究は，イノベーションの機能にもとづくイノベーション需要の適合状況を対象として研究が行われる」[15]と指摘した。

このような観点で，BISレポートでは，金融システムが果たす一般的な役割に従って，次のように，金融の機能を次の3つに類型化した。
① 経済主体相互にリスクを移転するメカニズム。
② 流動性を確保する機能。
③ 経済主体として収益を確保する機能。

そして，この3つの金融の機能に従い，下記のように金融イノベーションを類型化した。
① 危険を移転する金融イノベーション。

このなかで，価格リスク移転のイノベーションと，信用リスク移転のイノベーションがある。
② 流動性をカバーする金融イノベーション。
③ 信用創造する金融イノベーション。
④ 自己資金を創造する金融イノベーション。

この類型は金融イノベーションの発生要因にもとづくものであり，この類型化により，危険移転，流動性確保，信用創造，自己資金創造が金融イノベーションの発生要因であることが明確になった。

❷ 規制との関係

　BISレポートでは言及されていないが，金融イノベーションが生起した要因を分析すると，規制との係わり合いが深い。こうした規制と金融イノベーションとの関連性について，理論的に考察した代表的な研究者は，米国の銀行市場およびイングランド銀行参加の英国銀行市場とを対象に，規制とイノベーション発生との関係を考察したケネー（Kane, E.J.）[1980] である。この考察は，政治という規制を行う者と市場という規制を受ける側との対応関係について，明確化したものである[16]。

　ケネーは，シュンペーター学派と同様に，インベンションおよびイノベーションを明確に区別して，イノベーションをインベンションの商業化であるとした。そのうえで，インベンションとイノベーションとの間の時間差（innovation lag）に関して，新しい技術に時間をかけて商業化する一般的なイノベーションに比べて，金融イノベーションは規制回避の目的で行うため，規制回避の方法が発見されると，すぐにそれを商業化するので，インベンションとイノベーションの時間差が短いと指摘した。

　ケネーが行った規制と金融イノベーションに関する観察は，規制とイノベーションの相互作用を弁証法的に説明したものである。すなわち，規制回避を目的にした金融イノベーションの発生により，無効になった規制に代わる新しい規制は，元の規制よりも拘束力が緩い。したがって，金融イノベーションが繰り返し出現することによって，長期的には規制の緩和が実現すると指摘した。

　ケネー以外で，金融イノベーションと規制との関係について研究成果を公表しているのは，ホーランド（Holland, R.C.）[1975]，ゴールドフィールド（Goldfield, S.M.）[1975]，ミラー（Miler, M.H.）[1986]，バンホーン（Van

第9章 サービス産業とイノベーション

Horne, J.C.) [1985] などである。

　バンホーンは，「取引手法などの金融のプロセス・イノベーション（process innovation）は，すべて技術の発展に基づくものである」[17]との説を主張した。また，ミラー [1986] は，規制を回避するために金融イノベーションが発生し，それが普及すると規制当局は別の規制をあらたに作って，金融イノベーションに規制の網をかける。また規制が広がれば，金融機関はその規制を回避するあらたな金融イノベーションを生起させる。規制とイノベーションが繰返される過程において，2つの撹乱要因が存在することを明らかにした。その一方は，インフレーションによる既存金融システムへの影響であり，他方は金融に関する技術の進歩である[18]。

　金融の技術革新は，規制を回避するために生じる限界的なコスト増加を抑える効果が期待できるので，規制回避を目的とした新商品から生じる限界的な利益の増加分と併せると，金融機関の利益は金融イノベーションにより増加する。この利潤動機により，金融機関は金融イノベーションを積極的に採用するので，一旦，開発された金融イノベーションの普及は製造業での商品のイノベーションに比べると，格段に速いという特徴をもつ。

　また，ミラーは，1970年代から1980年代の金融イノベーションを分析した結果，規制と同様に，税金回避を目的にする金融イノベーションが多く発生していることを指摘した。

　1970年代から1980年代にかけては，情報技術の萌芽期にあり，金融イノベーション発生の要因を技術に求める研究成果は少ない。多くの研究では，税金を含めた規制が金融イノベーション発生の主要な要因を占めると解明している。

　したがって，金融イノベーションの発生に関する特性としては，規制が大きく取り上げられた。この他に，技術の進歩，インフレーション，金融機関の利潤動機，税金回避が金融のイノベーション特性と指摘された。

❸ 普及に関する研究

　金融のプロダクト・イノベーションの普及特性およびプロダクト・イノベーションの進化特性として，標準化が重要な特性として位置付けられる。しかし，事例研究から観察されるように，プロダクトのうち，標準化特性は，流通性のある証券に関する特性であり，流動性がなく特定顧客のためにカスタマイズされて開発された証券や商品には標準化という特性は見当たらない。

　フェニェリティ［1988］，［1992］は，金融のプロダクトに関するイノベーションの普及プロセスを事例研究により明らかにした[19]。すなわち，金融のプロダクト・イノベーションに関して，金融仲介機関により開発された金融商品のほとんどは，新商品を開発した金融仲介機関が専有せず，他の業者による模倣を許す。その結果，多くの金融仲介機関が同一もしくは類似の商品を仲介し，最終的には新商品は1つの標準化した商品に統一される。

　この過程をフェニェリティは，市場に移行するパターンをたどるとして，金融商品が普及するプロセスを解明した。しかも，新商品を開発する金融仲介機関は，新商品が競争相手にも開放されることを目的に，商品誕生時にその内容が標準化し易いように商品化を行い，その普及に努めるという。

　事例として，コマーシャルペーパー（CP）による短期資金の調達，ジャンクボンド（Junk Bond），MTN（中期社債）のような債券発行による資金調達，ならびに債権および資産の証券化を挙げる。

　CPでは，如何なる発行者，および如何なる仲介者による取扱いにおいても，償還期限，券面額，償還方法などの発行の諸条件が統一されていれば，その市場取引に多くの投資家が参加可能になる。つまり，新商品が標準化されていることが，CPに流動性を付与する条件になる。流動性が付与されれば，マネー・マーケット商品として市場で大量に取引されることになり，短期資金の融通手段として他の商品への優位性が生じる。

　CPに次いでフェニェリティが観察したのは，ジャンクボンドやMTNであ

る。これらの新種の債券も，その商品内容が標準化されていると，その取引に不特定多数の投資家が参加することが可能になる。そして，ジャンクボンドはM&Aのための資金調達手段として，商品を開発した金融仲介者の意図のどおり使われることになる。

　仮に，ジャンクボンドの条件が標準化されずに金融仲介者別に固有の条件が設定されていると，発行者および金融仲介者は自ら投資家を相対（個別）で探す必要がある。そうなると，M&Aのような，瞬時にして買収に必要な資金を調達できないと成功しないタイプの資金調達手段としては適当でない。

　さらに，MTNは，米国での社債発行に伴う企業内容開示制度の改正に伴い，発行毎に，SEC（証券取引委員会）への発行登録や目論見書の作成・交付が不要になった一括登録制度の採用により登場した新商品である。

　発行者の信用（格付け）が相対的に低いために中期債を発行できない企業で，かつ発行額がそれほど多くない場合，その中期債の発行者はSEC登録（発行開示）の手間がかけられない。そうした発行者に社債による資金調達の途を開くには，MTNの条件を標準化することが必要になる。資金量が豊富な機関投資家は条件が標準化されれば，複数の会社の発行するMTNを束ねて一本の社債と同じように保有することができる。この標準化がなければ，発行開示が簡素化されても，機関投資家がMTN市場に参入することは期待できず，中堅企業は中期債による資金調達に困難を来たした。

　これらの商品は，発行市場で特定の業者が商品を開発しても，商品性を高めるためには流動性を付与する必要があり，より多くの金融仲介者がその新商品を発行市場においても，また流通市場においても取り扱うことが必要である。

1）佐和隆光編［1990］i．
2）中小企業庁編［2003］88頁。
3）Normann,R.［1984］訳書5頁。
4）清水滋［1994］16-33頁。

5）望月清文［1995］9-10頁。
6）コトラーは，サービス財の特性として，①無形性，②不可分性，③変動性，④消滅性をあげた。
7）有馬賢治［2003］350頁。（現代用語の基礎知識2003，所収）
8）Albrecht,K.＝Zemke,R.［2002］訳書78-79頁。
9）近藤隆雄はサービスが持つ特性として①無形性，生産と消費の同時性，③結果と過程の等価値的重要性，④顧客との共同生産をあげた。
10）高田伸朗＝小池克宏［2002］9-10頁。
11）OECD［2001］訳書47-48頁。
12）Houthakker,H.S.［1996］pp.1-32.
13）Finnerty,J.D.［1988］pp.3-15.
14）Crane,D.B.［1995］pp.1-2.
15）BIS［1986］p.172.
16）Kane,E.J.［1980］pp.7-14.
17）Van Horne,J.C.［1985］pp.621-631.
18）Miller,M.H.［1986］pp.459-471.
19）Finnerty,J.D.［1988］pp.14-16.

第10章 イノベーション論の今日的課題

　イノベーションに関する活動は，時代と共にますます多様化し，企業経営を支える原動力となっている。同時に，イノベーションの課題が明らかになりつつある。本章では，①日本経済および企業の再生・復活に関する課題，②イノベーションの成果としてのブランド構築に関する課題，③産学連携によるイノベーション創出に関する課題，④イノベーションにおける地域クラスターの有効利用に関する課題，⑤NPOにおけるイノベーションの課題，の5点を抽出し検討する。

　まず，日本経済および企業の再生・復活に関する課題を取り上げる。日本経済は長引く経済不況を克服できずに混迷を極めている。その理由として，経済政策，金融政策ばかりを注視し，企業を再生させる視点が欠如していることが考えられる。企業再生の処方箋としてイノベーションを認識することがいかに重要であるかについて理解を深める。

　次に，ブランド構築に関する現状および今後の展開について考察する。ネット社会を中心としてサービス経済にシフトした今日，イノベーションによる新価値の創出によって構築されるブランド力の重要性について考察する。

　さらに，イノベーションの創出に有効とされる産学連携および地域クラスターの効果について検討する。オープン・ネットワーク経営の重要性が高まる今日，社外知のベンチマーキングは必要不可欠である。

　最後に，NPOにおけるイノベーションについて検討する。企業とNPOの双方が友好関係を構築することによって，相互に社外の知識を取り入れ，イノベーションの生起に役立てる重要性を認識する。

1 日本経済の復活と企業再生

❶ 現　状

　現在，わが国が抱える最大の問題は，長引く経済不況にある。日本政府は，日本経済復活のために，経済政策，金融政策などを積極的に行っている。しかし，それらの政策は必ずしも成果を上げていない。その原因は，経済成長の推進力となるイノベーションの視点が欠けていることにあると思われる。榊原清則［2003］は，イノベーションの主たる担い手である企業の行動に関して，次の6つを疑問点として指摘している[1]。

① 基礎研究拡充の動きが一時的な流行に終わった。
② 技術戦略が閉鎖的である。
③ 産学連携で成果が出ていない。
④ 日本の大学のトップスクールにおいて，技術成果への結実という点で実効性の低い奨学寄付金が多い。
⑤ 外国の大学への依存度が高まっている。
⑥ 研究開発プロジェクトの絞り込みが弱い。

　現在の日本企業は，ターンアラウンド状況に陥っている。ターンアラウンド状況とは，スラッター＝ロベット（Slatter,S. & Lovett,D.）［1999］によれば，短期的に何らかの措置を取らない限り近い将来破綻することが明らかな危機的状況のことである[2]。中小企業を中心にターンアラウンド状況に陥っている日本企業は少なくない。それらの企業の再生にはイノベーションが必要である。榊原の指摘は，技術革新について論じられているが，現実には経営革新においても大きな課題となっている。

第10章 イノベーション論の今日的課題

❷ 今後の展開

　ターンアラウンド状況に陥っている企業が，従来のビジネスシステムを続けていたのでは再生は困難である。危機的状況を察知し，イノベーションを実施することが必要である。

　企業を再生させるために，イノベーションを実施することによって，どの

図表10-1　"Hold Your Head High Up" 戦略

	追従のための経営 A	効率化の経営 B	創造的経営 C	効率＋創造（緩急の経営）B＋C
仮説方法	過去の実績からの推測（帰納法的経営）→過去の踏襲から脱却できない	過去の実績を徹底的に分析し，予測する	創造的経営デザイン（演繹法の必要性の高まり）→新しい発想による新ビジネスの構築	社会構造の変革が早く，仮説が実態から乖離しやすいので，B＋Cを連鎖できるAbduction。よって，企業理念，ガバナンスから戦略，PDCA（計画・実施・検討・対処），ITまでの理論的な一貫性を担保する
ビジネスポートフォリオ	市場からの反応が早く，成功する確率が高かったため，ポートフォリオ管理の必要性が低い	短期（1～2年）で回収が明確になるように徹底する	数値で予測不可能な投資（5～10年の長期），未確定な投資を行う	投資期間1～n年の多様性を保有できるポートフォリオ管理を行う
リスク	市場が比較的よく理解されていて，予測可能	市場の変化が激しく，時代に合った予測能力の高度化（例：リアル・オプション）	リスクの逆襲である社内における信頼（Trust）の強化	リスクをとってヘッジする管理と社内の信頼感の強化
市場（社外）環境	市場の既存インフラ（流通チャネル等）を利用できる	既存インフラで最も効率的な企業を徹底的に利用する	新しいインフラまたはユニークな利用方法を構築しなければならない	自前主義から脱却し，勝者の仕組みを利用し，かつ，業界を超えて可能性のある企業群をオーケストレートして，新しいインフラを構築する
社内組織	既存市場セグメントが利用できる。社内組織における葛藤は少ない	各部門に権限を委譲して，徹底させる	既存のセグメントを横断的に利用しなければならないので，社内の部署をまたがる	ピラミッド型組織とプロジェクト（横断型）組織の並存
ブランド	一部企業を除き，意識されていなかった	顧客認知を中心としたブランド無形固定資産管理手法の確立	ステークホルダー（従業員・顧客・株主・供給業者等）からの認知としての企業ブランドの再構築	企業理念から始まる，企業の社会への存在価値を軸としたブランド構造の再設定とブランドからの収益構造の明確化（形式知化）
ガバナンス	法律遵守を中心とした監査役による監査	米国の企業改革法に見られる，ガバナンスの強化（会社役員，委員会等設置会社を含む）	顧客・従業員を含むステークホルダーからのボトムアップ意見のモニタリング力の強化	トップダウンとボトムアップのガバナンス強化と，ガバナンスが機能するための企業風土の構築

（出所）畠山直子［2003］58頁。（一橋ビジネスレビュー2003年AUT.51巻2号，所収）

ようなビジネス・システムに変えていかなければならないのであろうか。畠山直子［2003］は，英国の大手総合小売業テスコの成功事例をもとに，経営モデルの比較検討を行っている。

畠山は，効率化の経営と創造的経営を並行する緩急の経営の重要性を指摘した[3]。効率化の経営は，無駄を排除し，効率性を高める経営である。創造的経営は，従来の経営システムには存在しない新たなシステムを構築する経営である。現在，企業は効率化の経営もしくは創造的経営を企業再生の切り札としている。しかし，イノベーションの特性である創造的破壊を考慮すれば，両者の経営システムを共存させることが望ましい。効率化によって従来の経営システムを破壊し，新たなシステムを創造する。すなわち，企業再生のためには，イノベーションを機軸として，効率化の経営と創造的経営を共生させることが必要である。

また，イノベーションはわが国経済の復活のためにも必須条件である。シュンペーターが指摘したように，イノベーションは需要の好循環に多大な影響を及ぼす。イノベーションを機軸として企業の行動を再構築し，企業再生の道を歩むことが日本経済の復活には不可欠である。

2 イノベーションによるブランドの構築

❶ 現　状

環境変化が激しい今日，企業経営における重要な経営資源として，ブランド（brand）の存在をあげる議論が活発化している。

ブランドとは，片平秀貴［1999］によれば，ヒト・モノ・カネ・情報に次ぐ「第五の経営資源」であり，企業とステークホルダーを結合させる[4]ものである。

須藤実和［2001］は，単なる名前・シンボルであることを超えて，対象と

なる商品・サービスに顧客への約束をこめて提供することによって価値観の共有化を図り，他社の商品・サービスと独自性をもって差別化し，顧客の認識あるいはイメージ想起を通じて購買を誘引するもの[5]と定義した。

また，ナップ（Knapp,D.E.）[2000] によると，ブランドは次のような3つの基本的特性を有している[6]。

① 「インプレッション（印象）」のこころの中への蓄積。
② 「こころの眼」に映る「とんがった」位置づけ。
③ 認識されている機能的，感情的ベネフィット。

これらの定義を要約すると，ブランドとは，単に名前やシンボルというだけではなく，顧客やステークホルダーとの信頼感を基軸にした価値の共有であるといえる。ブランドの存在は，自社の製品やサービスを顧客に対して広く認知させ，企業の価値をステークホルダーに広める。その結果，企業の成果は格段に高まる。

しかし，業界のトップを独走する企業であっても，不祥事などによってブランドイメージを損ない，倒産に追い込まれるケースもある。すなわち，ブランドとは信頼関係をもとに，企業と顧客，企業とステークホルダーとの価値の共有を図ることができるという正の作用がある一方，ひとたび信頼関係が崩壊すれば企業価値の低下につながるという負の作用も包含している。

❷ 今後の展開

企業経営においてブランドの重要性が高まると，ブランドを戦略に取り入れることが必要になる。山田幸三［1999］によれば，ブランド戦略とはブランドの設定によって自社の製品やサービスに対する消費者の認知を高めて選考を向上させ，購買を促進して他社の製品よりも競争上優位な地位を確立する戦略である[7]。すなわち，戦略的にブランドの価値を高め，販売促進に直結させ，競争優位を獲得するのがブランド戦略である。

ブランドの価値を高めるために，価値の高い製品やサービスを創出する必要がある。企業におけるイノベーション力がブランドの価値に大きく影響す

るといえる。

　また，サービス経済下におけるブランド戦略は，通常の戦略とは視点を変える必要があるという指摘も存在する。原田保［2000］は，サービス経済下においてブランド競争に勝ち抜くための戦略視点として，①個性のネットワーキング，②普通の人間のカリスマ化現象，③資産創造のマネジメントをあげた。その上で，今後のブランド戦略は，単なる物売りの戦略ではなく，もっと多面的な戦略であることを強調した[8]。特に，インターネット上のブランドは，実体のない世界だけに極めて高い重要性を有している。ヤフー（Yahoo）や楽天が急成長したのもインターネット上で強固なブランドを構築したからである。

　近年，ブランドの構築は，顧客やステークホルダーとの信頼感だけではなく，企業の社会における価値を証明する存在としても認知されている。コン

図表10-2　次世代ブランド戦略の基本体系

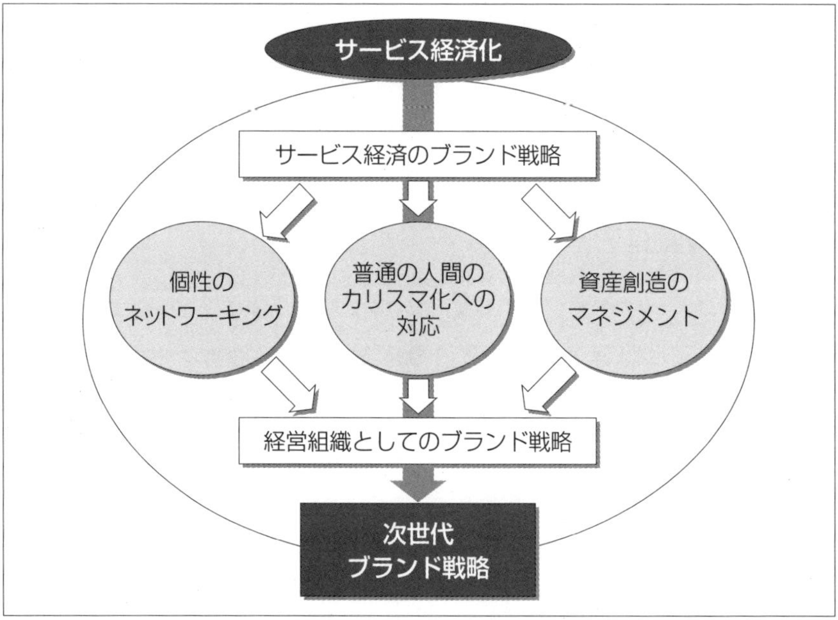

サービス経済化
↓
サービス経済のブランド戦略
↓　↓　↓
個性のネットワーキング　／　普通の人間のカリスマ化への対応　／　資産創造のマネジメント
↓　↓　↓
経営組織としてのブランド戦略
↓
次世代ブランド戦略

（出所）寺本義也＝原田保編［2000］4頁。

ビニエンス事業においてブランドを構築したセブン・イレブンは，現在，社会生活に欠かせない企業として認知されている。

3 イノベーションと産学連携

❶ 現　状

　知識創造社会において，連携を結び，イノベーションを遂行するのは何も企業間だけではない。近年，最も注目を浴びているのは，産業界と研究機関との連携，すなわち産学連携である。

　産学連携（industry-academics cooperation）とは，産業界と大学・研究機関との間で行われる共同の研究開発や情報交換のことである。現在，産学連携は，個々の企業と大学や研究機関との研究開発活動から，複数の企業による産学連携，さらには国・地方公共団体，ＮＰＯまで幅広く拡大している。

　産学連携の根底には，製品やサービスの開発を目的とする企業の研究環境と，知識や理論の創造を目的とする大学の研究環境が共存している。産学連携の本質は，これら２つの研究環境を相互に補完させ，新たな知識を創出することである。青木昌彦＝原山優子［2003］は，産学連携の結果として，ホスト組織においてプロセス・イノベーション，プロダクト・イノベーション，資源支配力，社会評価といった形でのリターンが生じる[9]と指摘した。

　実際に，企業と国立大学による2001年度の共同研究は，過去最高の5264件と1998年度の2568件から倍増している[10]。この産学連携は，通常，共同開発として行われることが多い。しかし，現実にはさまざまなタイプが存在する。宮田由紀夫［2002］は，産学連携を①委託研究，②共同研究，③コンソーシャ（consortia），④技術ライセンス，⑤大学教員の引き抜き，⑥起業，⑦コンサルティングに分類した[11]。この分類にみられるように，産学連携にはさ

まざまな方法があり，研究内容や企業規模など環境の相違によって産学連携の方法も異なるといえる。

産学連携は，大学・研究機関が持つ知識と企業が持つ技術力とを掛け合わせることによって，今までにないイノベーションを実現させることができる。イノベーションの本質は知識創造にある。企業にとって社内の知だけでなく，社外の知も利用できればイノベーションの実施に重要な役割を果たす。

❷ 今後の展開

産学連携は，イノベーションにおける社外の知の利用に他ならず，ベンチマーキングの代表的事例である。しかし，大学・研究機関の閉鎖性や共通認識の不足などにより失敗する例も多い。

産学連携を実施する際に，重要な役割を果たすのが，ＴＬＯ（TLO：Technology Licensing Office／Organization：技術移転機関）である。

図表10-3　ＴＬＯの抱える問題

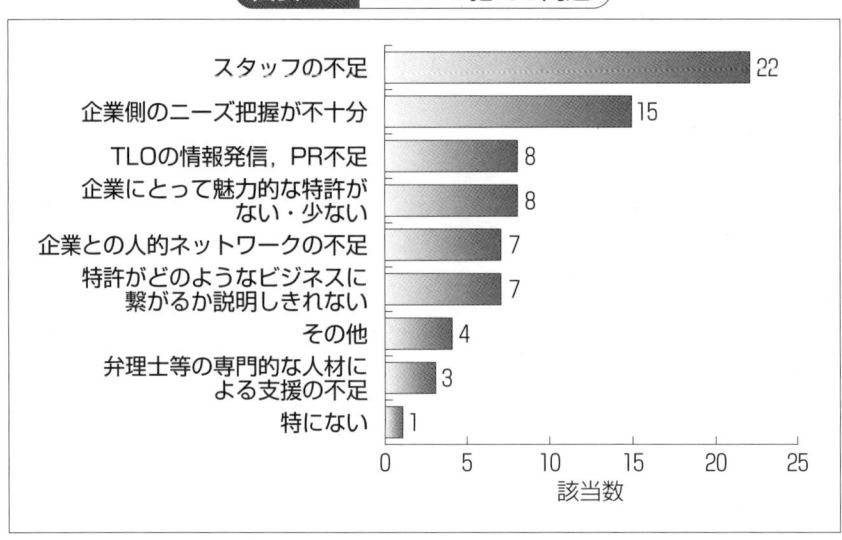

項目	該当数
スタッフの不足	22
企業側のニーズ把握が不十分	15
TLOの情報発信，PR不足	8
企業にとって魅力的な特許がない・少ない	8
企業との人的ネットワークの不足	7
特許がどのようなビジネスに繋がるか説明しきれない	7
その他	4
弁理士等の専門的な人材による支援の不足	3
特にない	1

資料：(株)三菱総合研究所「中小企業の経営戦略と産学連携に関する調査」(2002年)
(注) 24の承認TLOからの回答を実数で示している。
(出所) 中小企業庁編 [2003] 206頁。

TLOとは，大学や研究機関の内部であげられた研究成果を産業界で利用するための橋渡しをする目的で設立される機関である。1998年8月には，アメリカのバイ・ドール法をモデルとして，大学での研究成果の特許を民間で活用支援する大学等技術移転促進法が施行され，連携機能を担うTLOとして東大先端科学技術インキュベーションセンターなどが相次いで設立された[12]。しかし現状では，十分な成果に結びついていないのも事実である。

一般に，大学等の研究者は好奇心や興味に駆られて研究に携わるが，製品化・サービス化を常に考えているわけではない。知識創造の変換モードで考えれば，まさに暗黙知の状態である。企業からすれば大学に眠る暗黙知は羨望の的である。しかし，大学側では暗黙知を表出化したくても，どの企業が知識を欲しているのか分からない。こうした状況下において，研究者の研究成果と製品開発のために技術や知識を必要としている企業の仲介役を果たすのがTLOの役割である。すなわち，TLOとは，大学に眠る暗黙知を企業に表出し，形式知化することによって知識創造を促し，イノベーションの発生につなげる機能を果たす。

4 イノベーションと地域クラスター

❶ 地域クラスターの概念

イノベーションを促進する施策として，近年，特に注目されているのが地域クラスターである。ここで，地域クラスターとは，「特定産業分野に属し，相互に関連した企業と機関からなる，地理的に接近した，特にイノベーティブな集団であり，共通性や補完性により結ばれている」[13]という文部科学省科学技術政策研究所第3調査研究グループの定義に準拠する。

産学連携の効果をより高めるために，地域クラスターの存在は極めて大きい。米国，欧州，アジア諸国でも，政府はクラスター整備をナショナル・イ

ノベーション・システムの一環として重視しており，国家的イノベーションの発生源と位置づけている。国家全体のイノベーション促進をシステムとして構築し，定着させるために，地域の自律性や資源の活用を重視するクラスターを戦略的に活用している。例えば，米国ではシリコンバレーやルート128，欧州では英国のケンブリッジ，デンマークのコペンハーゲン・メディコンバレー，イタリアのコモ，アジアでは中国の中関村，台湾の新竹村などが有名である。

地域クラスターは，社外の知を取り入れるベンチマーキングの成功に関し

図表10-4　世界的に認知されたクラスター

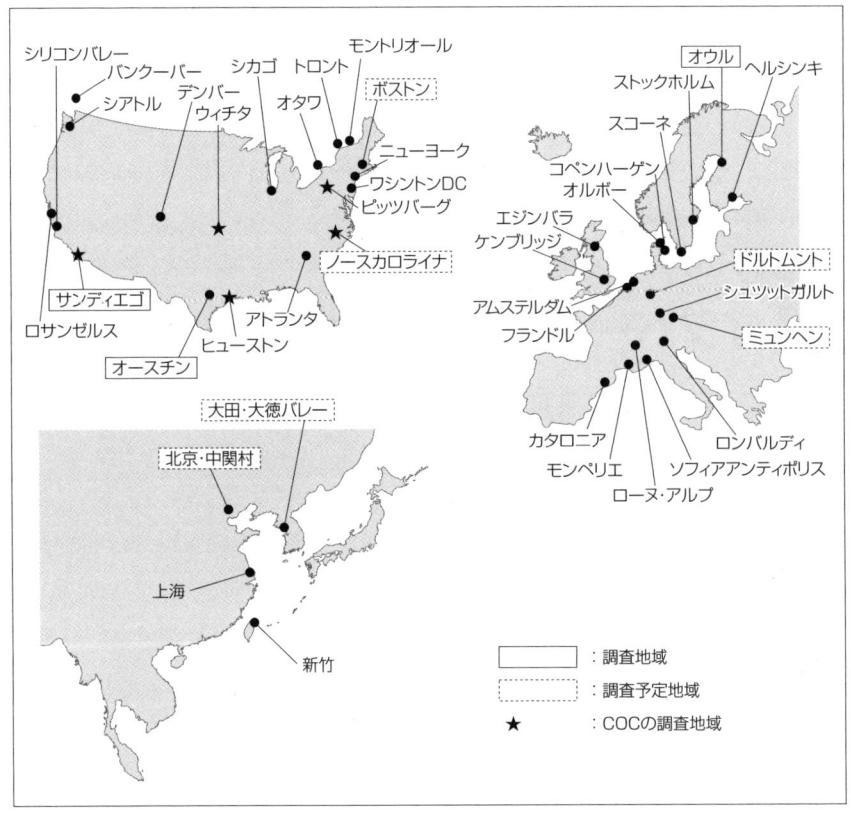

（出所）文部科学省科学技術政策研究所第3調査研究グループ［2003］15頁。

第10章　イノベーション論の今日的課題

重要な要素となる。狭い地域の中で相互に関連した企業や機関が連携して知の共有をはかり，新たな知の創出を促すところに地域クラスターの成果が存在する。諸外国の状況を見ると，地域クラスターの成果によって生み出されたイノベーションは多数存在している。

　この地域クラスターのもとになるのは，産業集積と知的集積である。産業集積とは，伊丹敬之＝松島茂＝橘川武郎［1998］によれば，「1つの比較的狭い地域に相互の関連の深い多くの企業が集積している状態」[14]のことである。機械工場が密集する東京都大田区（城南地区）などがその事例である。伊丹敬之［1998］は，産業集積による経済合理性として，①技術蓄積の深さ，②分業間調整費用の低さ，③創業の容易さをあげている[15]。

　一方，知的集積とは，一定地域内に知識を創造する大学や研究機関が集積している状態を指す[16]。筑波大学を中心に各種研究機関が集う筑波研究学園都市などが知的集積に当たる。

　日本の場合，産業集積と知的集積が個別に存在し，両者の良さを統合するに至っていない。すなわち，真の地域クラスターは存在せず，産業集積による産業界の知と知的集積による大学や研究機関の知の統合が図られていない状況となっている。産業界の知と大学・研究機関の知を統合することができれば，知の集積は格段に進む。イノベーションの発生率は高まり，国家的規模のイノベーションの実施も可能となる。

　また，地域クラスターは，地域の活性化にもつながり，地域イノベーションの担い手としても重要である。1995年に定められた「地域における科学技術活動の活性化に関する基本指針」において，「産業の競争力低下や空洞化などが懸念されており，早急な対応が必要であるが，政府の活動とあいまって，地域独自の活動に対する期待も大きく，地域が自主性や個性を持ちつつ地域経済の活性化を図ることによって国全体としてこれらの問題を克服していくことが望まれている」との指摘がなされている。現状の日本において，地域を再生させる地域イノベーションは重要課題の1つであり，その点でも地域クラスターの果たす役割は大きい。

図表10-5 欧米先進事例から抽出したクラスター成功促進要素

項目		内 容
1. 特定地域	1-1 核地域は30分以内のアクセス	思い立って昼食をともにできる距離 いつでも会える距離
	1-2 地域としての危機意識	変革への連携意識 地域の風土・気風(例:浜松の「やらまいか」精神)
2. 特定産業	2-1 地域資産を活かす産業への選択と集中	地域に根付いた特性がないと、企業は都会に逃げていく ロウテク資産が活かされる例が多い
	2-2 初期に核となる企業(Anchor Company)が数社存在する	地元企業,大企業事業部,急成長ベンチャー企業等がある これが地域での産学連携やスピンオフのスタートとなる ファーストカスタマーとなり次世代ベンチャーを育てる
3. 研究開発	3-1 核となる世界レベルの研究開発力がある	世界的人材に若者が引き寄せられる 世界的人材の引き抜き等による誘致 政府等の研究開発資金がつきやすい 政府系ラボや大学,企業の研究開発部門の存在,誘致 研究開発機関の無いところからクラスターは生まれない
	3-2 産学官の連携・結合	地元企業,ベンチャー,大学,政府系ラボとの連携 同一敷地,建物内での産学官結合効果は大きい
4. ベンチャー企業	4-1 ベンチャー企業の活力	スピンオフ,レイオフ,M&A等人材のモビリティが高い 技術移転は人材移転が即効性もあり、最も効果的 クラスターとしての関連企業増加の最適手段 「スピンオフ・ツリー」が描けている地域は伸びる
	4-2 ベンチャーと大企業,大学等との連携	地域で大企業とベンチャーの連携による地域産業振興 ベンチャーの急成長は大企業との連携から
5. サポート/連携	5-1 金融,経営,技術,製造等サポートインフラ機関が地元にある	ベンチャーキャピタル,エンジェル,インキュベーションセンター,税理士,弁護士,会計士,社会労務士,試作品製造,設計,海外ビジネス支援等
	5-2 企業,大学,サポート等の連携コーディネーション機関の存在	個人ではなく専門の機関が精力的に取組む必要有り 核となるプロデューサー,トリガーメーカーが必要 市・県等の地域行政機関の総合的な取組 市長や知事の決断や直接参画 世界水準研究人材誘致で、家族の地域満足度まで考慮
6. ビジョナリー	6-1 研究者をひきつける将来の地域ビジョンを描き実現させる人	世界的業績,熱意,人望ある伝道師の存在 あのクラスターにあの人あり,と言われる存在
7. 他産業との融合	7-1 その地域の他クラスターとの融合	ITクラスターとバイオクラスターの融合から新産業創出 多重クラスター化による他クラスターとの差別化
8. グローバル展開	8-1 グローバルな取組による市場拡大,イノベーション促進	全世界からの人材,企業,研究所,大学誘致 初期段階での世界展開でグローバルスタンダード化
9. IPO実績	9-1 IPO(株式公開)による信用度アップ,高成長	優秀な人材の採用が容易になる 周辺の万年低成長中小企業への刺激 社会的認知によるビジネス効果
10. 全国的な認知	10-1 クラスター知名度の向上	大企業,大学,政府系ラボの誘致が容易 優秀人材の逃避から参集への転換
11. 生活文化水準	11-1 世界的人材の誘致	技術者や経営者本人が移り住みたくなる文化・気候環境 その家族にとっても買い物,観劇,教育等の魅力が必要

(出所)文部科学省科学技術政策研究所第3調査研究グループ [2003] 25頁。

❷ 今後の展開

　地域クラスターは，企業，大学，研究機関の関係性構築，知の結集，地域再生などさまざまな効果がある。そのような効果を認識しながらも，日本において地域クラスターが誕生しないのは，地域クラスターの成功要因を十分理解していないことにあると思われる。文部科学省科学技術政策研究所第3調査研究グループ［2003］は，欧米における地域クラスターの成功事例から，図表10-5のように地域クラスターの成功要因を抽出している。

　これらの欧米諸国における成功要因をベースとして考察すると，限定された狭い地理的条件のなかで，地域に立脚した産業を，オープン化したネットワーク構築のもとに企業と大学が連携し，新たな価値を創出し，地域の生活水準を向上させていくことが必要となる。地域クラスターを成功に導くことができれば，産業界の知と大学・研究機関の知を結集させることができ，産学連携の強化，イノベーションの発生率増加，国家的事業の推進，地域活性化など多くの側面からその効果が期待でき，一日も早い発展が望まれる。

5　イノベーションとNPO活動

❶ 現　状

　現在，消費者に製品やサービスを提供するのは企業だけではない。企業に代わり，ＮＰＯ（Non-Profit Organization/Not-for-Profit Organization）がその役割を果たす機会も年々増加している。

　谷本寛治［2002］は，ＮＰＯを市民がイニシアティブを持って社会貢献的な活動を行う団体と定義する。その上で，ＮＰＯには，①ボランタリー・アソシエーション（voluntary association）であること，②社会的使命（social mission）を持っていること，③非配分原則（non-distribution principle）を

持っていることの3要件を満たすことが必要であるとした[17]）。

　原田保［2002］は，ＮＰＯとは，民間の非営利団体や公益組織を意味し，自主的，自発的に活動し，営利獲得それ自体を目的としない組織や団体の総称と定義している。そして，ＮＰＯが本意とする自発的，自主的な活動は，行政の画一的，限定的な事業とは異なり，社会が求めるものを自らの意志で提供していこうとすることであり，広義には行政でも民間企業でもない第3の組織形態として捉えられると指摘した[18]）。

　これらの定義を要約すると，ＮＰＯの本質は，社会的使命を達成するために，民間が非営利かつ自主的な活動を行うことにある。ＮＰＯは，余剰利益を公益目的に使用することが，民間企業と大きく異なっている。

　現在，社会に存在する欲求は，企業では対応しきれないものも多い。利益追求を第一義とする企業は，利益として反映されない事業には手を出せない。社会的欲求の多様化と企業が運営できる事業とのギャップを埋める役割を果たしているのがＮＰＯである。すなわち，ＮＰＯは，企業形態のイノベーションという側面だけではなく，従来のビジネスを革新させたという点で，ビジネス形態にもイノベーションを促したといえる。また，ビジネス形態にイノベーションが生起したことによって消費者との関係にもイノベーションが発生している。ＮＰＯはさまざまな分野でイノベーションを生起させている。

❷ 今後の展開

　大学の教員や研究機関の研究員が代表や職員として参加しているＮＰＯは多数存在している。一般の企業よりも大学や研究機関の知を取り入れている。しかし，産業界の知はほとんど取り入れられていないのが現実である。

　しかし，長年蓄積された企業の知は，経営の経験が浅いＮＰＯの経営者にとって，魅力的な資源である。ＮＰＯが企業の知を享受し，逆に企業では経験しない事業を手がけるＮＰＯの知を企業の経営に活かすことができれば，双方とも新たなイノベーションを創出する契機となる。企業とＮＰＯ双方にとって今後の重要な課題である。

> **図表10-6 企業の社会性からみたNPOとのパートナーシップ類型**
>
> 〔1〕企業の収益事業上：社会的責任範疇
> 　　　①責任レベル未遂行（対立関係から）
> 　　　②経済的・法的責任レベル（取引関係）
> 　　　③制度的・倫理的責任レベル（NPOの協力）
> 　　　④社会的収益事業化における協力関係（共同事業，新機軸の展開）
>
> 〔2〕企業の収益事業外：社会貢献範疇
> 　　　⑤既存NPOとの協力関係
> 　　　⑥NPO設立による協力関係
>
> 〔3〕その他：新しい動き
> 　　　⑦両者共存

（出所）横山恵子［2003］64頁。

　そこで，必要となるのが企業とNPOのパートナーシップである。横山恵子［2003］によれば，企業とNPOのパートナーシップは支援型と協働型の2つに集約できる。支援型とは，企業からNPOに対するモノ・カネによる支援という一方的なパートナーシップ関係であるのに対し，協働型とは共通の社会的課題の解決に向けて計画・実行プロセス全般において双方向的に協力し合うパートナーシップである[19]。

　現実には，企業とNPOのパートナーシップ関係は支援型が大部分を占めている。これは，NPOに対し支援することによって，企業が社会的貢献の一貫とする意図によるものである。しかし，NPOが広範な活動を始めた現在，NPOがもたらす知は価値の高いものである。一般の企業がNPOの知をベンチマーキングすることによって，新たな知識が創造され，新価値を創出するイノベーションが生起される可能性も十分存在する。企業とNPOがコラボレーションを行い，協働で知の共有をはかることによって新たなイノベーションを生起し，社会の欲求を充足することが期待される。

---

1 ）榊原清則［2003］9-10頁。(「一橋大学ビジネスレビュー2003年AUT. 51巻2

号」，所収）
2）Slatter,S.＝Lovett,D.［1999］訳書2頁。
3）畠山直子［2003］50頁。(「一橋大学ビジネスレビュー2003年AUT. 51巻2号」，所収）
4）片平秀貴［1999］ 4頁。
5）須藤実和［2001］17頁。
6）Knapp,D.E.［2000］訳書35頁。
7）山田幸三［1999］826頁。(神戸大学大学院経営学研究室編［1999］，所収）
8）原田保［2000］25頁。(寺本義也他編［2000b］，所収）
9）原山優子編［2003］はしがきv。
10）日経産業新聞，2003年10月16日。
11）宮田由紀夫［2002］ 4-6頁。
12）日経産業新聞，2003年10月16日。
13）文部科学省科学技術政策研究所第3調査研究グループ［2003］ 8頁。
14）伊丹敬之＝松島茂＝橘川武郎［1998］はしがきi。
15）前掲書　12頁。
16）文部科学省科学技術政策研究所第3調査研究グループ［2003］ 8-9頁。
17）谷本寛治［2002］32頁-33頁。(奥林康司＝稲葉元吉＝貫隆夫編［2002］，所収）
18）原田保＝古賀広志［2002］39頁。
19）横山恵子［2003］40頁。

参考文献

Abernathy, W.J. [1978], *The Productivity Dilemma*, The Johns Hopkins University Press.
Acs, Z. J. [1990], *Innovation and small firms*, MIT Press.
Albrecht,K.＝Zemke,R. [2002], *Service America in the New Economy*, The McGraw-Hill Companies, Inc.（和田正春訳［2003］『サービスマネジメント』ダイヤモンド社）
Ansoff, H.I. [1965], *Corporate Strategy*, McGraw-Hill, Inc.（広田寿亮訳［1969］『企業戦略論』産業能率大学出版部。）
Argyris, C. [1965], *Organization and Innovation*, Irwin.
Baily, M.N. [1988], *Innovation and the productivity crisis*, Brookings Institution.
Baldwin, J.R. [1995], *Innovation*, Statistics Canada.
Baldwin, J.R. [1999], *Innovation, training and success*, Statistics Canada.
Barker,J.E. [1992], *Paradigms*, Margret McBride Literary Agency.（仁平和夫訳［1995］『パラダイムの魔力』日経BP社）
Barnard,C.I. [1938], *The Functions of the Executive*, Harvard University Press.（山本安次郎＝田杉競＝飯野春樹訳［1968］『新訳　経営者の役割』ダイヤモンド社）
Beer, M.＝Spector, B.＝Lawrence, P.R.＝Mills, D.Q.＝Walton, R.E. [1984], *Managing Human Assets*, The Free Press.（梅津祐良＝水谷榮二訳［1990］『ハーバードで教える人材戦略』日本生産性本部）
BIS [1986], *Recent Innovations in International Banking*, BIS.
Botkin, J. [1999], *Smart Business*, The Free Press.（米倉誠一郎監訳・三田昌弘訳［2001］『ナレッジ・イノベーション』ダイヤモンド社）
Burgelman, R.A. [1988], *Strategic management of technology and innovation*, Irwin.
Burke, W.W.＝Trahant, W. [2000], *Business Climate Shifts*, Butterworth–Heinemann.（プライスウォーターハウスクーパースコンサルタント（株）訳［2000］『組織イノベーションの原理』ダイヤモンド社）
Burns,T.＝Stalker,G.M. [1968], *The Management of Innovation*, 2nd ed. Tavistock.
Carlson, W.B. [1991], *Innovation as a social process*, Cambridge University Press.
Christensen,C.M. [1997], *The Innovator's Dilemma*, The President and Fellows of Harvard College.（伊豆原弓訳［2000］『イノベーションのジレンマ』翔泳社）
Christensen,C.M.＝Raynor,M.E. [2003], *The Innovator's Solution*, Harvard Business School Publishing Corporation.（玉田俊平太監修，櫻井祐子訳［2003］『イノベーシ

ョンへの解』翔泳社)

Cox, J. [1989], *Innovation and industrial strength*, Policy studies institute association with the Anglo-German Foundation.

Crane, D.B. = Froot, K.A. = Mason, S.P. = Perold, A.F. = Merton, R.C. = Bodie, Z. = Sirri, E.R. = Tufano, P. [1995], *The global financial system : A functional perspective*. Harvard Business School Press. (野村総合研究所訳 [2000]『金融の本質—21世紀型金融革命の羅針盤』野村総合研究所)

Davenport, T.H. [1993], *Process Innovation*, Ernst & Youmg. (卜部正夫他訳 [1994] 『プロセス・イノベーション』日経BP出版センター)

Deal, T.E. = Kennedy, A.A. [1982], *Corporate Culture*, Addison-Wesley Pub. (城山三郎訳 [1983]『シンボリック・マネジャー』新潮社)

Dermer, J. [1986], *Competitiveness through technology*, Lexington Books.

Doig, J.W. and Hargrove, E.C. [1987], *Leadership and innovation*, Johns Hopkins University Press.

Dos, Y.L. = Hamel, G. [1998], *Alliance Advantage*, Harvard Business School Press. (志太勤一 = 柳孝一監訳, 和田正春訳 [2001]『競争優位のアライアンス戦略』ダイヤモンド社)

Douma,S. = Schreuder,H. [1991], *Economic Approaches to Organizations*, Prentice Hall International Ltd. (岡田和秀他訳 [1994]『組織の経済学入門』文眞堂)

Drucker, P.F. [1954], *The Practice of Management*, Harper & Low. (上田惇生訳 [1996]『[新訳]現代の経営(上・下)』ダイヤモンド社)

Drucker, P.F. [1964], *Management for Results*, Heinemann. (上田惇生訳 [1995]『[新訳]創造する経営者』ダイヤモンド社)

Drucker, P.F., [1974], *Management : task, responsibilities, practices*, (上田惇夫他訳 [2001]『マネジメント【エッセンシャル版】』ダイヤモンド社)

Drucker, P.F. [1980], *Management in Turbulent Times*, Harper & Low. (上田惇生訳 [1996]『[新訳]乱気流時代の経営』ダイヤモンド社)

Drucker, P.F. [1985], *Innovation and Entrepreneurship*, Heinemann. (上田惇生訳 [1997]『[新訳]イノベーションと起業家精神(上・下)』ダイヤモンド社)

Drucker, P.F. [1989], *The Post Capitalism Society*, Heinemann. (上田惇生他訳 [1993]『ポスト資本主義社会』ダイヤモンド社)

Drucker, P.F. [2000], *The Essential Drucker on Society*. (上田惇生編訳 [2000]『イノベーターの条件』ダイヤモンド社)

Elliott,J.E. [1980], *Marx and Schumpeter on Capitalism's Creative Destruction*,

Quarterly Journal of Economics, August.
Evans, P.＝Wurster, T.S. [2000], *Blown to Bits*, The Boston Consulting Group, Inc.（ボストン・コンサルティンググループ訳［1999］『ネット資本主義の企業戦略』ダイヤモンド社）
Financial Times [2001], *Mastering People Management*, Financial Times.（日経情報ストラテジー監訳［2002］『ピープルマネジメント』日経BP社）
Finnerty, J.D. [1988], "Financial engineering in corporate finance: an overview," *Financial Management*, 17.
Flamholts, E.G.＝Randle, Y. [2000], *Growing Pains*, Jossey-Bass Inc.（グロービス・マネジメント・インスティテュート訳・加藤隆哉監訳［2001］『アントレプレナー・マネジメント・ブック』ダイヤモンド社）
Foster, R.N. [1986], *Innovation*, McKinsey and Co., Inc.（大前研一訳［1987］『イノベーション』TBSブリタニカ）
Foster, R.N.＝Kaplan, S. [2001], *Creative Destruction*, McKinsey & Company, Inc.（柏木亮二訳［2002］『創造的破壊』翔泳社）
Foxall, G.R. [1984], *Corporate innovation*, Croom Helm.
Freeman, C. [1986], *Design, innovation, and long cycles in economic development*, F. Pinter.
Freeman, C. [1990], *The Economics of Innovation*, E. Elgar.
Fussler, C.＝James, P. [1996], *Driving Eco Innovation*, Pearson Professional.（佐々木建訳［1999］『「成長の限界」を超えて』日科技連出版社）
Gompers, P.A.＝Lerner, J. [1999], *The Venture Capital Cycle*, MIT Press.
Gospel, H.F. [1991], *Industrial training and technological innovation*, Routledge.
Goto, A.＝Odagiri, H. [1997], *Innovation in Japan*, Clarendon Press.（河又貴洋他訳［1998］『日本の企業進化』東洋経済新報社）
Gupta, U. [2000], *Done deals : Venture capitalists tell their stories*, HBS Press.（濱田康行解説, 楡井浩一訳［2002］『アメリカを創ったベンチャー・キャピタリスト』翔泳社）
Hall, B.K. [1998], *Evolutionary Development Biology*, Chapman & Hall.（倉谷滋訳［2001］『進化発生学』工作舎）
Hamel, G.＝Prahalad, C.K. [1994 a], Competing for the Future, *Harvard Business Review* (July-August, 1994).（未来創造企業へのイノベーション，ハーバード・ビジネス・レビュー1994年11月号，ダイヤモンド社）
Hamel, G.＝Prahalad, C.K. [1994 b], *Competing for the Future*, Harvard Business

School Press.（一條和生訳［1995］『コア・コンピタンス経営』日本経済新聞社）

Hamel, G.[1996], Strategy as Revolution, *Harvard Business Review* (July-August, 1996).（革新の戦略 その10原則，ハーバード・ビジネス・レビュー1997年3月号，ダイヤモンド社）

Hammer,M.＝Champy,J.［1993］, *Reenginnering the Corporation*, Harper Business.（野中郁次郎監訳［1993］『リエンジニアリング革命』日本経済新聞社）

Harbison, J.R.＝Pekar Jr, P.［1998］, *Smart Alliances*, Jossey-Bass Inc., Publishers.（日本ブーズ・アレン・アンド・ハミルトン訳［1999］『アライアンス　スキル』ピアソン・エデュケーション）

Herbig, P.A.［1995］, *Innovation Japanese Style*, Quorum Books.

Himmelfarb, P.A.［1992］, *Survival of The Fittest*, Prentice-Hall, Inc.（中村元一＝島本進訳［1994］『新製品開発マニュアル』産能大学出版部）

Hodgson,J.E.［1993］, *Economics and Evolution*, The English Agency Ltd.（西部忠監訳，森岡真史他訳［2003］『進化と経済学』東洋経済新報社）

Houthakker, H.S.［1996］, *Economics of Financial Markets*, Oxford University Press.（宇佐美洋訳［2000］『金融市場の経済学』時事通信社）

Huzita, S.［1997］, *A strategy for corporate innovation*, Asian Productivity Organization.

Jonash, R.S.＝Sommerlatte, T.［1999］, *The Innovation Premium*, Arthur D. Little, Inc.（グレン・S・フクシマ監訳，アーサー・D・リトル社訳［2000］『イノベーション・プレミアム』東洋経済新報社）

Kamien, M.I.［1982］, *Market structure and innovation*, Cambridge University Press.

Kane, E.J.［1980］, *Accelerating inflation, regulation and banking innovation*, Banking Regulation, Summer.

Kao,J.K.［1989］, *Entrepreneurship, Creativity, & Organization*, HBS Press.

Kleinknecht, A.［1987］, *Innovation patterns in crisis and prosperity*, Macmillan Press.

Kline, S.J.［1990］, *Innovation Styles*, Stanford University.（鴫原文七訳［1992］『イノベーション・スタイル』アグネ承風社）

Knapp,D.E.［2000］, *The Brandmindset*, Brandstrategy, Inc.（阪本啓一訳［2000］『ブランド・マインドセット』翔泳社）

Kotler,P.［1984］, *Marketing Essentials*, Prentice Hall Inc.（宮澤永光他訳［1986］『マーケティング・エッセンシャルズ』東海大学出版会）

Kotler, P.［1989 a］, *Social Marketing*, Free Press.（井関利明［1995］『ソーシャル・マーケティング』ダイヤモンド社）

Kotler, P. [1989 b], *Principles of Marketing* 4th ed, Prentice-Hall, Inc.（和田充夫・青井倫一訳［1995］『新版マーケティング原理』ダイヤモンド社）

Kotler, P. [1991], *Marketing Management* 7th ed, Prentice-Hall, Inc.（村田昭治監修，小坂恕・疋田聰・三村優美子訳［1996］『マーケティング・マネジメント』プレジデント社）

Kuhn, T. [1962], *The structure of scientific revolutions*, The University of Chicago Press.（中山茂訳［1971］『科学革命の構造』みすず書房）

Langton, R. = Rothwell, R. [1985], *Design and innovation*, St. Martin's Press.

Lawrence, P.R. = Lorsch, J.W. [1967], *Organization and environment*, Harvard University Press.（吉田博他訳［1977］『組織の条件適応理論』産業能率大学出版部）

Leonard, D. [1995], *Wellsprings of Knowledge*, Harvard Business School Press.（阿部孝太郎・田畑暁生［2001］『知識の源泉』ダイヤモンド社）

Levitt, T. [1962], *Innovation in Marketing*, McGraw-Hill.（土岐坤訳［1983］『マーケティングの革新』ダイヤモンド社）

Levitt, T. [1983], *Marketing Imagination*, Free Press.（土岐抻訳［1984］『マーケティング・イマジネーション』ダイヤモンド社）

Lieberman, M.B. = Montgomery, D.B. [1988], First-Mover Advantage, *Strategic Management Journal*, 9, Summer.

Malre, H. = Robinson, J. [1982], *Innovation policy and company strategy*, Inter-national institute for Applied Systems Anarysis.

McCarthy,E.J. [1964], *Basic Marketing*, Richard D., Irwin.

Miller, M.H. [1986], Financial innovation : the last twenty years and the next, *Journal of Financial and Quantitative Analysis*, 21.

Mole, V. [1987], *Enterprising innovation*, F. Pinter.

Morgan,P.S. = Hoving,E. = Smit,H. = van der Slot,A. [2001], *The End of Change*.（アーサー・D・リトル訳［2001］『変化の陥穽』東洋経済新報社）

Normann,R. [1984], *Service Management : Strategy and Leadership in Service Business*, Wiley.（近藤隆雄訳［1993］『サービス・マネジメント』NTT出版）

Oakey, R.P. = Rothwell, R. = Cooper, S. [1988], *The Management of Innovation in high-technology small firms*, Pinter Publishers.

OECD [2001], *Innovation and Productivity in Service*.（社団法人日本経済調査協会訳［2002］『サービス産業におけるイノベーションの生産性』非売品）

Peppers, D. = Rogers, M. [1993], *The One to One Future*, Doubleday, a Division of

Bantam Doubleday Dell Publishing Group, Inc.（井関利明，ワン・トゥ・ワン・マーケティング協議会監訳［1995］『ONE to ONEマーケティング』ダイヤモンド社）

Peppers, D.=Rogers, M.［1997］, *Enterprise One to One*, Doubleday, a Division of Bantam Doubleday Dell Publishing Group, Inc.（井関利明，ワン・トゥ・ワン・マーケティング協議会監訳［1997］『ONE to ONE企業戦略』ダイヤモンド社）

Peppers, D.=Rogers, M.［1999］, *The One to One Manager*, Doubleday, a Division of Random House, Inc.（井関利明監訳［2000］『ONE to ONEマネジャー』ダイヤモンド社）

Polanyi, M.［1966］, *The Tacit Dimension*, Routledge & Kegan Paul Ltd.（佐藤敬三訳［1980］『暗黙知の次元』紀伊國屋書店）

Porter, M.E.［1980］, *Competitive Strategy*, The Free Press.（土岐坤・中辻萬治・服部照夫訳［1982］『競争の戦略』ダイヤモンド社）

Porter, M.E.［1985］, *Competitive Advantage*, The Free Press.（土岐坤・中辻萬治・小野寺武夫訳［1985］『競争優位の戦略』ダイヤモンド社）

Rastogi, P.N.［1988］, *Productivity, innovation, management, and development*, Sage Publications.

Rogers, E.M.［1982］, *Diffusion of Innovations*, The Free Press.（青池愼一，宇野善康［1990］『イノベーション普及学』産能大学出版部）

Rogers, E.M.=Shoemaker, F.F.［1971］, *Communication of innovation*.（宇野善康［1981］『イノベーション普及学入門』産業能率大学出版部）

Rothwell, R.［1982］, *Innovation and the small and medium sized firm*, F. Pinter.

Sahal, D.［1981］, *Patterns of technological innovation*, Addison-Wesley Pub.

Schein, E. H.［1985］, *Organizational Culture and Leadership*, Jossey-Bass.（清水紀彦訳［1989］『組織文化とリーダーシップ』ダイヤモンド社）

Scherer, F.M.［1984］, *Innovation and growth*, MIT Press.

Schumpeter, J. A.［1926］, *Theorie Der Wirtschaftlichen Entwicklung, 2*, Virtue of the authorization of Elizabeth Schumpeter.（塩野谷祐一他訳［1977］『経済発展の理論（上・下）』岩波書店）

Schumpeter, J. A.［1928］, *Unternehmer, Handwörterbuch der Staatswissenschaften*.（清成忠男編訳［1998］『企業家とは何か』東洋経済新報社）

Senge, P.M.［1990］, *The Fifth Discipline*, The English Agency (Japan) Ltd.（守部信之訳［1995］『最強組織の法則』徳間書店）

Shapiro, E.C.［1995］, *Fad Surfing in the Boardroom*, Addison-Wesley Publishing

Company.（仁平和夫訳［1996］『勇気ある経営』日経BP社）

Siebel, T.M.＝House, P.［1999］, *Cyber Rules : Strategies for excelling at E-Business*,（アンダーセンコンサルティング訳［1999］『E－ビジネス戦略』東洋経済新報社）

Siegel, D.R.［1990］, *Innovation and technology in the markets*, Probus Pub. Co.

Stoneman, P.［1992］, *Handbook of the Economics of Innovation and Technological Change*, Oxford University Press.

Slatter, S.＝Lovett,D.［1999］, *Corporate Turnaround*, Tuttle-Mori Agency, Inc.（ターンアラウンド・マネジメント・リミテッド訳［2003］『ターンアラウンド・マネジメント』ダイヤモンド社）

Sweeney, G.P.［1985］, *Innovation policies*, St. Martin's Press.

Sweeney, G.P.［1987］, *Innovation, entrepreneurs, and regional development*, F. Pinter.

Teece, D.J.［1987］, *The Competitive challenge*, Ballinger Pub. Co.（石井淳蔵他共訳［1988］『競争への挑戦』白桃書房）

Tushman, M.L.＝O'Reilly Ⅲ, C.A.［1997］, *Winning Through Innovation*, Harvard Business School Press.（斎藤彰悟監訳, 平野和子訳［1997］『競争優位のイノベーション』ダイヤモンド社）

Urban, G.L.＝Hauser, J.R.＝Dholakia, N.［1987］, *Essentials of Product Management*, Prentice-Hall, Inc.（林廣茂＝中島望＝小川孔輔＝山中正彦訳［1989］『プロダクトマネジメント』プレジデント社）

Utterback, J.M.［1994］, *Mastering the Dynamics of Innovation*, The President and Fellows of Harvard College.（大津正和, 小川進監訳［1998］『イノベーション・ダイナミクス』有斐閣）

Van Horne, J.C.［1985］, Of Financial Innovations and Excesses, *The Journal of Finance*, 15.

Vesper, K.H.［1985］, *Entrepreneurship Education*, Babson Center for Entrepreneurial Studies.

Vesper, K.H.［1990］, *New Venture Strategies*, revised edition, Prentice Hall.（徳永豊他訳［1999］『ニューベンチャー戦略』同友館）

Wasserman, N.H.［1985］, *From invention to innovation*, Johns Hopkins University Press.

Wayland, R.W.＝Cole, P.M.［1997］, *Customer Connctions*, Robert E. Wayland ＆ Associates, Inc. and Ernst ＆ Young LLP.（入江仁之［1999］『デマンドチェーン・マネジメント』ダイヤモンド社）

Wenger, E.C. ＝ Snyder, W.M.［2000］, *Communities of Practice*, Harvard Business

Review (January-February, 2000) (「場」のイノベーション・パワー, ハーバード・ビジネス・レビュー2001年8月号, ダイヤモンド社)
Whittaker, D.H. [1990], *Managing innovation*, Cambridge University Press.
White, M.H. = Braczyk, J. = Ghobadian, A. = Nibuhr, J. [1988], *Small firms' innovation*, Policy Studies Institute.
Willman, P. [1985], *Innovation and management control*, Cambridge University Press.
Wilson, J.Q. [1966], *Innovation in Organization : Notes Toward Theory*, Pittsburgh University of Pittburgh Press.
阿部香 [2000] 『英知結集のマネジメント』文眞堂。
青木昌彦=安藤晴彦編 [2002] 『モジュール化』東洋経済新報社。
アーサーアンダーセンビジネスコンサルティング [1999] 『ナレッジマネジメント』東洋経済新報社。
アーサーアンダーセン [2000] 『図解eビジネス』東洋経済新報社。
BMP研究会編 [2000] 『図解でわかるビジネスモデル特許』日本能率協会マネジメントセンター。
中小企業庁編 [2001] 『2001年版　中小企業白書』ぎょうせい。
中小企業庁編 [2002] 『2002年版　中小企業白書』ぎょうせい。
中小企業庁編 [2003] 『2003年版　中小企業白書』ぎょうせい。
中小企業庁サービス業振興室監修 [1996] 『「ニューサービス業白書」-ビジネスの最前線を徹底分析・レポート』日刊工業新聞社。
中小企業事業団・中小企業大学校中小企業研究所 [1990] 『中小企業における戦略的イノベーションの研究』中小企業事業団・中小企業大学校中小企業研究所。
中小企業研究委員会 [1995] 『市場創造自立型企業の提唱』社会生産性本部生産性研究所。
中小企業診断協会編 [1999] 『中小企業のものづくり発展事例』同友館。
中小企業診断協会編 [2003] 『平成15年版中小企業施策の手引』同友館。
ダイヤモンド・ハーバード・ビジネス編集部編 [1996] 『新事業創造成功のメカニズム』ダイヤモンド社。
ダイヤモンド・ハーバード・ビジネス・レビュー編集部訳 [2000] 『ナレッジ・マネジメント』ダイヤモンド社。
ダニエル・ベル著, 福島範昌訳 [1998] 『最後に残る知恵』たちばな出版。
土井教之=西田稔編 [2002] 『ベンチャービジネスと起業家教育』御茶の水書房。
藤本隆弘=安本雅典編 [2000] 『成功する製品開発』有斐閣。
藤本隆弘 [2001a] 『生産マネジメント入門I　生産システム編』日本経済出版社。

藤本隆弘［2001b］『生産マネジメント入門Ⅱ　生産資源・技術管理編』日本経済出版社。
藤本隆弘＝武石彰＝青島矢一編［2001］『ビジネス・アーキテクチャ』有斐閣。
藤芳誠一監修［1994］『最新　経営学用語辞典』学文社。
藤芳誠一＝藤芳明人＝松村洋平＝谷井良［2000］『新経営基本管理』泉文堂。
藤芳誠一＝小林規威他［2001］『日本の経営革命』泉文堂。
フクシマ，G. S. 監修，ADLジャパン著［1999］『経営イノベーション成功の法則』ダイヤモンド社。
古川一郎［1999］『出会いの「場」の構想力』有斐閣。
現代用語の基礎知識2003，自由国民社。
ゲオルク・フォン・クロー＝一條和生＝野中郁次郎［2001］『ナレッジ・イネーブリング』東洋経済新報社。
ガンドリング＝賀川洋［1999］『3М・未来を拓くイノベーション』諸諾社。
後藤晃・長岡貞男編［2003］『知的財産制度とイノベーション』東京大学出版会。
合力榮監修・岸川善光他［2003］『環境問題と経営診断』同友館。
ハーバード・ビジネス・レビュー［2001］「知識シナジーのコラボレーション」ダイヤモンド社。
ハーバード・ビジネス・レビュー［2002］「取締役会改革の衝撃」ダイヤモンド社。
ハーバード・ビジネス・レビュー［2003］「学習する組織のマネジメント」ダイヤモンド社。
濱口恵俊＝公文俊平［1982］『日本的集団主義』有斐閣。
濱口恵俊編［1998］『日本社会とは何か』日本放送出版協会。
原田保＝山崎康夫［1999］『実践コラボレーション経営』日科技連出版社。
原田保＝古賀広志［2002］『境界融合』同友館。
原山優子編［2003］『産学連携』東洋経済新報社。
ヘンリー幸田［2000］『ビジネスモデル特許』日刊工業新聞社。
一橋大学イノベーション研究センター編［2001a］『知識とイノベーション』東洋経済新報社。
一橋大学イノベーション研究センター編［2001b］『イノベーション・マネジメント入門』日本経済新聞社。
一橋大学イノベーション研究センター編［2003］「一橋ビジネスレビュー　AUT.（51巻2号）」東洋経済新報社。
今田高俊［1986］『自己組織性』創文社。
今井賢一［1986］『イノベーションと組織』東洋経済新報社。

今井賢一＝金子郁容［1988］『ネットワーク組織論』岩波書店。
今井賢一＝塩原勉＝松岡正剛監修［1988］『ネットワーク時代の組織戦略』第一法規。
今井賢一他［1987］『経済の生態』ＮＴＴ出版。
稲葉元吉［1982］『経営行動論』丸善。
石井至［1995］『デリバティブ─成功の法則』プレジデント社。
石井淳蔵他［1996］『経営戦略論新版』有斐閣。
石井脩二編［2003］『知識創造型の人材育成』中央経済社。
石井威望［1986］『経営戦略とイノベーション』東京大学出版会。
磯部豊太郎［1997］『経営体質改善の論理』税務経理協会。
伊丹敬之［1984］『新・経営戦略の論理』日本経済新聞社。
伊丹敬之［1999］『場のマネジメント』NTT出版。
伊丹敬之＝西口敏弘＝野中郁次郎編［2000］『場のダイナミズムと企業』東洋経済新報社。
伊丹敬之他編［1993］『日本の企業システム　第4巻　企業と市場』有斐閣。
伊丹敬之＝加護野忠男＝宮本又郎＝米倉誠一郎編［1998］『イノベーションと技術蓄積』有斐閣。
伊丹敬之＝松島茂＝橘川武郎編［1998］『産業集積の本質』有斐閣。
伊藤昌寿他［1984］「技術革新・構造変革時代における新規事業開発をめぐって」経営資料月報 721。
岩間仁［1996］『プロダクト・イノベーション』ダイヤモンド社。
岩田勲＝伊丹敬之［1988］『技術革新と企業成長』中央経済社。
井関利明［1997］「ワン・トゥ・ワン・マーケティングの発想と戦略」ハーバード・ビジネス・レビュー1997年5月号，ダイヤモンド社。
JAMマネジメントレビュー2000年2月号，日本能率協会。
加護野忠男［1988a］『組織認識論』千倉書房。
加護野忠男［1988b］『企業のパラダイム革命』講談社現代新書。
加護野忠男［1993］「ビジネス・システムのイノベーション」月刊keidanren 41(12)，社団法人経済団体連合会。
亀岡秋男＝古川公成［2001］『イノベーション経営』財団法人放送大学教育振興会。
亀川雅人編［2001］『演習経営学』新世社。
金井一頼＝角田隆太郎［2002］『ベンチャー企業経営論』有斐閣。
金森久雄＝日本経済研究所［1987］『イノベーションと産業構造』日本経済新聞社。
片平秀貴［1999］『新版　パワー・ブランドの本質』ダイヤモンド社。
川口達郎［1994］『企業の成熟とイノベーション』ダイヤモンド社。

河崎健一郎＝アクセンチュアヒューマン・パフォーマンス・グループ［2003］『知識創造経営の実践』PHP研究所。
経済産業省経済産業政策局編［2002］『イノベーションと需要の好循環（産業構造審議会新成長政策部会報告書）』財団法人経済産業調査会。
岸川善光［1999］『経営管理入門』同文舘。
岸川善光［2002］『図説経営学演習』同文舘。
岸川善光編［2004］『ベンチャー・ビジネス要論』同文舘。
北森俊行＝北村新三［1996］『自己組織化の科学』オーム社。
北村泰彦＝山田誠二編［2003］『ｅビジネスの理論と応用』東京電機大学出版局。
北野利信編［1977］『経営学説史入門』有斐閣。
清成忠男＝中村秀一郎＝平尾光司［1971］『ベンチャー・ビジネス－頭脳を売る小さな大企業』日本経済新聞社。
児玉文雄＝玄場公規編，科学技術と経済の会監修［2000］『新規事業創出戦略』生産性出版。
小日向秀雄［1999］『新商品開発マネジメント』日本実業出版社。
小池晃［2002］『知的財産戦略大綱と知的財産基本法』日本法令。
小久保厚郎［1998］『イノベーションを生み出す秘訣』ダイヤモンド社。
國領二郎［1995］『オープン・ネットワーク経営』日本経済新聞社。
國領二郎［1999］『オープン・アーキテクチャ戦略』ダイヤモンド社。
國領二郎＝野中郁次郎＝片岡雅憲［2003］『ネットワーク社会の知識経営』ＮＴＴ出版。
国民生活金融公庫総合研究所編［2002］『2002年版新規開業白書』中小企業リサーチセンター。
近藤修司［1981］『「技術マトリックス」による新製品・新事業探索法』日本能率協会。
紺野登［2004］『創造経営の戦略　－知識イノベーションとデザイン－』筑摩書房。
神戸大学大学院経営学研究室編［1999］『経営学大辞典　第2版』中央経済社。
工藤剛治［2003］『社会的組織学習』白桃書房。
公文俊平［1994］『情報文明論』NTT出版。
丸毛一彰［1987］「技術予測の手法と考え方」『研究技術計画』Vol 1．No1,2 研究・技術計画学会。
松田修一［1997］『起業論』日本経済新聞社。
松田修一［1998］『ベンチャー企業』日本経済新聞社。
松田修一監修，早稲田大学ビジネススクール［2003］『モノづくり企業のイノベーション』生産性出版。

御厨文雄［1979］『市場創造の戦略』ダイヤモンドセールス編集企画。
三菱総合研究所経営コンサルティング部［1991］『環境創造の経営』講談社。
宮本昇［1996］『人と組織のイノベーション』同友館。
宮田由紀夫［2002］『アメリカの産学連携』東洋経済新報社。
望月清文［1995］『サービス進化論』KDDクリエイティブ。
文部科学省編［2001］『平成13年版　科学技術白書』文部科学省国立印刷局。
文部科学省編［2002］『平成14年版　科学技術白書』文部科学省国立印刷局。
文部科学省編［2003］『平成15年版　科学技術白書』文部科学省国立印刷局。
文部科学省科学技術政策研究所第3調査研究グループ［2003］「地域イノベーションの成功要因及び促進政策に関する調査研究」非売品。
村田和彦［1999］『市場創造の経営学』千倉書房。
武藤修靖［1991］『逆転の市場創造』ダイヤモンド社。
中原英臣［1999］『進化論』ナツメ社。
中尾征雄他［1995］「大企業におけるイノベーション創発経営」NOMURA　SEARCH 16(2)。
中内功＝Drucker,P.F.［1995］『創生の時』ダイヤモンド社。
ニュービジネス協議会＝ニュービジネス研究所［2001］『ニュービジネス白書2001年版』東洋経済新報社。
ニュービジネス協議会＝ニュービジネス研究所［2002］『ニュービジネス白書2002年版』東洋経済新報社。
日本LCR［2003］『イノベーション・マネジメント』PHP研究所。
日本総合研究所［1998］『生命論パラダイムの時代』第三文明社。
日本総合研究所編＝伊佐田文彦編著［2003 a］『"日本発"MBA上［基礎編］』中央経済社。
日本総合研究所編＝伊佐田文彦編著［2003 b］『"日本発"MBA下［実践編］』中央経済社。
日経ビジネス，2003年9月8日号，日経BP社。
西川徹［1990］『新商品開発プログラム』プレジデント社。
西山賢一［1999］『文化生態学入門』批評社。
野村総合研究所［1987］『閉塞突破の経営戦略』野村総合研究所情報開発部。
野中郁次郎［1986］『戦略的組織の方法論』ビジネス・アスキー。
野中郁次郎＝寺本義也編［1989］『経営管理』中央経済社。
野中郁次郎［1989］「情報と知識創造の組織論」組織科学 22(4)，白桃書房。
野中郁次郎［1990］『知識創造の経営』日本経済新聞社。

野中郁次郎＝永田晃也編［1995］『日本型イノベーション・システム』白桃書房。
野中郁次郎＝竹内弘高［1996］『知識創造企業』東洋経済新報社。
野中郁次郎編［1997］『俊敏な知識創造経営』ダイヤモンド社。
野中郁次郎＝山下義通他［1997］『イノベーション・カンパニー』ダイヤモンド社。
野中郁次郎［2002］『企業進化論』日本経済新聞社。
野中郁次郎編［2002］『イノベーションとベンチャー企業』八千代出版。
野中郁次郎＝紺野登［1999］『知識経営のすすめ』筑摩書房。
野中郁次郎＝紺野登［2003］『知識創造の方法論』東洋経済新報社。
小川正博［2003］『事業創造のビジネスシステム』中央経済社。
小川進［2000］『イノベーションの発生論理』千倉書房。
大江健［1998］『なぜ新規事業は成功しないのか－「仮説のマネジメント」の理論と実践』日本経済新聞社。
大江健［2002］『起業戦略－ビジネスの生み方・育て方』講談社新書。
小野正人［1997］『ベンチャー起業と投資の実際知識』東洋経済新報社。
大滝精一［1980］「企業環境とイノベーション」『現代経営学の基本問題』千倉書房。
大滝精一［1987］「ネットワーク戦略の考え方」経営者 41(4)。
奥林康司＝稲葉元吉＝貫隆夫編著［2002］『NPOと経営学』中央経済社。
奥村昭博［1986］『企業イノベーションへの挑戦』日本経済新聞社。
奥村昭博［1987］「イノベーションの源泉」経営者 41(5)。
奥村昭博［1989a］「企業戦略のイノベーション」オペレーションズ・リサーチ 34(5)。
奥村昭博［1989b］『経営戦略』日経文庫。
奥山哲哉＝青木弘一＝田中信［1995］『コラボレーション入門』日本能率協会マネジメントセンター。
OMNi-MANAGEMENT, 1999年7月号, 社団法人日本経営協会。
織畑基一［1993］『生体から学ぶ企業の生存法則』ダイヤモンド社。
ルディー和子他［1987］『金融サービス企業のマーケティング戦略──金融自由化時代を勝ち抜くノウハウ』ダイヤモンド社。
斎藤優＝伊丹敬之［1986］『技術開発の国際戦略』東洋経済新報社。
斎藤毅憲編［1997］『組織と人的資源の経営学』税務経理協会。
榊原清則［1985］「事業展開のダイナミクス」Business Review 32(4)，千倉書房。
榊原清則［1992］『企業ドメインの戦略論』中央公論社。
榊原清則［1996］「製品イノベーションと新しい企業像」Business Review 43(4)，千倉書房。
榊原清則他［1989］『事業創造のダイナミクス』白桃書房。

坂本英樹［2001］『日本におけるベンチャー・ビジネスのマネジメント』白桃書房。
咲川孝［1998］『組織文化とイノベーション』千倉書房。
産業基盤整備基金［2000］『我が国における新規産業育成に向けたベンチャー投資のあり方に関する調査・研究報告書』（非売品）。
佐久間昭光［1998］『イノベーションと市場構造』有斐閣。
佐藤高史［2000］『よくわかるｅ－ビジネスの始め方』中経出版。
佐和隆光編［1990］『サービス化経済入門』中央公論社。
SCM研究会［1999］『図解　サプライチェーン・マネジメント』日本実業出版社。
柴田友厚＝玄場公規＝児玉文雄［2002］『製品アーキテクチャの進化論』白桃書房。
嶋口充輝他編［1998］『マーケティング革新の時代（1）　顧客創造』有斐閣。
嶋口充輝他編［1999a］『マーケティング革新の時代（2）　製品開発革新』有斐閣。
嶋口充輝他編［1999b］『マーケティング革新の時代（3）　ブランド構築』有斐閣。
嶋口充輝［2000］『マーケティング・パラダイム』有斐閣。
清水滋［1994］『入門「サービス」の知識－しっかり身につく』日本実業出版社。
塩野谷祐一［1998］『シュンペーターの経済観』岩波書店。
塩谷未知［1997］『生物学に学ぶビジネス戦略』実務教育出版。
十川廣國［1997］『企業の再活性化とイノベーション』中央経済社。
総務省編［2002］『平成14年版　情報通信白書』ぎょうせい。
須藤実和［2001］『ｅブランド戦略』日本経済新聞社。
末松千尋［2002］『京様式経営－モジュール化戦略』日本経済新聞社。
吹田尚一＝三菱総合研究所編［1986］『事業創造の経営』日本経済新聞社。
住井一夫［1986］『イノベーションマネジメント』日本経済新聞社。
高田伸朗＝小池克宏［2002］「日本企業のサービスイノベーション」『知的資産創造』2002年12月号，野村総合研究所。
高橋富男，原健次［1997］『新商品開発マネジメント』日科技連出版社。
高梨智弘＝万年勲［2003］『プロセス・マネジメント入門』生産性出版。
竹内弘高＝榊原清則＝加護野忠男＝奥村昭博＝野中郁次郎［1986］『企業の自己革新』中央公論社。
田村正紀［1989］『現代の市場戦略』日本経済新聞社。
田中政光［1990］『イノベーションと組織選択』東洋経済新報社。
田中英之［1991］『消費者志向新事業・新商品開発ハンドブック』アイピーシー。
田中譲［2003］『総論ベンチャービジネス－事業創造の理論と実践』金融財政事情研究会。
田坂広志［1999］『なぜ日本企業では情報共有が進まないのか』東洋経済新報社。

参考文献

田内幸一［1983］『市場創造のマーケティング』三嶺書房。
田内幸一［1991］『市場創造の課題と方法』千倉書房。
寺本義也［1999］『パワーイノベーション』新評論。
寺本義也他編［1999］『パワーイノベーションシリーズ1　サービス経営』同友館。
寺本義也他編［2000 a］『パワーイノベーションシリーズ2　顧客経営』同友館。
寺本義也他編［2000 b］『パワーイノベーションシリーズ3　ブランド経営』同友館。
寺本義也他編［2000 c］『パワーイノベーションシリーズ4　協創経営』同友館。
寺本義也他編［2000 d］『パワーイノベーションシリーズ5　環境経営』同友館。
寺本義也＝小松陽一＝塩次喜代明＝清家彰敏［1998］『事業進化の経営』白桃書房。
寺本義也＝中西晶編［2001］『知識社会構築と理念革新　価値創造』日科技連出版社。
戸田保一＝飯島淳一編［2000］『ビジネスプロセスモデリング』日科技連出版社。
都甲潔＝松本元［1996］『自己組織化』朝倉書店。
都甲潔＝江崎秀他［1999］『自己組織化とは何か』講談社。
富田忠義［1991］「企業におけるイノベーションの過程」創価経営論集 15(3)。
遠山暁編［2003］『競争優位のビジネスプロセス』中央経済社。
鶴岡公幸＝松林博文［1999］『MBA経営キーコンセプト』産能大学出版部。
通商産業省［1994］『新規市場創造プログラム』通商産業調査会。
通商産業省工業技術院編［2000］『産業技術戦略』財団法人通商産業調査会。
植田兼司＝川北英隆＝高月昭年［1999］『21世紀・日本の金融産業革命』東洋経済新報社。
梅沢正［1990］『企業文化の革新と創造』有斐閣。
宇野善康［1990］『＜普及学＞講義』有斐閣。
占部都美［1961］『経営のイノベーション』日本生産性本部。
浦川卓也［1996］『市場創造の研究開発マネジメント』ダイヤモンド社。
浦川卓也［2003］『新商品構想力』ダイヤモンド社。
浦山公明［1970］『成長新商品開発の定石』科学情報社。
和田充夫［1998］『関係性マーケティングの構図』有斐閣。
涌田宏昭編［1999］『複雑系の経営学』税務経理協会。
ウイリアム・マーサー社［1999］『取締役イノベーション』東洋経済新報社。
山田善教［1992］『製造業のイノベーション戦略』日刊工業新聞社。
山倉健嗣［1993］『組織間関係』有斐閣。
山本藤光［2001］『「暗黙知」の共有化が売る力を伸ばす』プレジデント社。
柳孝一＝藤川彰一［2001］『ベンチャー企業論』放送大学教育振興会。
横山恵子［2003］『企業の社会戦略とNPO』白桃書房。

横山禎徳＝安田隆二［1992］『コーポレートアーキテクチャー』ダイヤモンド社。
米倉誠一郎［2003］『企業家の条件』ダイヤモンド社。
吉田民人＝鈴木正仁［1995］『自己組織性とは何か』ミネルヴァ書房。
吉村孝司［1995］『企業イノベーション・マネジメント』中央経済社。
財団法人中小企業総合研究機構訳編［2002］『ヨーロッパ中小企業白書第7次年次報告2002』同友館。
財団法人中小企業総合研究機構訳編［2003］『アメリカ中小企業白書（1999－2000年版）』同友館。
（財）中小企業総合研究機構［2003］『産業集積の新たな胎動』同友館。

▼ 索 引 ▲

━━━ あ 行 ━━━

アントレプレナーシップ ……………190
暗黙知……………………………5, 84
イノベーション ………1, 2, 5, 6, 22,
　　　　　　　　　　　　57, 63, 66, 77
　　──の管理 ……………………198
　　──の企業外的過程………………60
　　──の企業内的過程………………60
　　──の経営学的アプローチ………34
　　──の経済学的アプローチ………30
　　──の実現促進要因………………98
　　──の社会学的アプローチ………39
　　──の情報論的アプローチ………50
　　──のジレンマ …………………130
　　──の遂行領域……………………66
　　──の生物学的アプローチ………44
　　──の普及 ……………………39, 67
イノベーション・プロセス………………58
イノベーション・ブロック ……………153
イノベーション支援策……………………24
イノベーション成果 ……………………200
イノベーター ………………………96, 188
ｅビジネス ………………………………179
異文化間普及……………………………43
インキュベーション ……………191, 192
インキュベータ …………………191, 192
インベンション ……………………………40
ウィルソンのジレンマ …………………128
宇野善康………………………………10
ＮＰＯ …………………………………243
Ｍ＆Ａ …………………………………21

ＭＯＴ …………………………………108
Ａ＝Ｕモデル……………………………71
オープン・アーキテクチャ戦略 ……171
オープン型経営 ………………………169

━━━ か 行 ━━━

会社機構 ………………………………135
会社主権 ………………………………135
外部環境要因……………………………98
学習する組織 …………………99, 140
囲い込み型経営 ………………………170
緩急の経営 ……………………………234
環　境 ……………………………2, 169
環境創造タイプのイノベーション
　　　　　　　　　　　　…………12, 154
環境適応組織体…………………………45
環境適応タイプのイノベーション
　　　　　　　　　　　　…………11, 154
関係性マーケティング …………………146
監査役会 ………………………………136
間人主義 ………………………………165
官民間ＢＰＲ …………………………125
起業家 …………………………………188
起業家教育 ……………………………190
起業家精神 ……………………37, 38, 184
企業間ＢＰＲ …………………………125
企業間関係 ……………………………173
企業再生 ………………………………232
企業者史…………………………………31
企業者の機能……………………………35
企業戦略 ………………………………168
企業体質イノベーション ……………152

企業統治制度のイノベーション ……134	個人主義……………………………165
企業内ＢＰＲ ……………………125	コラボレーション…………………174
企業内ベンチャー…………………204	
企業の自己革新……………………50	══════ さ 行 ══════
企業の二重構造……………………45	サービス……………………………212
企業のライフサイクル ……………127	サービス・イノベーション ………208
技術革新 ………………………13, 66	サービス業 ……………208, 210, 214
技術進化……………………………203	散逸構造……………………………45
技術政策……………………………114	産学連携……………………………237
規　　制……………………………226	産業間ＢＰＲ………………………125
機能的定義…………………………152	産業間国際分業……………………21
業界リーダーのジレンマ…………129	産業構造の変革……………………17
業際化………………………………19	産業集積 ……………………191, 241
共有化………………………………19	産業内国際分業……………………21
金融イノベーション …………220-224	産業の成熟度………………………71
金融機能……………………………224	参入障壁……………………………200
金融サービス業……………………220	事業転換……………………………14
クーン………………………………63	事業の目的…………………………36
クライン……………………………58	事業ライフサイクル………………152
クリステンセン……………………129	自己再生機能………………………48
クローズド型経営…………………169	自己組織化……………………51, 163
グローバル化………………………20	自己防衛機能………………………48
経営革新………………………13, 66	持続的イノベーション……………130
経営資源……………………………38	執行役員制度………………………137
経営戦略……………………………148	自働化………………………………19
景気循環……………………………31	社会進化……………………………44
経済進化……………………………33	社外知………………………………99
経済成長……………………………30	社外取締役…………………………136
経済不況……………………………31	社会変動………………………10, 41
形式知……………………………5, 84	社内知………………………………99
経路依存性…………………………34	集団主義……………………………165
コア・コンピタンス………………14	シュンペーター…………3, 30, 36
広域化………………………………19	消費の「知」………………………166
効率化の経営………………………234	商物分離……………………………178
コーポレート・ガバナンス………134	情　　報………………………54, 83

情報化	17
情報消費型経営	89
情報処理パラダイム	88
情報創造	50
情報創造プロセス	52
進　化	48, 70
新規事業の創造	152
新規創業	14
新製品開発	108
迅速化	19
人的資源のイノベーション	141
生産性のジレンマ	73, 127
生産要素の新結合	32
製品イノベーション	116
製品開発プロセス	112
生物進化	45
生命の本質	48, 52
生命論パラダイム	48
セグメンテッド・マーケティング	143
占有可能性	91
戦略イノベーション	148
創業支援	191
相互進化	82
創造活動	36
創造的経営	234
創造的破壊	3, 37
創造的プラットフォーム	177
創発のマネジメント	163
双方向化	19
組織イノベーション	138
組織化	19
組織の硬直化	140
組織の定義	138
組織パフォーマンス	139
組織文化	64
ソフト化	19

た行

ターンアラウンド状況	232
脱成熟化	75
多様化	19
タルド	40
断続的イノベーション	74
地域クラスター	26, 239
知　恵	83
知財社会	202
知　識	54, 83
知識創造	6, 82, 86, 89, 160
知識創造社会	177
知識創造パラダイム	88
知創経営	89
知的財産権	101
知的財産戦略大綱	102
知的財産立国	103
知的集積	241
知の編成原理	63
知の方法	64
出会いの場	166
ＴＬＯ	238
データ	83
適応活動	36
同一文化内普及	43
同期化	19
統合化	19
ドミナント・デザイン	72, 127
ドメイン	150
ドラッカー	4, 36
取締役会	135

な行

- ナレッジ・イネーブラー……………98
- ナレッジ・マネジメント …………91, 93
  - ——の方法論…………………95
- ナレッジ・ワーカー ………………141
- 日本型経営 …………………………153
- 日本的生産システム ………………119
- ネットワーク組織 …………………173
- 野中郁次郎 ………………50, 84, 158

は行

- 場 ……………………158, 160, 164
  - ——の設定のマネジメント ………163
  - ——のマネジメント ………………162
- バーナード …………………………139
- 破壊的イノベーション ……………130
- 派生的商品 …………………………223
- パラダイム……………………………63
- ビジネス・アーキテクチャ ………122
- ビジネス・システム ………122, 178, 234
- ビジネス・プロセス・
  - リエンジニアリング ……122, 124, 125
- ビジネスモデル ………………121, 178
- ビジネスモデル特許 ………………121
- 普　及 ………………………………228
  - ——の要素 …………………40, 67
- プッシュ型マーケティング戦略 ……146
- 物理的定義 …………………………152
- 部門間ＢＰＲ ………………………125
- 部門内ＢＰＲ ………………………125
- プラットフォーム・ビジネス ………175
- プリゴジン……………………………48
- プル型マーケティング戦略 ………146
- プロセス・イノベーション ………117
- プロパテント政策 …………………103
- 文化横断的普及………………………43
- 文化集合………………………………69
- 文化変動 ………………………10, 43
- ベンチマーキング ……………100, 238
- ベンチャー・ビジネス ……78, 184-187
  - ——の育成 …………………189
- ベンチャーキャピタル ……194, 195, 196
- ポラニー………………………………84
- 本源的証券 …………………………223

ま行

- マーケティング・イノベーション …142
- マーケティング・パラダイム ………144
- マーケティング・ミックス ………149
- マス・マーケティング ……………142
- モジュール …………………………120
- モジュール生産 ……………………119

や行

- ユーザー・イノベーション……………11
- ゆらぎ…………………………………51
- ４つのＰ ……………………………149

ら行

- リニアモデル…………………………58
- レビット ……………………………151
- 連鎖モデル……………………………58
- 連続的イノベーション ………………75
- ロジャーズ …………………………4, 9

わ行

- ワン・トゥ・ワン・マーケティング ……144

〈編著者略歴〉

岸川善光（キシカワ ゼンコウ）…第1章
- 学歴：東京大学大学院工学系研究科博士課程（先端学際工学専攻）修了。博士（学術）。
- 職歴：産業能率大学経営コンサルティングセンター主幹研究員，日本総合研究所経営システム研究部長，同理事，東亜大学大学院教授，久留米大学教授（商学部・大学院ビジネス研究科）を経て，現在，横浜市立大学教授（国際総合科学部・大学院国際マネジメント研究科）。
- 主要著書：『ロジスティクス戦略と情報システム』産業能率大学，『経営管理入門』同文舘出版，『環境問題と経営診断』（共著）同友館（日本経営診断学会・学会賞受賞），『経営戦略要論』同文舘出版，『経営診断要論』同文舘出版（日本経営診断学会・学会賞（優秀賞）受賞），など多数。

〈共著者略歴〉

谷井 良（タニイ リョウ）…第2章〜第7章
- 学歴：専修大学大学院経営学研究科修士課程修了。東亜大学大学院総合学術研究科博士課程（経営管理専攻）修了。博士（学術）。
- 職歴：東京経営短期大学専任講師，中京学院大学准教授を経て，現在，明星大学准教授。
- 主要著書：『新経営基本管理』（共著）『日本の経営革命 ―21世紀のビジネスモデル―』（共著）泉文堂，『ビジョナリー経営学』（共著）学文社，『ベンチャー・ビジネス要論』（共著）同文舘など。

八杉 哲（ヤスギ サトシ）…第8章〜第10章
- 学歴：早稲田大学第一法学部卒業。博士（学術）。
- 職歴：野村證券株式会社引受企画部長，同法人企画部長，同プロジェクト開発部長，野村シティック国際経済諮詢有限公司董事・総経理（社長），北京大学光華管理学院大学院訪問教授，鹿児島県立短期大学教授，光産業創成大学院大学教授を経て，現在，日本経済大学教授。
- 主要著書：『経営グローバル化の課題と展望』（共著）創成社，『ベンチャー・ビジネス要論』（共著）同文舘など。

平成16年7月15日　初版発行　　　　　（検印省略）
平成23年5月18日　初版2刷発行　　　略称：イノベーション

イノベーション要論

編著者　岸川善光
発行者　中島治久

発行所　同文舘出版株式会社
東京都千代田区神田神保町1-41　〒101-0051
営業 (03) 3294-1801　編集 (03) 3294-1803
振替 00100-8-42935　http://www.dobunkan.co.jp

© Z. KISHIKAWA　　　　　印刷　KMS
Printed in Japan 2004　　　製本　KMS

ISBN4-495-37291-2

経営学要論シリーズ

●岸川善光 編著

1. 経営学要論*
2. 経営管理要論*
   ケースブック　経営管理要論
3. 経営戦略要論
4. 経営組織要論*
5. 経営情報要論*
6. イノベーション要論
7. グローバル経営要論*
8. 経営診断要論
   ケースブック　経営診断要論
9. 経営環境要論*
10. ベンチャー・ビジネス要論

＊は未刊